"十三五"国家重点图书出版规划项目

国家社科基金重大项目"海外藏珍稀中国民俗文献与文物资料整理、研究暨数据库建设"(项目编号：16ZDA163)阶段性成果

海外藏中国民俗文化珍稀文献
编委会

主　编

王霄冰

编　委（以姓氏笔画为序）

刁统菊　　王　京　　王加华

白瑞斯（德，Berthold Riese）　　刘宗迪

李　扬　　肖海明　　张　勃　　张士闪

张举文（美，Juwen Zhang）

松尾恒一（日，Matsuo Koichi）

周　星　　周　越（英，Adam Y. Chau）

赵彦民　　施爱东　　黄仕忠　　黄景春

梅谦立（法，Thierry Meynard）

湖南省社科基金项目"日本东亚同文书院湖南调查资料的整理与研究"（项目编号：20YBQ020）阶段性成果

湖南省教育厅科研项目"近代日本在湘调查研究——以东亚同文书院大旅行调查为例"（项目编号：20C0319）阶段性成果

国家出版基金项目
NATIONAL PUBLICATION FOUNDATION

"十三五"
国家重点图书
出版规划项目

海外藏
中国民俗文化
珍稀文献

王霄冰 主编

孔 征 编译

Selected Catalog of Manuscripts from Surveys of Tōa-Dōbun-Shoin College in China

东亚同文书院
中国调查手稿
目录选译

陕西师范大学出版总社

图书代号　SK23N2219

图书在版编目（CIP）数据

东亚同文书院中国调查手稿目录选译/孔征编译.—西安：陕西师范大学出版总社有限公司，2023.12
（海外藏中国民俗文化珍稀文献/王霄冰主编）
"十三五"国家重点图书出版规划项目　国家出版基金项目
ISBN 978-7-5695-4085-7

Ⅰ.①东… Ⅱ.①孔… Ⅲ.①中国—调查报告—手稿—近代—目录 Ⅳ.①Z88：K92

中国国家版本馆 CIP 数据核字（2023）第 243981 号

东亚同文书院中国调查手稿目录选译
DONGYA TONGWEN SHUYUAN ZHONGGUO DIAOCHA SHOUGAO MULU XUANYI
孔　征　编译

出 版 人	刘东风
责任编辑	刘存龙
责任校对	庄婧卿
出版发行	陕西师范大学出版总社
	（西安市长安南路199号　邮编　710062）
网　　址	http://www.snupg.com
印　　刷	陕西龙山海天艺术印务有限公司
开　　本	787 mm × 1092 mm　1/16
印　　张	25.25
插　　页	4
字　　数	450 千
版　　次	2023 年 12 月第 1 版
印　　次	2023 年 12 月第 1 次印刷
书　　号	ISBN 978-7-5695-4085-7
定　　价	138.00 元

读者购书、书店添货或发现印装质量问题，请与本公司营销部联系、调换。
电话：（029）85307864　85303635　传真：（029）85303879

海外藏中国民俗文化珍稀文献
总序

◎ 王霄冰

  民俗学、人类学是在西方学术背景下建立起来的现代学科，其后影响东亚，在建设文化强国的大战略之下，成为当前受到国家和社会各界广泛重视的学科。16世纪，传教士进入中国，开始关注中国的民俗文化；19世纪之后，西方的旅行家、外交官、商人、汉学家和人类学家在中国各地搜集大批民俗文物和民俗文献带回自己的国家，并以文字、图像、影音等形式对中国各地的民俗进行记录。而今，这些实物和文献资料经过岁月的沉淀，很多已成为博物馆和图书馆等公共机构的收藏品。其中，很多资料在中国本土已经散佚无存。

  这些民俗文献和文物分散在全球各地，数量巨大并带有通俗性和草根性特征，其价值难以评估，且不易整理和研究，所以大部分资料迄今未经编目整理，亦未得到披露和介绍，学者难以利用。本人负责的2016年度国家社科基金重大项目"海外藏珍稀中国民俗文献与文物资料整理、研究暨数据库建设"（项目编号：16ZDA163）即旨在对海外所存的各类民俗资料进行摸底调查，以建立数据库的方式予以整理和研究。目的是抢救并继承这笔流落海外的文化遗产，同时也将这部分研究资料纳入中国民俗学和人类学的学术视野。

  所谓民俗文献，首先是指自身承载着民俗功能的民间文本或图像，如家谱、宝卷、善书、契约文书、账本、神明或祖公图像、民间医书、宗教文书等；其次是指记录一定区域内人们的衣食住行、生产劳动、信仰禁忌、节日和人生礼仪、口头传统等的文本、图片或影像作品，如旅行日记、风俗纪闻、老照片、风俗画、民俗志、民族志等。民俗文物则是指反映民众日常生活文化和风俗习惯的代表性实物，如生产工具、生活器具、建筑装饰、服饰、玩具、戏曲文物、神灵雕像等。

本丛书所收录的资料，主要包括三大类：

第一类是直接来源于中国的民俗文物与文献（个别属海外对中国原始文献的翻刻本）。如元明清三代的《耕织图》，明清至民国时期的民间契约文书，清代不同版本的"苗图"、外销画、皮影戏唱本，以及其他民俗文物。

第二类是17—20世纪来华西方人所做的有关中国人日常生活的记录和研究，包括他们对中国古代典籍与官方文献中民俗相关内容的摘要和梳理。需要说明的是，由于原书出自西方人之手，他们对中国与中国文化的认识和理解难免带有自身文化特色，但这并不影响其著作作为历史资料的价值。其中包含的文化误读成分，或许正有助于我们理解中西文化早期接触中所发生的碰撞，能为中西文化交流史的研究提供鲜活的素材。

第三类是对海外藏或出自外国人之手的民俗相关文献的整理和研究。如对日本东亚同文书院中国调查手稿目录及所记风俗见闻的整理和翻译。

我们之所以称这套丛书为"海外藏中国民俗文化珍稀文献"，主要是从学术价值的角度而言。无论是来自中国的民俗文献与文物，还是出自西方人之手的民俗记录，在今天均已成为难得的第一手资料。与传世文献和出土文物有所不同的是，民俗文献和文物的产生语境与流通情况相对比较清晰，藏品规模较大且较有系统性，因此能够反映特定历史时期和特定区域中人们的日常生活状况。同时，我们也可借助这些文献与文物资料研究西方人的收藏兴趣与学术观念，探讨中国文化走向世界的方式与路径。

是为序。

2020年12月20日于广州

出版说明

《东亚同文书院中国调查手稿目录选译》由湖南财政经济学院外国语学院日语系主任孔征主持选译，系在国家图书馆出版社2016年出版的《东亚同文书院中国调查手稿丛刊》（全200册）的基础上，为方便研究者查阅，辑录、翻译其中第77—200册的部分章节目录而成。

《东亚同文书院中国调查手稿丛刊》分为旅行日志手稿（1—76册）和调查报告手稿（77—200册）两部分，时间跨度从1927年至1943年，详细记录了中国各地经济、政治、社会、交通、水利、民俗等方面的内容。本书选译了其中约800份调查报告手稿的目录。

东亚同文书院组织学生开展中国大旅行调查活动，虽其主观目的是为日本发动侵华战争做准备，对中国造成了危害，但客观上也记录了当时中国各地经济、政治、文化等多方面的细节，是研究民国时期中国社会史、经济史、地方史等的重要参考资料。

为便于学术研究，呈现史料原貌，本书在选译时对一些不当表述未做修改。读者使用本书时，需注意以下问题：

一、"支那"相关表述问题。"支那"是当时日本对中国等的蔑称，书中除"印度支那"等名词外，专指中国的"支那"一词，均已改为"中国"。战时日本所称的"中支""北支"等词，则一般译为"华中""华北"。

二、伪政权等相关表述问题。日本侵华时期在日占区扶植了数个伪政权，其中尤以伪满洲国持续时间最久。东亚同文书院关于东北地区的调查材料中，夹杂大量伪满洲国年号、官制、行政区划、货币、度量衡等内容，甚至在记录有关资料时将满洲与中国并称，如"日本、满洲、中国三国的供求关系""中国在满洲的殖民""满洲的中国移民"等。这些表述是日本企图分裂中国的证据，也是日本侵华罪证之一，本书未做删减。

三、侵华机构、组织等相关表述问题。日本侵华期间成立了诸多机构、组织，如"南满洲铁道株式会社"等，事实上都是为其侵华服务的，此次选译未做修改。

四、日方为掩盖、美化其侵略而提出的所谓"兴亚政策""东亚共荣圈""开拓团""爱护村""清乡"等，以及对一些事件的表述，如"大东亚战争""满洲事变""卢沟桥事件""中国事变""日中事变"等，本书均采用直译方式，未加引号。

本书是为学界进一步研究这批资料提供的查询类工具书，对于调查报告目录中的不当表述，原则上保留原貌，也是为了揭露日本的侵略行径。读者在使用时，应注意识别，明辨是非。除此之外，对调查报告手稿的标题格式、层级等均维持原貌，未按现行编校规范修改。

2023 年 12 月

序　言

近代日本基于"海外发展"的殖民主义思潮，对中国展开了大量的调查活动[①]，这些调查成果被研究者利用最多的是由日本南满洲铁道株式会社（简称"满铁"）展开大规模调查所形成的满铁资料。而调查规模和人数均超过满铁、由东亚同文书院在近半个世纪中对中国除西藏外展开的全面调查所形成的资料，却由于种种原因尚未被研究者广泛了解及利用。

一、东亚同文书院及其大旅行调查

日本自古以来便注重学习、研究中国，近代尤盛，其目的却有很大不同。古代中国雄踞文化高位，日本受到中华文化的强烈影响，将中国作为文化来源国进行学习。这一单向的文化输入趋势到明治维新以后发生了逆转——日本通过学习西方建立了近代工业文明，日渐强盛的日本研究中国的热情更为强烈，其目的则由师法变成了觊觎、侵略。尤其是在帝国主义瓜分世界的浪潮中，日本基于地缘特点将其矛头直指东亚，朝鲜半岛首当其冲，中国则是其根本目标，多方面调查研究中国便成为近代日本的战略工程。可以说，对中国进行深入的调查研究，既受到日本长期研习中国的传统影响，也是对欧美占领统治殖民地的效仿。

（一）东亚同文书院的开设及历史沿革

甲午战争以后，列强发动对中国的瓜分狂潮，作为邻邦的日本的政治家们也日益重视中国，各种研究中国及探讨中日关系未来的团体如雨后春笋，其中有东亚会[②]与同

[①] 冯天瑜将近代日本对中国的调查分为：（一）学者、官员、商人、军人、浪人的个人踏访；（二）驻华领事的分区调查；（三）满铁调查；（四）兴亚院调查；（五）末次情报资料；（六）各事业团体的经济、商情调查；（七）东亚同文书院的旅行调查。参见国家图书馆编：《东亚同文书院中国调查手稿丛刊》（第1册），国家图书馆出版社，2016年，第5—8页。

[②] 1897年春成立，成员有内田良平、平山周、宫崎滔天、犬养毅等。他们欣赏康有为、梁启超的改良，并将康、梁纳为会员，同时支持孙中山的革命派。

文会①。1898年11月，两会合并为东亚同文会②后，会长近卫笃麿拜访了两江总督刘坤一和湖广总督张之洞，得到允诺后于1900年5月成立南京同文书院，不久因义和团运动书院迁至上海，并于1901年改名为东亚同文书院。③"第一期学生年龄不一，从18岁到35岁，职业也很繁杂，有政党的干事、县会议员、中学教师、官厅官吏、士官学校的退学学生等，几乎个个都是具有强烈冒险心的年轻人。学生们平时一头短发，但与教师一样，备有假发套，必要时套上，与中国人完全相同。"④1939年东亚同文书院由专科升格为东亚同文书院大学，直至1945年战败后被关闭，书院师生回到日本，在爱知县丰桥市建立了爱知大学。爱知大学"现代中国学部"是日本唯一一个以"现代中国"冠名、研究当代中国问题的学部，这可说是对东亚同文书院学术传统的继承。

东亚同文会在设立东亚同文书院时宣称其办学宗旨为"讲中外之实学，育中日之英才"。⑤为发展中日贸易，开拓中国市场，课程主要以商科为中心，教授以中国经济为中心的科目，同时学习汉语、政治、法律等。"书院初建时，院长根津一提出'亲爱中国民众'的'书院精神'。而近卫笃麿的'日中合作论'以及'助成中国改革'的主张，尽管是为了维护日本的国家利益，但因认识到中日合作的深远历史意义，而与明治以来日本对华强硬派的主张相背，客观上符合中日两国人民和平友好的愿望"⑥，因此书院的开设不仅受到东亚同文会的极大重视，同时得到了中国政府要员及文化名士的支持。除前述支持设立书院的张之洞、刘坤一外，康有为、梁启超与书院首任院长根津一关系密切，孙中山、黎元洪等曾为书院学生旅行志题词⑦，胡适、鲁迅等曾应

---

① 1898年6月成立，有近卫笃麿、岸田吟香、荒尾精、宗方小太郎等30余成员。他们制定的四项主要活动内容为：（一）展开对中国的调查；（二）在上海设立同文会馆；（三）在东京出版《时论》，在上海出版《亚东时报》；（四）在上海设中日教育机构——同文会堂。其中三项都与上海有关，可见他们已准备以上海为活动中心。参见大学史编纂委员会：《東亞同文書院大學史》，滬友会，1982年，第45页。

② 第一任会长近卫笃麿公爵为贵族院议长；第二任会长青木周藏子爵为日本外相；第三任会长锅岛直大侯爵为第十一代佐贺藩主；第四任会长牧野伸显伯爵为大久保利通之子，是日本政坛元老；第五任会长近卫文麿公爵为贵族院议长，曾三次担任日本首相。

③ 藤田佳久：《東亞同文書院中國大調查旅行の研究》，大明堂，2000年，第6页。

④ 苏智良：《上海东亚同文书院述论》，载《档案与史学》1995年第5期。

⑤ 大学史編纂委員会：《東亞同文書院大學史》，滬友会，1982年，第88页；今泉润太郎：《東亞同文書院「興学要旨」、「立教綱領」を読む》，载《オープン　リサーチ　センター年報》2009年第3期。

⑥ 苏智良：《上海东亚同文书院述论》，载《档案与史学》1995年第5期。

⑦ 东亚同文书院学生的旅行日志汇编为《大旅行志》，中国政要名流如孙中山、段祺瑞曾分别为第14期生旅行志题词"壮游""作述之林"，黎元洪为第11、13期分别题词"游于艺""书同文"，等等。

邀至书院讲学①。正是有了来自两国各界的支持，东亚同文书院学生的大旅行调查才能够在中国开展了近半个世纪并踏遍了中华大地，形成了有关中国政治、经济、文化、社会、教育、交通等各个方面难以计数的珍贵材料。

（二）东亚同文书院大旅行调查

东亚同文书院的旅行调查活动始于1901年末，当时第1期学生分成四五个组，到苏州、杭州等地调查②，第二年又去了山东，回校后利用两次调查的材料完成的《清国商业习惯及金融事情》③一书，受到日本政商界的一致好评。1905年，根津一受日本外务省委托，派遣五名毕业生④深入中国西北调查俄国在远东的势力范围，"在进行了一至两年不等的调查后，这些人返回日本向外务省提交了调查报告，其中以林出贤次郎撰写的《清国新疆省伊犁地方视察复命书》内容最为翔实"⑤。日本政府认识到这些调查报告的价值，不但据此制定了外交政策，并每年拨付补助金给东亚同文书院以继续支持学生的中国大旅行调查。这五人的举动给了书院学生极大的刺激和信心，也解决了旅行的经费问题，由此便开启了东亚同文书院历史上范围最广的中国大旅行调查。

东亚同文书院是日本为配合其所谓的"大陆政策"而设立的，目的实为培养"中国通"。学生在最后一学年里，拿着中国政府颁发的执照⑥，身带牙粉、仁丹和味精，数人组成一个调查队⑦，以几个月或半年时间，到中国各地或东南亚以旅行的形式开展专题实证调查。每次调查前都有专业老师制定调查题目，对学生进行调查理论、方法及相关领域专业知识的指导。从第5期到第42期学生的旅行线路达676条⑧，留下32部旅行志，数十亿字的调查报告书，堪称世界最大级的旅行调查。⑨调查主要集中于中

---

① 其中，胡适于1927年、鲁迅于1931年分别应邀至学院讲学"流氓与文学""中国近代四位思想家"。

② 滬友会：《東亜同文書院大学史—創立八十周年記念誌》，载《アジア研究》1986年第33期。

③ 東亜同文書院：《清国商业习惯及金融事情》，1904年。

④ 分别是林出贤次郎、波多野养作、草政吉、三浦稔、樱井好孝。

⑤ 杨文炯、柴亚林：《清末至民国时期日本在我国新疆的阴谋活动述略》，载《中国边疆史地研究》2014年第4期。

⑥ 即中华民国政府为保证同文书院学生旅行安全而颁发的护照，其中标注旅行者、旅行线路等信息。参见爱知大学東亜同文書院大学記念センター：http://www.aichi-u.ac.jp/orc/gallery01/com0000011.html。

⑦ 如蜀汉队、胶济调查班、晋蒙队、北满间岛经济调查班、云南事情调查班、长江流域调查班、南洋班等。

⑧ 藤田佳久：《東亜同文書院中国大調査旅行の研究》，大明堂，2000年，第334页。

⑨ 藤田佳久：《波多野養作の中国　西域踏査旅行について——東亜同文書院学生の中国調査旅行実施への契機となった踏査旅行記録から》，载《愛知大学国際問題研究所紀要》1991年第94期。

序言 | 3

国的民情风俗、商业经济，调查项目包括经济、金融、贸易、物产、家族、村落、土地、村政、交通等。旅行调查过程持续近半个世纪[①]，参加学生数近 5000 人，调查线路近 700 条，密密麻麻如蜘蛛网般覆盖了除西藏以外的整个中国。在冯天瑜看来，"在包括满铁调查资料在内的近代日本的中国调查文献中，就调查活动持续时间之长、调查地域分布之广而言，名列榜首的当属东亚同文书院的中国大旅行调查"[②]。

东亚同文书院在财政上接受日本政府的援助，在行政上接受日本文部省和外务省的管理与监督，学生的旅行日志和调查报告须同时抄写五份提交书院、参谋本部、外务省、农商务省、东亚同文会。书院专门设立了调查部、调查编纂部、东亚研究部、中国研究部来具体组织、指导调查并对调查报告进行研究，从这个意义上看，东亚同文书院学生的大旅行调查是配合日本政府和军队的侵华政策的有目的的调查。东亚同文书院对学生每年提交的旅行日志选编后正式印刷出版，调查报告则全部汇总后保存归档，并利用调查获得的一、二手资料编纂出版了多种介绍和研究中国的论著和刊物，详尽解读了中国经济、政治、社会、文化、风俗等诸方面的实际形态。除前文提到的《清国商业习惯及金融事情》外，还包括《中国经济全书》12 辑[③]、《中国省别全志》18 卷[④]、《新修中国省别全志》9 卷[⑤]等。

这批庞大而系统的资料，一方面反映了日本帝国主义欲深入了解进而长期侵占中国领土的狼子野心，成为日本侵华的铁证；另一方面，也是有关近代中国国情各方面情况的巨大资料库。其中，《中国经济全书》依据东亚同文书院及作为书院前身的汉口乐善堂、上海日清贸易研究所的调查数据编纂而成，清政府曾于宣统二年（1910）组织专业人员将其部分内容选译成中文，足见该书价值之大。《中国省别全志》及《新修中国省别全志》的资料基本源于东亚同文书院学生的调查报告，它们可以说是绝无仅有的由外国人编撰的中国志书，书中除大量的文献资料外，还包括科学绘制的地图、图表等，生动而真实地记录了当时中国社会的风土民情、山水地貌等，具有极高的史料价值。

东亚同文书院大旅行调查资料包括旅行日志和调查报告两部分，目前主要收藏于中国国家图书馆和日本爱知大学图书馆。除部分资料在日军袭击上海的炮火中被烧毁

[①] 如算上作为东亚同文书院前身的汉口乐善堂、上海日清贸易研究所始于 19 世纪 80 年代中期对中国的调查，则长达 60 年，即便只计算东亚同文书院 1901 年起的调查，至日本战败结束也近半个世纪。
[②] 冯天瑜：《东亚同文书院的中国旅行调查》，载《文史知识》2000 年第 1 期。
[③] 東亜同文会：《中国経済全書》，東亜同文会，1907 年。
[④] 東亜同文会：《中国省別全誌》，東亜同文会，1917—1920 年。
[⑤] 中国省別全誌刊行会：《新修中国省別全誌》，東亜同文会，1942—1946 年。

外，总体来说保存较为完整。其中，1927年第24期生至1943年第40期生的调查报告书在日本战败后被中国政府接收，多次辗转后目前藏于中国国家图书馆；1916年第13期生至1935年第32期生的调查报告书则被日方师生带回日本并藏于爱知大学东亚同文书院大学纪念中心。这二者互有重合，但基本独立，综合这两部分资料便能得到东亚同文书院调查资料的全貌。目前中国国家图书馆所藏的未经删减的调查报告原件或复写本共约2000本，2016年底以调查手稿为底本影印出版的《东亚同文书院中国调查手稿丛刊》[①]200册是这批资料首次集中对外公开，其价值不言而喻，尤其是其中全面抗战爆发后的部分为我们揭示当时东亚同文书院的活动及中国社会的各方面状况提供了独家且有益的参考。

二、东亚同文书院大旅行调查报告的构成及调查项目概要

东亚同文书院学生的调查采用多种方法，持续时间、调查地域都超过"满铁"[②]，国家图书馆所藏的调查报告极为详细，手稿的时间跨度从1927年（第24期生）至1943年（第40期生），包括近2000名调查人员撰写的约1000份旅行日志手稿和800余份调查报告手稿。其中，日志手稿远比后来整理的年度调查日志丰富，记录了不同时期中国社会的状态，如军阀统治时期各地土匪猖獗情况，抗战时期学生从军见闻等；调查报告手稿内容未经删减和筛查，保留了当时大量的涉密文献，记录了中国各地经济、政治、社会等方面的细节，是研究民国时期的中国社会史、经济史、地方史极为重要的资料。1—76册为学生旅行日志手稿，除少部分书写极为潦草且内容过于简单，仅有日期、天气、到达地外，大部分日志较为真实详细地记录了学生们在旅行调查过程中的见闻和感受；77—200册则是详尽的调查报告手稿。

（一）东亚同文书院学生调查项目

从影印版《东亚同文书院中国调查手稿丛刊》可以看出，东亚同文书院学生的调查地点遍及了除西藏外中国所有省区，甚至远至北方的西伯利亚，东南亚的缅甸、印尼、菲律宾等地。调查项目既体现了偏重经济、金融方面调查的特点，同时涵盖了农村、家族、县政、教育、交通、水利、民俗、乡土艺术等各个方面。调查持续时间长、参加人数多，因此调查报告内容丰富且数量巨大，反映了当时我国社会的各方面情况，可将其视为当时中国社会资料集成，有极其重要的利用价值。由于调查项目、区域等与中日战争

---

① 国家图书馆：《东亚同文书院中国调查手稿丛刊》，国家图书馆出版社，2016年。
② 东亚同文书院及其前身汉口乐善堂、上海日清贸易研究所的中国调查始于19世纪80年代中期，延续近60年，调查地域遍及除西藏外的中国各省区及西伯利亚、远东、法属印度支那半岛、南洋群岛等；而满铁调查不足40年，调查地域也仅限于东北、华北、华东地区。

态势即两国关系的走向密切相关，因此手稿反映了中日关系尤其是抗日战争中中日双方的形势变化，即日本侵华战争全面爆发前、爆发后中日关系彻底崩溃、战争后期日本面临战败的历史进程，试举其中三年的调查项目为例进行说明。

1927年，学生旅行调查地点包括中国的北京、天津、东北三省、内蒙古、山东、上海、广东、福建、云南，法属印度支那①、暹罗②、安南③、菲律宾等，调查项目包括税制、财政、铁路及沿线商业、货币、教育、同乡团体、会馆及公所、社会事业、电车、劳动者状况、煤炭、花生及花生油、食品、森林、司法制度、鸦片、交通运输、游民及其救济、小米生产、蚕丝业、工会、沿海贸易、农民运动、樟树、沿海交通及港口建设、移民、农民、矿产、生活状态、华侨及移民等。这一年日本已侵入中国东北，但侵华战争尚未爆发，东亚同文书院学生的旅行得到了中华民国政府的许可和支持，因此这一年的调查范围和对象涵盖中国诸多地区的方方面面。

1939年，学生旅行调查地点包括中国的上海、河北、内蒙古、山东、山西、江苏、安徽、江西、湖北、湖南、广东、海南、香港，法属印度支那、暹罗、菲律宾、马来半岛等，调查项目包括银行、交通、棉花、羊毛、物产流通及交易、人口、货币金融、工商业、教育、宗教活动、在华日本人活动、当地中国人对日感情、方言、交通、烟草、煤炭、皮革、猪鬃、矿产、生丝、华侨等。这一年已经是日本侵华战争全面爆发后两年，日本逐步推进并占领中国大片国土，中国抗日民族统一战线形成，中日两国关系彻底崩溃，东亚同文书院学生的旅行调查只能集中于日本占领区和汪伪政权统治区。这一年日本除继续深入调查中国社会状况外，还注重日本人在华活动及中国人对日感情状况调查，这可为日本在占领区实施统治提供有效参考。

1943年，学生旅行调查地点仅有江苏一省，调查项目包括江苏省数县的社会、家族制度、村落、人口、县史地、县政、经济、治安、训练、出版物宣传及宗教、"清乡"概况、工业、金融、方言、物产集散、教育、统制经济、乡土艺术、风俗等。这一年随着日军在太平洋战场的失利和中国抗日战争的节节胜利，日本法西斯主义已走上末路，在兵员奇缺的情况下征召东亚同文书院的学生入伍，"1943年11月，合格的327名大学生被征至日军侵华部队服役。此后，剩余的学生难以静坐在教室中，他们也不时地被派到江南造船所、军队汽车厂等处劳动，有的还到特务机关去实习"④。其旅行调查接近尾声，范围严重缩小，且重点不再集中于经济方面，而是转向对当地社会

---

① 今越南、老挝、柬埔寨。调查地名均沿用调查手稿中所记录的地名，与今不同处予以注明。
② 今泰国。
③ 今越南南部，法国占领越南后将越南北部称为东京、南部称为安南。
④ 苏智良：《上海东亚同文书院述论》，载《档案与史学》1995年第5期。

内部状况的深入调查。这也表明日本在收缩战线,将精力集中于如何退守日占区,因此加强了对当地社会制度、人情风俗等的调查。

东亚同文书院可以说是日本侵华的产物,同时在一定程度上为日本全面侵华提供了帮助,它随着侵华战争的推进而发展壮大,又随着日本战败而灭亡。东亚同文书院已成为历史,但其遗存的资料还有很珍贵的价值。这些资料是东亚同文书院40多年活动的历史证明,对于研究中日关系史、中国经济史、日本侵华史等都有很大的参考价值。其前期调查基本以经济调查为主,随着日本侵华战争的推进和后期战败,其调查区域逐渐龟缩到日占区,这也符合藤田佳久提出的东亚同文书院大旅行调查的"肇始期(1901—1905)、扩大期(1906—1919)、圆熟期(1920—1930)、制约期(1931—1937)、消灭期(1939—1944)"①的观点。调查重点也由经济转至对占领区内部情况如社会、经济、政治、教育、家族制度、习俗宗教等的深入调查,这反映了日本侵华战争从如何快速扩大占领区向如何更加有效统治占领区的转变。日本帝国主义的目的是要永久占领中国并奴役中国人民,他们必须深入地了解中国,因此调查资料的可信度应该是很高的。

(二)东亚同文书院调查报告研究现状

这批资料在影印出版前的很长一段时间内未集中对外公开②,详细了解这批资料的中国学者不多,而且调查报告中的文字并非现代日语,中国学者利用起来也有一定难度。李军指出:"在日本对华调查中的民间调查中,满铁和东亚同文书院分别是最具代表性的两大机构。满铁调查资料,学术界对其给予了相当高的关注,整理得也比较全面……相形之下,国内学界对东亚同文书院的研究主要是在北京、上海、武汉的个别学者曾经致力于此。整体来看,目前国内对东亚同文书院的研究还是呈碎片化的状态,研究还很不深入。"③徐勇在2016年接受《文汇报》采访,谈到自己为什么产生了将满铁资料翻译成中文的想法时说:"中国学界有两张皮,做翻译的就是做翻译,做研究的就是做研究。大家一致认为'满铁'调查资料是好东西,但很少有人对其进行充分的开发,首先碰到的就是语言障碍,读不懂、不明白。广西师大的影印版早就出来了,但是没有几个人是拿这个做研究、写文章的。对于'满铁'调查资料,即便是专门的

---

① 藤田佳久:《東亜同文書院の中国調査旅行と書院生の描いた中国像》,载《季刊地理学》1998年第50期。

② 上海交通大学孙萍曾多次前往中国国家图书馆,希望阅读该调查资料,但均遭拒绝。参见孙萍:《1937-1945年東亜同文書院の旅行に関する分析》,载《オープン リサーチ センター年報》2008年第2期。

③ 李军:《20世纪初日本东亚同文书院对华北调查的个案研究》,载《外国问题研究》2015年第4期。

日语翻译都会感觉头疼，因为里面有许多古日语，需要平心静气、不厌其烦地查证核实。学界目前还比较浮躁，很少有人愿意去做这件事情。"[1]正因如此，利用东亚同文书院调查资料展开的研究更是少之又少。

目前国内可见最早有关东亚同文书院的介绍是苏智良在其论文中回顾了书院的历史沿革并从正反两方面评价了书院的历史地位及作用。[2]最早有关调查资料的介绍则是房建昌讲述的，他在北京图书馆发现比较完整收藏的东亚同文书院（大学）的旅行日志、调查报告及其他书院资料，这批资料解放后一直藏于柏林寺而未公开，他花费十余年时间研究这批资料并尝试在国内其他地方如南京、上海等地各大图书馆寻找书院相关的其他资料但均未有发现。[3]这批资料被如此珍藏以致于相关论文多是对书院本身或其旅行调查的概括介绍，关于调查报告的研究成果基本上仅集中于部分译著，如冯天瑜等选编的《东亚同文书院中国调查资料选译》[4]、杨华等译的《上海东亚同文书院大旅行记录》[5]，这些成果相比起浩瀚的调查资料只是极少的一部分。国家图书馆最新影印出版的《东亚同文书院中国调查手稿丛刊》则为我们充分挖掘利用这批资料提供了一个很好的契机。

相对来说，日本学者的研究成果稍多些。其中1980年代前基本上将东亚同文书院与其前身汉口乐善堂、上海日清贸易研究所联系在一起，从侵华角度进行研究；1990年代后则不再仅分析其军事、侵略性而立足于揭示整体形态，由此逐渐形成了学术性研究的土壤，整理出版的调查报告和旅行日记主要有沪友编辑委员会出版的《大陆大旅行秘话》[6]和新人物往来社出版的《上海东亚同文书院大旅行记录》[7]。日本学者薄井由利用调查报告整理了清末以来会馆的地理分布[8]并出版了《东亚同文书院大旅行研

---

[1] 黄春宇：《华中师范大学中国农村研究院院长徐勇——"满铁"调查改变中国农村研究》，载《文汇报》2016年7月15日第W04版。

[2] 苏智良：《上海东亚同文书院述论》，载《档案与史学》1995年第5期。

[3] 房建昌：《上海東亜同文書院（大学）資料の発見及び価値》，载《同文書院記念報》2000年第7期。

[4] 冯天瑜、刘柏林、李少军选编：《东亚同文书院中国调查资料选译》，李少军等译，社会科学文献出版社，2012年。

[5] 沪友会编：《上海东亚同文书院大旅行记录》，杨华等译，商务印书馆，2000年。

[6] 滬友编集委员会：《大陸大旅行秘話：東亜同文書院学生》，滬友会，1991年。

[7] 滬友会：《上海東亜同文書院大旅行記録：実録中国踏査記》，新人物往来社，1991年。

[8] 薄井由：《清末以来会馆的地理分布——以东亚同文书院调查资料为依据》，载《中国历史地理论丛》2003年第3期。

究》①。爱知大学的谷光隆编写了《东亚同文书院大运河调查报告书》②。尤其值得一提的是爱知大学东亚同文书院大学纪念中心的藤田佳久教授，他自1987年起展开相关研究，发表了数篇论文并出版了《东亚同文书院中国大调查旅行的研究》③《东亚同文书院学生记录的近代中国》④《东亚同文书院学生记录的近代中国形象》⑤等著作。

东亚同文书院的调查报告包含极其丰富的研究当时中国社会的第一手资料，涵盖了经济学、社会学、民俗学等多个学科领域的中国社会资料，其所覆盖地域之广阔、内容之全面、调查之细致在同时期的调查资料中是不多见的，为各个学科开展研究都提供了系统、丰富的资料基础。但除日本方面的研究者外，目前国内对这些资料的研究几乎都是围绕其历史沿革等方面，大量调查资料未得到重视和利用。究其原因，还是由于这批调查报告手稿本身对研究者造成的困难所导致。尽管其资料价值毋庸置疑，但流利运用日语对这批调查报告开展整理、分类、翻译还是对研究者提出了巨大的挑战，尤其还是近百年前所作的手稿。即便具有运用日语进行解读的能力，在不清楚其具体调查项目及章节的情况下从何入手也让人感觉十分棘手。

因此，为方便开展研究，首先应针对其调查报告手稿的详尽目录章节进行整理及翻译。只有在掌握调查报告的内容和结构的基础上才能有针对性地整理相关资料并开展研究，否则，大海捞针式的胡乱研究不仅浪费精力，结果也难有所获。其次，在此基础上，尝试性地对某些专题内容进行分类与整理，既为研究者提供便利，又可以展示这一方法的可行性，以便今后开展更多的整理与研究活动。本书尝试对该调查资料的目录进行分类、整理与选译，希望能够对有兴趣利用调查报告手稿开展研究的学者有一定帮助。

三、本书内容与编选意图

尽管东亚同文书院开展了旷日持久且十分详尽的对华调查，但由于语言障碍及阅读困难等诸多原因，针对调查资料展开的研究成果并不多见。诚然，调查资料是日本帝国主义为了对我国展开殖民统治和掠夺我国资源所搜集的，但从学术角度来说，我们更应该充分利用这批珍贵的史料。我们必须承认，即使作为日本殖民统治的参考，这批资料也有其准确、真实的一面。东亚同文书院的学生在受到专业的社会学、人类

---

① 薄井由：《东亚同文书院大旅行研究》，上海书店出版社，2001年。
② 谷光隆：《東亜同文書院大運河調査報告書》，爱知大学，1992年。
③ 藤田佳久：《東亜同文書院中国大調査旅行の研究》，大明堂，2000年。
④ 藤田佳久：《東亜同文書院生が記録した近代中国》，あるむ，2007年。
⑤ 藤田佳久：《東亜同文書院生が記録した近代中国の地域像》，ナカニシヤ出版，2011年。

学等调查训练后踏上调查的旅途，调查过程中灵活转换日本人和普通学生的身份以便从中日双方都得到大批真实有用的材料，其调查报告的质量和水平已经达到了相当高的水准。因此，把这批资料呈现在各位学者面前并得到学界的研究具有深刻而现实的意义。为此，本书对调查报告手稿的章节目录进行详尽的整理及翻译，希望能够对利用这批调查报告手稿开展研究的学者有一定的帮助。

本书对国家图书馆出版社影印出版的200册《东亚同文书院中国调查手稿丛刊》（以下简称"影印版"）中调查报告手稿的章节目录进行了详细的整理与翻译。虽然原书总目已经标明调查者姓名、调查地区、调查主题等信息，但关于某一主题是如何开展调查，其详细调查内容却无法从目录中获得，不得不逐页翻阅才能了解。因此，将每一篇调查报告的章节目录进行整理和翻译可以使相关学者充分了解这批资料所包含的具体内容与结构，以便在开展研究时做到有的放矢，精准把握资料所在的位置及其内容。本书在进行整理、翻译时主要遵循以下原则：

1. 影印版共200册，其中1—76册为旅行日志部分，77—200册为调查报告部分。本书的整理与翻译从77册开始，本书所列目录后的标示页码是其在影印本中的相应页码。

2. 除个别篇章外，调查报告中有关其他国家如越南、柬埔寨、菲律宾等地的部分基本未收录。

3. 本书按照调查手稿原文的卷编（篇）章节的层次结构进行整理与翻译，即每篇调查报告的目录均翻译到三级目录而不过细，以免过于琐碎，反而对读者造成阅读困难。

4. 手稿中的日文与现在通用的日文有诸多不同之处，在不影响正常理解的情况下，本书尽量按照原文进行整理翻译。

5. 部分调查报告由于资料缺失或原本未注明等原因而不能确定调查者，因此调查人员部分空缺。

6. 部分存在明显错误、难以理解或需要说明之处，以脚注形式加以解释。

7. 部分调查报告有封面标题及之后的具体目录，部分调查报告则缺少目录或章节，如只有第一节，或直接从第二章开始，有的甚至没有章节，还有的目录章节与调查报告中的章节不一致，上述情况均按照调查报告将分级标题列出，而未额外添加标题。而原本没有条目的前言、凡例、绪言、绪论、结言、附录部分也依照原文译出。严格按照原报告中的标题表达方式进行整理翻译，尽量保持原文的准确度。

8. 因调查者不同、调查内容不同，故调查报告的层级、格式不统一，为保持手稿原貌，未进行统一。

影印版的调查报告中的大量有关中国日常民俗生活的资料，不囿于一时一地，对于帮助我们理解当时中国社会民俗状态是有极大帮助的。如中国东北地区处偏远之地，关于民间日常生活的记录资料相对比较缺乏，通过东亚同文书院的调查资料我们就可以试图还原当时东北地区民众日常生活状况和人情风俗，因此，调查报告对于我们研究东北地方史和东北民俗有极大的作用。另外，学生们在调查时兼用两种方法：一是对已有文献资料如满铁调查资料及日占区政府提供的文献资料等进行整理和归纳，形成系统的资料；二是到中国各地进行实地调查，进行相关资料的搜集和整理工作。相比起旧中国个别中外学者或某一政府部门所做的一时一地一行业的笼统统计，数千名学生在积累了数十年调查经验的方法指导下，通过这两种方法的灵活结合，在持续数十年的调查活动中既吸收借鉴了其他机构有价值的信息，又灵活利用自身优势补充了其他调查材料之不足，对中国各地的历史地理、商业经济及家族制度、生活习惯等都进行了较为全面且系统性的考察和研究，对于我们理解某地社会民俗及对比不同地区的民俗都有可供参考的意义。

由于调查者毕竟是学生而非专业调查人员，多少存在着描述不够细致、不够专业及资料较为零散等不足，但无论怎样，这是在精通汉语和中国国情，并得到专业的社会学、人类学调查方法指导下进行的。学生们在调查时说汉语，并随身备有假发套，必要时套上，与中国学生无异，因此，他们虽然不像满铁调查人员那么专业，但学生们的调查没有遇到太多阻力，反而既能依靠日本人的身份从地方行政部门获得地方志、人口统计表等资料，作为学生又比较容易接近普通民众而不至于受到很大抵触，从而避免了可能得不到有效信息或得到一些不实信息的弊端。这批调查资料确实有种种不足，但仍不失为可供我们深入挖掘研究的资料，它所包含的有关中国社会民俗的调查记录对于我们理解和研究当时中国社会是具有参考价值的，其中有些调查项目甚至可以帮助我们追溯近百年来的中国社会变化。

鲁迅曾指出："中国者，中国人之中国。可容外族之研究，不容外族之探检；可容外族之赞叹，不容外族之觊觎者也。"[①] 东亚同文书院作为日本"大陆政策"的产物，其组织开展的学习及调查活动最终也是为日本侵略中国服务的，日本以强烈的独侵中华之心展开中国调查的这一历史事实是我们绝不可忘却的。同时，当时的中国正处于社会巨变的时代，军阀混战及外敌入侵不断，国家没有力量组织大规模调查活动，这时东亚同文书院所做的大旅行调查是相对比较详尽、系统的，这种对于中国社会的全方位调查有些是对相关零散资料的搜集整理，有些则是通过社会学实证调查采集的第

---

① 鲁迅：《鲁迅全集》（第8卷），人民文学出版社，1981年，第4页。

一手资料。这些调查资料及以资料为基础形成的研究论著可为我们研究晚清、民国政治、文化、经济、历史、社会等提供丰富的资料，其调查方法也可供我们借鉴。

本书在翻译过程中遇到了诸多困难，其中最艰难的就是手稿原文的辨认。由于手稿是近100年前写成的手抄本，存在大量难以辨认的情况，加上社会及语言的不断发展与进步导致诸多词汇及事物名称等都发生了变化，因此，本着对读者负责任的态度，对于手稿中出现的相当多有疑问的词汇，全部都结合手稿内容认真阅读与比对，同时查阅词典及大量相关历史文件，以求尽量做到准确。本书从动笔开始至今投入了近3年的时间，期间尽管无数次通宵整理、查阅、翻译，也只勉强完成了初步整理，但笔者深知，本书还有诸多需要进一步加强和完善的地方。在这种复杂而又忐忑的情绪中，幸运得到王霄冰老师一直以来的鼓励和指导，总算可以说是交出了一份合格的答卷。家庭作为我的坚实后盾也给了我最重要的支持，使得我能坚持到最后，夫人刘瑛更是在感情与生活上尽最大努力支持我，因此，这本书能够得以编著出版，至少有一半的功劳应归属于她。

为不辜负众多支持、帮助过我的人，今后本人还将继续努力，将更多的调查报告整理翻译出来，期待为各位学者开展研究提供一点力所能及的帮助。当然，本书可能还存在诸多不准确甚至错误之处，敬请各位方家批评指正。

孔征
2021 年 11 月于长沙

第 77 册 / 1

昭和二年（1927）调查报告（第 24 期生）

第 78 册 / 4

昭和二年（1927）调查报告（第 24 期生）

第 79 册 / 7

昭和二年（1927）调查报告（第 24 期生）

第 80 册 / 10

昭和二年（1927）调查报告（第 24 期生）

第 81 册 / 12

昭和二年（1927）调查报告（第 24 期生）

第 82 册 / 15

昭和二年（1927）调查报告（第 24 期生）

第 83 册 / 17

昭和二年（1927）调查报告（第 24 期生）

第 84 册 / 19

昭和二年（1927）调查报告（第 24 期生）

第 85 册 / 22

昭和二年（1927）调查报告（第 24 期生）

第 86 册 / 25

昭和二年（1927）调查报告（第 24 期生）

第 90 册 / 27

昭和二年（1927）调查报告（第 24 期生）

第 92 册 / 28

昭和二年（1927）调查报告（第 24 期生）

第 93 册 / 31

昭和二年（1927）调查报告（第 24 期生）

第 94 册 / 33

昭和二年（1927）调查报告（第 24 期生）

第 95 册 / 35

昭和二年（1927）调查报告（第 24 期生）

第 96 册 / 39

昭和三年（1928）调查报告（第 25 期生）

第 97 册 / 42

昭和三年（1928）调查报告（第 25 期生）

第 98 册 / 45

昭和三年（1928）调查报告（第 25 期生）

第 99 册 / 47

昭和三年（1928）调查报告（第 25 期生）

第 100 册 / 49

昭和三年（1928）调查报告（第 25 期生）

第 101 册 / 51

昭和三年（1928）调查报告（第 25 期生）

第 102 册 / 54

昭和三年（1928）调查报告（第 25 期生）

第 103 册 / 56

昭和三年（1928）调查报告（第 25 期生）

第 104 册 / 59

昭和三年（1928）调查报告（第 25 期生）

第 105 册 / 62

昭和三年（1928）调查报告（第 25 期生）

第 106 册 / 65

昭和三年（1928）调查报告（第 25 期生）

第 107 册 / 68

昭和三年（1928）调查报告（第 25 期生）

第 110 册 / 71

昭和三年（1928）调查报告（第 25 期生）

第 111 册 / 73

昭和四年（1929）调查报告（第 26 期生）

第 112 册 / 78

昭和四年（1929）调查报告（第 26 期生）

第 113 册 / 82

昭和四年（1929）调查报告（第 26 期生）

第 114 册 / 86

昭和四年（1929）调查报告（第 26 期生）

第 115 册 / 89

昭和四年（1929）调查报告（第 26 期生）

第 116 册 / 92

昭和四年（1929）调查报告（第 26 期生）

第 117 册 / 94

昭和四年（1929）调查报告（第 26 期生）

第 118 册 / 98

昭和四年（1929）调查报告（第 26 期生）

第 119 册 / 102

昭和四年（1929）调查报告（第 26 期生）

第 120 册 / 106

昭和四年（1929）调查报告（第 26 期生）

第 121 册 / 109

昭和四年（1929）调查报告（第 26 期生）

第 122 册 / 112

昭和四年（1929）调查报告（第 26 期生）

第 123 册 / 115

昭和四年（1929）调查报告（第 26 期生）

第 124 册 / 118

昭和四年（1929）调查报告（第 26 期生）

第 125 册 / 121

昭和五年（1930）调查报告（第 27 期生）

第 126 册 / 124

昭和五年（1930）调查报告（第 27 期生）

第 127 册 / 127

昭和五年（1930）调查报告（第 27 期生）

第 128 册 / 130

昭和五年（1930）调查报告（第 27 期生）

第 129 册 / 133

昭和五年（1930）调查报告（第 27 期生）

第 130 册 / 136

昭和五年（1930）调查报告（第 27 期生）

第 131 册 / 140

昭和五年（1930）调查报告（第 27 期生）

第 132 册 / 143

昭和五年（1930）调查报告（第 27 期生）

第 133 册 / 146

昭和五年（1930）调查报告（第 27 期生）

第 134 册 / 149

昭和五年（1930）调查报告（第 27 期生）

第 135 册 / 152

昭和五年（1930）调查报告（第 27 期生）

第 136 册 / 155

昭和五年（1930）调查报告（第 27 期生）

第 137 册 / 159

昭和五年（1930）调查报告（第 27 期生）

第 138 册 / 161

昭和五年（1930）调查报告（第 27 期生）

第 139 册 / 165

昭和六年（1931）调查报告（第 28 期生）

第 140 册 / 168

昭和六年（1931）调查报告（第 28 期生）
昭和七年（1932）调查报告（第 29 期生）

第 141 册 / 172

昭和八年（1933）调查报告（第 30 期生）

第 142 册 / 176

昭和八年（1933）调查报告（第 30 期生）

第 143 册 / 180

昭和八年（1933）调查报告（第 30 期生）

第 144 册 / 182

昭和八年（1933）调查报告（第 30 期生）

第 145 册 / 184

昭和八年（1933）调查报告（第 30 期生）

第 146 册 / 188

昭和八年（1933）调查报告（第 30 期生）

第 147 册 / 191

昭和八年（1933）调查报告（第 30 期生）

第 148 册 / 195

昭和八年（1933）调查报告（第 30 期生）
昭和九年（1934）调查报告（第 31 期生）

第 149 册 / 198

昭和九年（1934）调查报告（第 31 期生）

第 150 册 / 202

昭和九年（1934）调查报告（第 31 期生）

第 151 册 / 207

昭和九年（1934）调查报告（第 31 期生）

第 152 册 / 212

昭和九年（1934）调查报告（第 31 期生）

第 153 册 / 216

昭和十年（1935）调查报告（第 32 期生）

第 154 册 / 219

昭和十年（1935）调查报告（第 32 期生）

第 155 册 / 224

昭和十年（1935）调查报告（第 32 期生）

第 156 册 / 226

昭和十三年（1938）调查报告（第 35 期生）

第 157 册 / 229

昭和十三年（1938）调查报告（第 35 期生）

第 158 册 / 231

昭和十三年（1938）调查报告（第 35 期生）

第 159 册 / 235

昭和十四年（1939）调查报告（第 36 期生）

第 160 册 / 238

昭和十四年（1939）调查报告（第 36 期生）

第 161 册 / 241

昭和十四年（1939）调查报告（第 36 期生）

第 162 册 / 243

昭和十四年（1939）调查报告（第 36 期生）

第 163 册 / 246

昭和十四年（1939）调查报告（第 36 期生）

第 164 册 / 249

昭和十四年（1939）调查报告（第 36 期生）

第 165 册 / 253

昭和十四年（1939）调查报告（第 36 期生）

第 166 册 / 256

昭和十四年（1939）调查报告（第 36 期生）

第 167 册 / 259

昭和十四年（1939）调查报告（第 36 期生）

第 168 册 / 263

昭和十四年（1939）调查报告（第 36 期生）

第 169 册 / 266

昭和十四年（1939）调查报告（第 36 期生）

第 170 册 / 270

昭和十四年（1939）调查报告（第 36 期生）

昭和十五年（1940）调查报告（第 37 期生）

第 171 册 / 274

昭和十五年（1940）调查报告（第 37 期生）

第 172 册 / 276

昭和十五年（1940）调查报告（第 37 期生）

第 173 册 / 279

昭和十五年（1940）调查报告（第 37 期生）

第 174 册 / 281

昭和十五年（1940）调查报告（第 37 期生）

第 175 册 / 284

昭和十五年（1940）调查报告（第 37 期生）

第 176 册 / 288

昭和十五年（1940）调查报告（第 37 期生）

第 177 册 / 291

昭和十五年（1940）调查报告（第 37 期生）

第 178 册 / 294

昭和十六年（1941）调查报告（第 38 期生）

第 179 册 / 297

昭和十六年（1941）调查报告（第 38 期生）

第 180 册 / 300

昭和十六年（1941）调查报告（第 38 期生）

第 181 册 / 303

昭和十六年（1941）调查报告（第 38 期生）

第 182 册 / 306

昭和十六年（1941）调查报告（第 38 期生）

第 183 册 / 309

昭和十六年（1941）调查报告（第 38 期生）

第 184 册 / 312

昭和十六年（1941）调查报告（第 38 期生）

第 185 册 / 315

昭和十六年（1941）调查报告（第 38 期生）

第 186 册 / 318

昭和十六年（1941）调查报告（第 38 期生）

第 187 册 / 322

昭和十六年（1941）调查报告（第 38 期生）

第 188 册 / 325

昭和十七年（1942）调查报告（第 39 期生）

第 189 册 / 328

昭和十七年（1942）调查报告（第 39 期生）

第 190 册 / 331

昭和十七年（1942）调查报告（第 39 期生）

第 191 册 / 333

昭和十七年（1942）调查报告（第 39 期生）

第 192 册 / 336

昭和十七年（1942）调查报告（第 39 期生）

第 193 册 / 339

昭和十七年（1942）调查报告（第 39 期生）

昭和十八年（1943）调查报告（第 40 期生）

第 194 册 / 343

昭和十八年（1943）调查报告（第 40 期生）

第 195 册 / 347

昭和十八年（1943）调查报告（第 40 期生）

第 196 册 / 350

昭和十八年（1943）调查报告（第 40 期生）

第 197 册 / 354

昭和十八年（1943）调查报告（第 40 期生）

第 198 册 / 358

昭和十八年（1943）调查报告（第 40 期生）

第 199 册 / 362

昭和十八年（1943）调查报告（第 40 期生）

第 200 册 / 368

昭和十八年（1943）调查报告（第 40 期生）

第77册

昭和二年（1927）调查报告（第24期生）

第一卷　京津经济调查

第一编　中国烟酒税

松代囧次

关于中国烟酒税的现状调查报告 5

第一章　关于烟酒税的史实及历史 7

第二章　关于烟酒课税的现行
　　　　诸法规 13

　第一节　烟酒税 17

　第二节　牌照税法 25

　第三节　烟酒公卖费 37

第三章　烟酒收入的现状 41

　第一节　预算额 42

　第二节　实收额 47

　第三节　上缴额 57

　第四节　扣留的内情 62

第四章　烟酒税的将来 83

　第一节　中国的烟草、酒类需求 83

　第二节　收税方面的改革需要 86

第五章　烟酒收入与债务关系 91

　第一节　内债 93

　第二节　外债 101

　第三节　美国对于中国烟酒税收入的
　　　　　野心 117

余录 127

　一、青岛强征烟酒税所带来的
　　　损害 127

　二、中国的烟叶进口 131

第二编　中国盐税

内田正喜

第一章　盐税在中国财政上的地位 141

　第一节　财政史上所见之盐税 141

　第二节　现在的盐税 142

第二章　盐税行政权的丧失 156

第三章　盐税的税则 158

第四章　盐税收入概况 168

第五章　盐税及债款 185

　第一节　盐税担保债务的分析 187

　第二节　盐税偿付债款的状况 192

第六章　盐余 201

第七章　盐余指拨的短期内债 207

第八章　盐余指拨的外债 208

第九章　各省的盐税截留 209

第十章　各省的盐税附加 215

第十一章　盐税稽核所的撤废 221

第三编　关于印花税
（附京兆的警捐）

梶村正义

第一章　印花税 229

　第一节　历史 229

　第二节　印花税的现状 234

　第三节　印花税法 235

　第四节　印花税法施行细则 243

第77册　I

第五节　关于人事凭证贴用印花
　　　　条例 245

第六节　印花税的种类 250

第七节　印花税法罚金执行规则 255

第八节　印花税票贴用规则 259

第九节　修正关于人事凭证贴用印花
　　　　条例 267

第十节　印花税处 271

第十一节　现行印花税规定摘录 273

第十二节　结论 283

第二章　京兆的警捐 289

第四编　驻京津班财政调查
（关于借款）
长谷川芳夫

一、关于交通部借款表 303

二、关于日本对华借款表 389

第二卷　京奉经济调查
第一编　满蒙铁路调查
若桑省三郎

第一章　绪论 407

第一节　日本人口问题所见之
　　　　满蒙 407

第二节　日本关于满蒙特殊性的
　　　　论据 411

第三节　满蒙的铁路问题 414

第四节　田中首相在东方会议上的
　　　　对华纲领训示 416

第二章　国际铁路 421

第一节　中东铁路 421

第二节　南满铁路 421

第三节　南满铁路支线 422

第三章　中国已开设的国有铁路 425

第一节　京奉铁路 425

第二节　打通铁路 426

第三节　吉长铁路 482

第四节　四洮铁路 483

第五节　奉海铁路 484

第六节　吉海铁路 485

第七节　昂齐铁路[①] 489

第四章　中国已开设的民营铁路 493

第一节　齐昂铁路 493

第二节　溪城轻便铁路 493

第三节　庙儿沟轻便铁路 494

第四节　大窑沟运煤铁路 494

第五章　中国规划铁路 497

第一节　满蒙五铁路 497

第二节　吉会铁路规划线 518

第三节　吉哈规划铁路 549

第四节　库哈铁路 552

第五节　其他的规划铁路 552

第六节　最近的规划铁路 558

第七节　1927年的满蒙铁路会议
　　　　及六大铁路 560

---

① 昂齐铁路，正文内容为洮昂铁路，疑为目录记录错误。

第二编　关于满洲的国有货币

柗部正晖

第一章　满洲的国有货币的特征 569

第二章　皮帖 577
　第一节　皮帖的起源及性质 577
　第二节　皮帖与金融界 581
　第三节　皮帖及其名号 585
　第四节　皮帖的衰落原因及其影响 591
　第五节　皮帖的将来 603

第三章　私帖 607
　第一节　私帖的历史 607
　第二节　私帖的种类 615
　第三节　私帖名称的职业区别 616
　第四节　私帖的流通方法 618
　第五节　私帖的交易 619
　第六节　现存私帖流通地区及流通方法 625
　第七节　私帖的利害 633

第四章　东天票 637
　第一节　东天票的起源及性质 637
　第二节　东天票的种类 648
　第三节　总额及流通区域 649
　第四节　东天票的市价及变动因子 651

第五章　结论 655

第78册

昭和二年（1927）调查报告（第24期生）

第三编　关于奉天省的禁烟局

岩田良一

第一章　序言 5

第二章　禁烟局设立的目的及其意义 9

第三章　设立经过及章程 13

第四章　施行规则 23

 1. 禁吸 23

 2. 禁卖 27

 3. 禁种 29

 4. 罚则 31

第五章　结论 39

第四编　中国教育调查

樱井平四郎

第一章　中国教育概观 53

 第一节　绪论 53

 第二节　中国教育不发达的原因 59

 第三节　教育宗旨及学校新系统表 77

 第四节　全国教育统计 83

第二章　青岛及京津教育状况 87

 第一节　青岛的教育 87

 第二节　天津的教育 101

 第三节　北京的教育 118

 第四节　山海关教育状况 180

第三章　东三省的教育 184

 第一节　锦州的教育 184

 第二节　打通铁路沿线的教育概况 187

 第三节　日本在东三省的教育经营状况 187

 第四节　中国在东三省的教育经营状况 227

 第五节　东三省的教会及外国人所设立的学校 238

第四章　中国教育的现状 241

 第一节　教育权回收运动 241

 第二节　全国各种学校统计 263

第五章　结论 269

 第一节　关于教育权回收问题 269

 第二节　中国教育走向何方 271

第三卷　津浦经济调查

第一编　关于会馆及公所

尾野四郎

第一章　总论 289

 第一节　关于历史 289

 第二节　关于中国人的团结心 291

 第三节　关于地缘团体及职业团体 300

 （附）关于同乡会 305

第二章　内部关系 309

 第一节　关于会员的范围 309

第二节 关于负责人 315

第三节 关于会议 321

第四节 关于经费 323

第五节 关于会所 332

第六节 关于入会及退会 335

第七节 关于会馆公所与帮、会、堂之间的关系 340

第八节 关于设立 343

第三章 事业 347

第一节 会馆的事业 350

第二节 公所的事业 357

第四章 北京、天津、济南的会馆公所 371

第一节 北京的会馆公所 371

第二节 天津的会馆公所 394

第三节 济南的会馆公所 395

第五章 结论 397

第一节 会馆公所的利益 398

第二节 会馆公所的弊害 408

第三节 会馆公所的将来 412

第二编 津浦铁路铁道厘金税转运公司调查

南乡武定

第一章 财政部津浦全线商货统捐局征收货捐规则 427

第二章 商货统捐局新修捐则 439

第三章 征税手续 453

第四章 通关手续 457

第五章 免税品及违禁品 468

第六章 对于外国工业品的特殊待遇 471

第七章 子口半税及铁道厘金局 482

第八章 逃税交易方法 493

第九章 异议的判决 502

第十章 退税及运送人员与统捐局的关系 504

第十一章 铁道厘金局与津浦铁路各站之间的关系 509

第十二章 关于津浦铁路输送货物的铁道厘金税以外的课税 510

第十三章 津浦铁路征税及运输现状 519

第一节 泰安市场 522

第二节 大汶口运输状况 527

第三节 兖州及济南市场的运输状况 531

第四节 滕县运输状况及市场现状 533

第五节 徐州运输状况及课税现状 535

第十四章 津浦铁路转运公司 537

第十五章 转运公司的名称及组织 545

第十六章 运费回扣 547

第十七章 运费回扣及转运公司注册 548

第十八章　特别运费优惠 553

第十九章　关于手续的惯常公文格式 555

第二十章　运输火车负责通则 559

第二十一章　中华国有铁路货车运输通则 585

第二十二章　山东征收货物税暂行章程 605

第79册

昭和二年（1927）调查报告（第24期生）

第三编　济南和天津的牛骨及牛皮
原口辉雄

第一章　牛皮 13
　第一节　绪言 13
　第二节　牛皮的种类 17
　第三节　牛皮的用途 25
　第四节　牛皮的品质 29
　第五节　牛皮的品质鉴定 35
　第六节　集散状况 40
　第七节　流通状况 49
　第八节　牛皮经销商 51
　第九节　采购方法 55
　第十节　货款支付方法 63
　第十一节　货币及衡器 65
　第十二节　市价的形成方法 69
　第十三节　捆包方法 72
　第十四节　天津的牛皮出口贸易 74
　第十五节　关于制革业 77

第二章　牛骨 81
　第一节　产地及产额 81
　第二节　种类及用途 84
　第三节　牛骨的品质及鉴定 87
　第四节　集散状况 93
　第五节　牛骨经销商 99
　第六节　流通状况 102
　第七节　交易习惯 104
　第八节　捆包方法 113
　第九节　现在的市价及出口状况 114
　第十节　天津的骨粉状况 117
　第十一节　结论 120

第四编　山东省的中国劳动者调查
吉川义博

序 125

第一章　山东苦力的集散 129

第二章　山东苦力的性质 137
　第一节　山东苦力与教育程度 141
　第二节　山东苦力与宗教 142
　第三节　山东苦力的已婚者 143
　第四节　劳动者的生活费及储蓄观念 147
　第五节　山东劳动者与外国劳动者的比较 149

第三章　山东劳动者的生活 153
　第一节　劳动者的衣服 154
　第二节　劳动者的食物 155
　第三节　劳动者的住房 158
　第四节　济南劳动者的生活状态 161

第四章　劳动者的工资 165

第五章　山东苦力的外出打工 175

第一节 满洲运费优惠
（津浦、京奉两条铁路）176
第六章 中国劳工运动及学生 179

第五编 鸦片调查
隈部勇

序言 187
第一章 鸦片的历史 191
第二章 禁烟运动 197
　第一节 法令禁止 200
　第二节 民间禁烟运动 225
　第三节 国际鸦片会议 257
　第四节 中国禁烟运动失败的原因 269
第三章 结论 279

第六编 中国教育思潮
西本喜兴世

第一章 绪论 285
第二章 1925年的教育思潮 295
第三章 国家主义教育 303
第四章 教育权回收运动 313
第五章 军事思潮 325
第六章 复古运动 337
第七章 党化教育 351
第八章 师范教育的独立 359
第九章 对于各种思潮的批评 365
第十章 结论 379

第四卷　京绥金福经济调查

第一编 都市及鸦片调查
平野博

第一章 金福铁路及其规划线沿线的都市调查 383
　第一节 金州 383
　第二节 貔子窝 394
　第三节 城子疃 406
　第四节 庄河 409
　第五节 青堆子 418
　第六节 大孤山 423
　第七节 大东沟 431
　第八节 安东 434
第二章 鸦片调查 499
　第一节 鸦片概况 499
　第二节 中国的鸦片栽培及吸食状况 511

第二编 关于北京的会馆
芹泽赳夫

第一章 会馆的历史性质 599
第二章 北京的会馆的特殊性 608
　第一节 北京的会馆的历史性质 608
　第二节 北京的会馆的目的 615
　第三节 实例叙述北京的会馆的历史性质 622
　第四节 北京的会馆内的奉神 628
　第五节 北京的会馆所在地的特殊性 634

第六节　北京现存会馆的存在价值及将来 636

第三章　北京具有代表性的全浙会馆的章程及重修会馆碑文 640

第四章　各省在京会馆和同乡会的名称及所在地 668

第 80 册

昭和二年（1927）调查报告（第 24 期生）

第三编　华北的转运公司
井上进

第一章　转运公司 1
　第一节　转运公司的意义 1
　第二节　转运公司的设立 2
　第三节　转运公司的业务 6
　第四节　货物的发送手续 8
　第五节　转运公司的收支 30
　第六节　转运公司的仓库 34
第二章　交通部货车运输规则 37
第三章　货车运输通则第一册附加规则 91
第四章　货物运送与铁路的责任 117

第四编　北京的社会事业调查
饭村满

第一章　社会事业的意义 171
第二章　中国社会事业的现状及中国人的博爱思想 173
第三章　中国社会事业的分类 186
　第一节　扶贫事业 186
　第二节　老年人保护事业 190
　第三节　老妇及寡妇扶助事业 194
　第四节　儿童保护事业 199
　第五节　医疗保护事业 204
　第六节　经济保护事业 209
　第七节　社会教化事业 214
第四章　北京的贫穷状态 217
　第一节　贫民都市——北京 217
　第二节　北京贫穷的原因 221
　第三节　贫民统计 227
　第四节　贫民的生活方法 229
　第五节　旗人的贫穷状况 236
第五章　救济机构 240
第六章　扶贫事业 246
　第一节　京畿粥所 246
　第二节　中国红十字会及北京极济救贫处 255
　第三节　窝头会 259
　第四节　京师公益联合会 260
　第五节　北京地方服务团 271
　第六节　华洋义赈救灾总会 298
第七章　老年人保护事业 328
　第一节　北京老弱临时救济会 328
　第二节　京师茕独救济会 333
　第三节　北京养老院 336
第八章　医疗保护事业
　第一节　悟善社 339
　第二节　妇婴医院（北京考顺胡同）342
　第三节　养病院（北京交民巷）344
第九章　经济保护事业 345

第一节　北京私立贫民借本处 345
第二节　北京人力车夫休息所 348
第三节　职业介绍所 352

第十章　社会教化事业 353
第一节　京师济良所 353
第二节　妇女习工厂 375
第三节　北京新民辅成会 384
第四节　区署立半日学校 387
第五节　怀幼学校 393

第十一章　结论 394

第五编　京绥线厘金

第一章　厘金税的历史 397
第二章　厘金的种类 400
第三章　厘金的税率及征收方法 404
第四章　京绥本线的厘金 413

第六编　金福铁路

第一章　设立概要 433
第二章　本线的特别优惠 437
第三章　本线的使命 439
第一节　铁路 439
第二节　物产 441
第三节　重要都市 449
第四章　会社的内容 467
第五章　本铁路的特别优惠及特长 485
第六章　金福铁路公司的章程 491
第七章　结论 507

第七编　北京电车

小室清志

第一章　北京电车公司 511
第二章　北京电车费率表 517

第八编　京绥铁路沿线商业情况

渡边正吾

第一章　绪言 525
第二章　本铁路概略 526
第一节　铺设的来龙去脉 526
第二节　线路情况 531
第三节　竣工时间 535
第四节　建筑经费 536
第五节　营业状况 537
第六节　组织历史 542
第三章　沿线情况 543
第一节　京师（北京）543
第二节　京师环城支线 550
第三节　京门支线 558
第四节　宣化支线 576
第五节　大同支线 594
第四章　京绥沿线各地相对高低的波浪曲线图及各地之间的距离 626
第五章　京绥铁路的政治价值 633
第六章　京绥铁路的商业价值 634

第81册

昭和二年（1927）调查报告（第24期生）

第五卷　江北鲁燕调查

第一编　山东的劳动者

有吉正义

凡例 3

第一章　序说 11

第二章　外出打工劳动者 35

　第一节　山东的苦力 35

　第二节　劳动者的移动 41

　第三节　结论 102

第三章　矿山劳动者调查 113

　第一节　博山的矿山劳动者 114

　第二节　淄川的劳动者 140

第四章　青岛的纺织劳动者 151

附　青岛、天津普通劳动者的工资 165

第二编　山东省的煤炭

坪根一雄

第一章　山东省地质概况 181

第二章　煤田 187

　第一节　煤田分布区域 187

　第二节　煤田的成因及煤质差异的原因 190

　第三节　山东省在东亚煤炭矿业中的地位 195

第三章　山东省煤炭基本情况 200

第四章　博山煤坑概况 203

　第一节　博山煤坑概况 203

　第二节　黑山煤坑异说 209

　第三节　博山的各个小煤坑 223

　第四节　西河庄附近煤坑状况 254

第五章　淄川煤矿 271

　第一节　总说 271

　第二节　煤层 272

　第三节　煤质 273

　第四节　煤量 275

　第五节　销路 276

　第六节　设备及设备扩张 277

　第七节　山东矿业之将来 325

　第八节　关于淄川煤储的经营 329

　第九节　各年度煤炭产量表 331

第六章　鲁大公司的现状及其使命 336

　第一节　成立的过程 336

　第二节　经营的业绩 337

　第三节　鲁大公司的经营及配车关系 340

　第四节　鲁大公司的使命 343

　第五节　鲁大公司及其环境 347

　第六节　关于目前应当改革的事项 354

附记　关于坊子炭坑 360

第三编　山东省的落花生及花生油
斋藤久永

第一章　山东省的落花生 363
 第一节　产地 366
 第二节　栽培 372
 第三节　收获 374
 第四节　病害 375
 第五节　落花生的品质 376
 第六节　落花生的名称 379
 第七节　脱壳 383
 第八节　流通状况 385

第二章　山东省的花生油 395
 第一节　榨油 395
 第二节　花生油的精制 403
 第三节　花生油的品质 405
 第四节　花生油的品质鉴定 406
 第五节　花生油的成分 409
 第六节　落花生及花生油的用途 410
 第七节　青岛落花生及花生油的流通状况 413
 第八节　分析报告及统计 416

第三章　交易习惯 429
 第一节　总体的采购情况 429
 第二节　市场采购及产地采购的利害 431
 第三节　大汶口的交易状况 433
 第四节　济南的交易状况 438
 第五节　青岛的交易状况 444
 第六节　各项费用概况表 459

第四章　博山的落花生及花生油 469

附记　山东省的一般汇票类型 479

第四编　日本借款铁路中的胶济铁路问题
高次友惠

第一章　胶济铁路与帝国的关系 493
 第一节　关于解决山东悬案的条约摘要 494
 第二节　山东悬案铁路细目协定 500

第二章　胶济铁路的价值 507

第三章　胶济铁路的组织 516
 第一节　胶济铁路管理局暂行薪级表 519
 第二节　车务处长的权限 522
 第三节　会计处的权限 522

第四章　胶济铁路的运输状况 536
 第一节　机关车 536
 第二节　客车 538
 第三节　货车 541
 第四节　客货车及机关车的现状 543
 第五节　过去货客的运输统计 546
 第六节　将来的预估输送量 549
 第七节　轨道的容量 551
 第八节　列车的载重 556

第九节　线路的铺设 558
　　第十节　轨道及桥梁的承重力 562
第五章　胶济铁路的营业状态 563
　　第一节　过去的营业收入 565
　　第二节　将来的预估收入及支出 569
　　第三节　营业费及回收的赔偿金本息 573
　　第四节　新规补充费 576
第六章　胶济铁路的资产及其财政状况 582
第七章　胶济铁路的会计 591
　　第一节　胶济铁路的会计归属中国政府的特别会计 591
　　第二节　1925年度预算 603

　　第三节　铁路收入不得用于本铁路经营以外的用途 604
　　第四节　铁路的收入不当使用实例 607
第八章　胶济铁路延长线 613
　　绪言 613
　　第一节　规划延长线的选择 614
　　第二节　济道线沿途的概况 619
　　第三节　结语 634
第九章　时局与胶济铁路 640
　　第一节　第二次直奉战争与胶济铁路 640
　　第二节　胶济铁路的现状 644
第十章　结论 670

第82册

昭和二年（1927）调查报告（第24期生）

第五编　山东铁道厘金制度调查
木村仁郎

第一章　历史 1
 第一节　关于货物 7
 第二节　关于货物税 17
 第三节　关于货车加快费 39
 第四节　关于河工捐 41
 第五节　赈捐 42
第二章　结论 47

第六卷　东部陇海经济调查

第一编　关于华北、北满的取缔鸦片活动
长沼重辉

第一章　绪论　55
第二章　关于吉林省的取缔鸦片活动 61
 第一节　军队 61
 第二节　警察 63
 第三节　类似辅助机构 64
第三章　关于奉天省的取缔鸦片活动 71
 第一节　奉天省禁烟局章程 71
 第二节　奉天省禁烟局施行细则 78
第四章　关于黑龙江省的取缔鸦片活动 89
 第一节　黑龙江省禁烟总局禁烟章程 89
第五章　关于北京的取缔鸦片活动 107
 第一节　概况 107
 第二节　鸦片烟罪 111
第六章　关于北满的鸦片及朝鲜人 115
第七章　结论 119

第二编　关于北满及内蒙古东部的特产运输
黑川凑

第一章　总论 121
 第一节　北满及内蒙古东部的经济发展 121
 第二节　谷类的交易 127
 第三节　谷物的运输 180
 第四节　运输代办业 192
 第五节　各国商业交易的统一机构 200
 第六节　谷类的流通 203
第二章　北满的特产运输状况 205
 第一节　总论 205
 第二节　北满的农业状况 217
 第三节　北满产豆类、豆油、小麦粉的流通量 235
 第四节　中东铁路的特产运输 241
第三章　中东铁路主要站点的特产流通状况 263

第一节　哈尔滨 263
　第二节　安达站的特产流通状况 299
　第三节　齐齐哈尔 328
　第四节　昂昂溪的谷类流通情况 346
　第五节　结论 351
第四章　内蒙古东部农产品流通状况 365
　第一节　农业状况概观 365
　第二节　洮昂铁路的现状 368
　第三节　洮昂铁路沿线地区的农产品流通状况 372
　第四节　四洮铁路沿线地区的农产品流通状况 386
　第五节　洮南的特产流通状况 389
　第六节　郑家屯的特产流通状况 413
　第七节　结论 436

第三编　北满及东蒙的税
千贺安太郎

第一章　哈尔滨的税 443
　第一节　税务 443
　第二节　哈尔滨海关 448
　第三节　松花江海关 450
　第四节　关于黑龙江及松花江沿江货物的税则 452
　第五节　哈尔滨的附加税 458
第二章　黑龙江省的税 460
　第一节　关于黑龙江省征订税则 460
　第二节　安达站各营业税率 488
　第三节　安达、昂昂溪及泰来县的税 510
第三章　郑家屯的税 513
第四章　结论 519
附录 527

第四编　北京游民及其救济
汤口重寿

第一章　总说 535
第二章　贫穷国家及贫穷都市 537
第三章　北京贫穷的原因 541
　第一节　工业不发达 541
　第二节　天灾的损害极大 543
　第三节　旗人的贫穷 544
第四章　贫民数各项统计 547
第五章　贫民生活 555
第六章　旗人的穷困状况 565
第七章　救济设施 569
　第一节　针对老年病患的设施 572
　第二节　针对贫民的扶贫设施 574
　第三节　针对弃儿的扶贫设施 622
　第四节　针对遗骨埋葬的制度 626
第八章　社会事业团体 632
第九章　结论 637

第 83 册

昭和二年（1927）调查报告（第 24 期生）

第五编　北满地区的小米生产及朝鲜进口满洲小米的情况

宫崎武雄

第二章　满洲小米的用途、消费量及流通额 15

第三章　北满小米的集散状况 19

第四章　各地小米的集散状况、交易习惯等 31

　第一节　长春 31

　第二节　安达 54

　第三节　齐齐哈尔 85

　第四节　洮南 93

　第五节　郑家屯 127

第五章　小米进口的历史及其数量之大 163

第六章　小米的进口季节及朝鲜的集散地 173

第七章　朝鲜进口满洲小米地区、在朝鲜的声价、市价、进出口税 181

第八章　满洲小米的进口预估 193

第九章　朝鲜的满洲小米和进口米 210

第十章　安东的满洲小米 223

第七卷　华南港口情况调查

第一编　以广东为中心的蚕丝业调查

中村加治马

第一章　广东蚕丝业历史 247

第二章　广东蚕丝业的地位 255

第三章　蚕丝区域及地位 267

第四章　栽桑 303

　第一节　桑的种类 303

　第二节　桑的繁殖苗贩卖 305

　第三节　桑的栽培 309

　第四节　桑的病虫害 322

第五章　养蚕 325

　第一节　蚕种 326

　第二节　养蚕业 341

　第三节　广东蚕病 354

　第四节　茧的买卖 361

　第五节　养蚕农民的生活状态 366

第六章　制丝 371

　第一节　坐缫 371

　第二节　足踏缫丝 373

　第三节　机械缫丝 375

第七章　生丝 391

第八章　改良机构 399

第九章　结论 401

附记 407

第二编　华南地区工会调查
冈部俊雄

第一章　广东、香港的工会历史 409
第二章　工会的内容 415
　第一节　汕头的工会 415
　第二节　广州市店员工会章程 424
　第三节　广东省各县或各独立市的工会组织法大纲 432
第三章　劳资纠纷解决方法 437
　第一节　广东省的劳资纠纷解决方法 437
　第二节　工人运动的趋势 441
　第三节　劳动者势力的扩张及其反响 444
　第四节　劳工劳资之间纠纷的解决方法 448
　第五节　广东省的工商纠纷解决条例 454
　第六节　劳工仲裁条例 456
　第七节　国民政府组织解决雇主、雇员争议的仲裁条例 459
第四章　现在的工会 463
　第一节　香港的工会 463
　第二节　厦门的工会 472
　第三节　广东的工会 474
第五章　广东的工会法案 487

第三编　华南沿海贸易情况
中岛监

第一章　福州贸易状况 497
　第一节　福州概观 497
　第二节　福州的贸易 499
　第三节　福州贸易的将来 503
第二章　厦门的贸易状况 510
　第一节　厦门概观 510
　第二节　厦门的重要性 513
　第三节　厦门的贸易 518
　第四节　厦门贸易的将来 530
第三章　汕头贸易状况 534
　第一节　汕头概观 534
　第二节　汕头的贸易 538
　第三节　汕头贸易的将来 551
第四章　香港的贸易 567
　第一节　香港概观 567
　第二节　香港的贸易 571
　第三节　香港的海运界 586
第五章　广东贸易状况 597
　第一节　广东概观 597
　第二节　广东的贸易 605

第八卷　华南经济调查
第一编　华南的农民运动
大胁浩六郎

第一章　福建、广东的农民运动一瞥 627
第二章　福州、厦门、汕头、广东的农民运动 650
第三章　结论 674

第 84 册

昭和二年（1927）调查报告（第 24 期生）

第二编　华南沿海各港口的货币
佐佐木安明

第一章　总说 1
第二章　福州的货币 7
　第一节　秤量计算的货币 7
　第二节　个数计算的货币 11
第三章　厦门的货币 29
　第一节　秤量计算的货币 29
　第二节　个数计算的货币 31
第四章　汕头的货币 37
　第一节　秤量计算的货币 39
　第二节　个数计算的货币 41
第五章　广东的货币 72
　第一节　秤量计算的货币 73
　第二节　个数计算的货币 76
第六章　香港的货币 87
第七章　法属印度支那的货币 93
第八章　结论 101

第三编　广东的养蚕业
秦仪三郎

第一章　广东附近的养蚕业 103
　第一节　主要的养蚕地 103
　第二节　桑树 119
　第三节　四水六基制与栽桑法 131
　第四节　采摘与施肥 136
　第五节　借地费 151
　第六节　桑叶买卖及其生产费用 153
　第七节　病虫害 160
第二章　养蚕业 165
　第一节　总论 165
　第二节　种类及性质 170
　第三节　蚕室及蚕具 173
　第四节　饲育法 179
　第五节　收茧及养蚕的收支 190
第三章　结论 193

第四编　华南沿海各地的中国同乡团体调查
筱崎昌平

第一章　绪论 199
第二章　华南沿海各地的会馆现状 203
　第一节　福州 203
　第二节　厦门 210
　第三节　汕头 221
　第四节　广东 226
第三章　会馆的历史 229
第四章　会馆的设立 233
第五章　会馆的组织 235
　第一节　会员 235
　第二节　负责人 237
　第三节　会议 248
第六章　会馆的目的 253
第七章　会馆的财政 269

第八章　结论 277

参考　福州台湾公会规则 281

第五编　华南国民政府的烟酒印花税
林清人

第一章　烟酒税 303
　第一节　烟酒税的意义 303
　第二节　烟酒税的历史 306
　第三节　华南地区的烟酒税现状 308

第二章　烟酒公卖税 323
　第一节　烟酒公卖税的历史 323
　第二节　公卖局的组织及法规 327

第三章　烟酒印花税 347
　第一节　历史 347
　第二节　法规 354
　第三节　现状 387

第四章　国民政府禁止鸦片的方法 399

第五章　广东奢侈品印花税 405

第六章　一般印花税摘要 411

第六编　华南沿海华侨金融调查
松本贤太郎

第一章　总论 429
　第一节　中国海外移民的概况 429
　第二节　母国与侨民的关系 447
　第三节　南洋与华侨 453
　第四节　南海华侨与金融机构 457

第二章　华南沿海的海外移民与金融 462
　第一节　一般关系 462
　第二节　分论 471

第三章　法属印度支那的华侨及金融 551
　第一节　总论 551
　第二节　法属印度支那的华侨经济实力及金融 559
　第三节　法国当局对于华侨的态度 563
　第四节　结论 579

第四章　华侨与日本海外移民 591
　第一节　华侨 592
　第二节　日本海外移民 600

第七编　华南蚕丝业调查
矢野一郎

第一章　绪论 617

第二章　制丝工厂 626
　第一节　机器生丝业的历史 626
　第二节　工厂的设备 630
　第三节　燃料及制丝用水 635
　第四节　工作的全貌 638
　第五节　缫丝法的得失及工程 647

第三章　茧 652
　第一节　原料茧的品质及价格 652
　第二节　茧市场 656

第四章　制丝女工 662
　第一节　女工的培养及赏罚法 662
　第二节　缫丝时间及工资 667
　第三节　制丝女工的特色 670

第五章　生产费用及金融 674
　第一节　制丝金融 674
　第二节　生产费用及原价摘要 678

第三节　制丝家财力及营业成绩 683

第六章　生丝贸易 691

　　第一节　广东生丝的性质 691

　　第二节　广州市的供需状况 693

第三节　出口商业销售 700

第四节　批发商及经纪人 710

第五节　生丝的品质及等级 717

第七章　结论 741

第 85 册

昭和二年（1927）调查报告（第 24 期生）

第八编　华南沿海的樟树调查（附天然樟脑与人造樟脑的将来）

高田利德

第一章　樟树的分布 1
　第一节　樟树在中国的分布 1
　第二节　国树之说 2
　第三节　在福建省的分布状态 3
　第四节　在广东省的分布状态 16

第二章　樟树的种类 34
　第一节　总说 34
　第二节　各种樟树的分布状态 38
　第三节　芳樟的利用 43
　第四节　关于樟脑油 46

第三章　福建的经营状况 50
　第一节　总论 50
　第二节　分论 54

第四章　关于官脑局 58
　第一节　总论 58
　第二节　漳州的官脑局现状 60

第五章　结论 61

第九编　华南沿海港湾状况

小林荣

第一章　福州 79
　第一节　历史 79
　第二节　地势及位置 80
　第三节　闽江改修问题 83
　第四节　费用的收支 88

第二章　厦门 91
　第一节　厦门的地势 91
　第二节　水深及锚地 92
　第三节　潮流 93
　第四节　厦门及鼓浪屿 95
　第五节　厦门港的历史 96
　第六节　港内的设备 99

第三章　汕头 107
　第一节　汕头的位置及港湾情况 107
　第二节　港内的设备 109
　第三节　船舶出入港及支数 113
　第四节　汕头的港口建设 115
　第五节　汕头的排外热 117

第四章　广东 125
　第一节　广东港的历史 125
　第二节　广东港的一般性特征 126
　第三节　广东航线（水道）128
　第四节　黄埔港口建设问题 129

第五章　结论 132

第十编　华南沿海交通、广东港口建设问题
赵桂显

第一章　华南沿海的交通 135
　第一节　福州的交通 135
　第二节　厦门的交通 158
　第三节　以漳州为中心的交通 180
　第四节　汕头的交通 195

第二章　广东港口建设问题 259
　第一节　黄埔港口建设计划总评 259
　第二节　港口建设计划 264
　第三节　黄埔港口建设计划的研究 381

第十一编　华南沿海教育调查
竹味武雄

第一章　学生运动概况 437

第二章　非基运动与教育权的回收 503

第三章　新学制与国民党的党化教育 531

第四章　福州的一般教育情况 553
　第一节　主要学校 553
　第二节　学校杂观 557
　第三节　其他的事项 568

第五章　厦门的教育 571
　第一节　厦门的主要学校 571
　第二节　关于厦门同文书院及厦门大学 576

第六章　汕头的教育 595
　第一节　关于各种中等学校 595
　第二节　汕头的教育权回收运动 601

第七章　广东的教育 611
　第一节　关于广东的主要学校 611
　第二节　关于广东的教育方针与教师资格 626
　第三节　广东的社会教化设施 636
　第四节　学校教职员的恩金制度及死亡抚恤金制度 643

第八章　结论 651

参考书及发行物名称如下 655

第十二编　鸦片及烟草
浦上尚之

第一章　中国的禁烟效果不好的原因 657
　第一节　条约上的限制 657
　第二节　罂粟的私人种植 659
　第三节　关于鸦片禁烟救济机构的不完备 663
　第四节　官界的腐败 665
　第五节　海外移民的吸烟癖 667
　第六节　鸦片的走私进口 670

第二章　鸦片的走私状况 671

第三章　鸦片的关税警察取缔处分 675

第四章　厦门鸦片的现况 684

第五章　鸦片禁烟取缔章程 687

第六章　福建的烟草 695

第七章　栽培法（福建）697

第八章　厦门烟草的出口状况 699

第九章　厦门与台湾之间的关系 701

第十章　汕头的烟草出口状况 703
第十一章　汕头的烟草进口状况 705
第十二章　广东的烟草出口状况 707
第十三章　广东的烟草进口状况 711

第 86 册

昭和二年（1927）调查报告（第 24 期生）

第十三编　华南移民调查
马渊悦男

第一章　序说 1
　第一节　华南移民的历史 4
　第二节　移民发达的原因 6
第二章　福州 17
第三章　厦门 27
第四章　汕头 33
　第一节　移民的外出打工地
　　　　　及其数量 37
　第二节　移民的方法 44
　第三节　移民的汇款 47
　第四节　移民的原籍地 51
第五章　（广东）法属印度支那
　　　　（东京）的中国移民状态 55
第六章　结论 63
后记 73

第九卷　云南情况调查

第一编　云南农业调查
横山安起

第一章　总论 75
　第一节　米 79
　第二节　麦类 93
　第三节　云南、四川黍类 97
　第四节　豆类 101
　第五节　甘蔗 107
　第六节　棉花 111
第二章　农业分论 113
　第一节　地价 113
　第二节　土地买卖习惯 115
　第三节　农具 117
　第四节　农事习惯 118
　第五节　耕种制度 118
第三章　结论 119

第二编　云南省教育行政机关
香川英史

　第一节　序 151
　第二节　省教育行政机关 153
　第三节　县教育行政机关 191
　第四节　"二六"政变后的教育
　　　　　方针 211
　第五节　结论 218

第三编　云南省的商业团体及工会
深堀健一郎

第一章　绪言 223
　第一节　云南省的经济价值 229
第二章　云南省商业团体 243
　第一节　云南省的总商会 244
　第二节　云南省各地分会 260
　第三节　关于商事公断处的讨论 291
第三章　云南省工会农民协会 309

第一节　云南省工会 309
第二节　关于云南工会成立准备的宣传文章及报纸 311
第三节　附　农民协会 328

第四编　云南省个旧地址矿床调查
　　　　　和多田介英

第一章　地形 339
第二章　地层 347
第三章　地质构造 351
第四章　火成岩 357
第五章　矿床 361
第六章　关于采矿及探矿的意见 373
　第一节　关于马拉格的采矿 373
　第二节　马拉格的用水问题研究 379
　第三节　关于古山矿区的意见 384

第五编　云南省的鸦片及药材调查
　　　　　滨田祥太郎

第一章　云南省的鸦片 389
　第一节　鸦片栽培的实况 389
　第二节　鸦片的产地及产额 393
　第三节　鸦片的交易及出口状况 407

　第四节　吸食鸦片的状况 411
　第五节　鸦片的收入及其用途 413
　第六节　鸦片的品质鉴定 418
第二章　云南省的药材 419
　第一节　总说 419
　第二节　经营商 421
　第三节　商业习惯 423
　第四节　省内的药材产地、种类、价格 424
第三章　云南省的麻药 443
第四章　结论 445

第六编　云南省的会馆、公所
　　　　　石田武男

第一章　公所 447
第二章　商业团体 545
第三章　集会结社 577
第四章　慈善事业 615

第七编　交通调查
　　　　　德山春宣

云南省道路等级规定草案 623
云南省元江间的交通道路概况 627
个碧临铁路 635

第90册

昭和二年（1927）调查报告（第24期生）

第十二卷　南洋诸岛调查

第四编　上海的货物供求状况

滨田胜美

第一章　上海概观 457

 1. 地理 457

 2. 历史 460

 3. 行政 463

 4. 人口、贸易、供求消费及其他情况 465

第二章　各类货物供求状况（重要商品）483

 第一节　贸易进展的趋势 483

 第二节　国内外货物的进出口状况 492

 第三节　船舶出入的概况 497

 第四节　各国对沪贸易的消长 500

 第五节　各类货物供求状况 529

第三章　上海货物的消费状况 643

第92册

昭和二年（1927）调查报告（第24期生）

第十三卷　北满间岛经济调查

第一编　间岛地区农业调查

藤岛健一

第一章　总说 1

第二章　种植总反①田 5

第三章　农作状况 11

　　第一节　作物收成 11

　　第二节　各地收成量比较 14

　　第三节　总收成量 24

　　第四节　农户数及土地所有的比较 33

　　第五节　家畜数 37

　　第六节　桑数的种植等 41

　　第七节　养蚕从业户数 46

　　第八节　茧的产额 49

第四章　间岛、珲春两县水田 53

第五章　宁安县农业调查 71

　　第一节　总说 71

　　第二节　农业普遍情况 73

　　第三节　畜产 80

　　第四节　地价 82

　　第五节　本年度宁安县的移居朝鲜人概数及水田种植垧数、计划收成量 84

　　第六节　宁安县农业劳动市场 86

第六章　佃农制度 89

　　第一节　中国佃农制度 89

　　第二节　劝农会佃农制度 92

　　第三节　间岛、珲春佃农制度及朝鲜农民移居的主要原因 95

第七章　间岛地区调查意见书 111

　　第一节　绪论 111

　　第二节　宁安县开拓论 119

　　第三节　间岛及珲春开拓论 140

　　第四节　结论 156

第二编　间岛地区矿业调查报告

藤岛健一

第一章　概说 185

第二章　重要岩石 186

　　第一节　片麻岩、花岗岩及花岗斑岩 186

　　第二节　千枚岩 187

　　第三节　变质粘板岩 188

　　第四节　侏罗层 188

　　第五节　第四纪层 189

　　第六节　玢岩 189

　　第七节　安山岩 190

　　第八节　玄武岩 190

　　第九节　地质与矿床的关系 191

第三章　重要矿山分论 193

---

① 反：日本土地面积单位，一反相当于9.9174亩。

第一节　天宝山银铜矿历史 193

第二节　窟窿山银铜矿 205

第三节　依兰沟铜铁矿 207

第四节　绣纹浦的银矿 207

第五节　关门咀子铅矿 208

第六节　石灰沟石灰矿 208

第七节　老头沟煤矿 209

第八节　珲春煤田 229

第九节　咸朴洞沙金地 231

第十节　儿洞沙金地及水深浦沙金地 231

第十一节　蜂蜜沟金矿 231

第十二节　蜂蜜沟沙金地 232

第十三节　三道沟沙金地 233

第十四节　东南岔沙金地 234

第十五节　下七道沟沙金地 234

第十六节　七道沟山金矿及沙金地 235

第十七节　小蓝岭的沙金地及银矿 236

第十八节　烟芝口的金矿 236

第十九节　西太浦沙金地 236

第二十节　大洼清沙金地 238

第二十一节　小百草沟沙金地 238

第二十二节　八道沟金矿 238

第二十三节　三道沟煤矿 240

第四章　结论 243

第三编　吉林省的森林
中尾威

自序 251

第一章　吉林省的山林 257

第一节　历史 257

第二节　吉林省的森林分布及面积、材积 271

第三节　林况 281

第二章　树种 315

第一节　针叶树类 315

第二节　阔叶树类 324

第三章　植树造林 337

第四章　采伐、搬运及数量 341

第一节　豆满江流域 341

第二节　松花江流域 359

第三节　中东铁路沿线地区 366

第四节　森林在满蒙贸易中的地位 369

第五章　森林劳动者 379

第一节　伐木者之间的关系 381

第二节　把头和部下劳动者之间的关系 385

第三节　劳动者的技术及效率 386

第四节　劳动者的供求 390

第五节　操作的种类及顺序 392

第六章　结论 397

第四编　商务会及商事公断处
汤川武雄

序言 427

绪论 428

第一章　商会 433

第一节　商会的意义 433

第二节　商会的历史及其现状 433

第三节　商会的组织 442
　　第四节　商会的事业及权限 443
　　第五节　商会最近的实际活动
　　　　　　形势 446
　　第六节　满洲各地的商会 455
第二章　商事公断处 527
　　第一节　商事公断处的历史 527
　　第二节　商事公断处的组织
　　　　　　及权限 529
附记　533
哈尔滨总商会商事公断处章程 533
司法部会订商事公断处章程 541
商事公断处办事细则 549

第93册

昭和二年（1927）调查报告（第24期生）

第五编　东满间岛铁路天图、吉敦、吉会、宁海调查报告

福田繁一

例言 3

第一章　天图铁路 11
　第一节　历史 11
　第二节　建设及章程 21
　第三节　公司组织及营业状况 47
　第四节　图们江架桥问题 65
　第五节　与地方经济的关系及该铁路的价值 69

第二章　吉敦铁路 83
　第一节　吉敦铁路动工 83
　第二节　设计 109
　第三节　竣工计划期 124
　第四节　吉敦铁路的经济价值 131
　第五节　结论 171

第三章　吉会铁路 173
　第一节　吉会铁路布设问题 173
　第二节　吉会铁路的将来 193

第四章　宁海铁路问题 213

第六编　东三省的鸦片

古贺吾郎

第一章　绪言 235
第二章　北满地区的鸦片历史 239
第三章　北满地区秘密栽培兴盛的原因 245
第四章　栽培采种的从业者 248
第五章　本年度的罂粟栽培状况 253
　第一节　中东铁路沿线东半部的状况 262
　第二节　俄国领地的鸦片栽培 264
　第三节　吉林省内的（第一次）鸦片禁止令 267
第六章　鸦片的耕作及采集 271
　第一节　伤害罂粟果皮的方法 274
第七章　鸦片的制造及精制 277
　第一节　鸦片烟的制造 277
　第二节　料子的制法 279
　第三节　烟土的精制 281
第八章　收益、工资及分配 283
第九章　鸦片的走私及贩卖 289
　第一节　鸦片的走私及集散 289
　第二节　北满地区的鸦片贩卖 307
　第三节　鸦片与总商会 314
第十章　北满地区的烟馆及卖吗啡的 317
　第一节　烟馆 317
　第二节　间岛、局市街及珲春的烟馆及其经营者 328
　第三节　卖吗啡的 334
第十一章　吸烟中毒及止烟法 339
　第一节　吸烟中毒 339

第二节　止烟法 343
第十二章　北满地区取缔鸦片及禁烟
　　　　　章程 345
　　第一节　鸦片的普遍取缔 345
　　第二节　禁烟章程 347
第十三章　烟匪 377
　　第一节　马贼的种类 377
　　第二节　烟匪 379
第十四章　鸦片与军队 389
　　第一节　吸烟的动机 389
　　第二节　军人吸食鸦片的状况 390
　　第三节　军队中的烟毒及其余害 394
　　第四节　军队的鸦片清除 398
　　第五节　马贼讨伐与鸦片 403
　　第六节　结语 408
第十五章　北满地区的反鸦片运动 414
第十六章　结论 418
　　附言　针对鸦片的对策 422

第七编　北满间岛金融
山田国太郎

凡例 443
第一章　满洲金融界 447
第二章　满洲货币 467
　　第一节　固有货币 469
　　第二节　外来货币 494
第三章　北满货币官帖 513
　　第一节　吉林官帖 513
　　第二节　黑龙江官帖 534
　　第三节　吉林官银钱号 539
　　第四节　黑龙江广信公司 555
　　第五节　官帖的季节性高低 571
第四章　哈尔滨大洋 577
　　第一节　哈尔滨大洋的基础 579
　　第二节　哈尔滨大洋下跌的原因 584
第五章　满洲货币制度的修改 589
　　第一节　银建、金建两制度的
　　　　　　利弊 589
　　第二节　日本的对满投资及金银
　　　　　　汇兑 593
　　第三节　金银货币的本质 596
　　第四节　应将对满货币定为银货 598
第六章　哈尔滨金融 605
　　第一节　各国银行及其系统 605
　　第二节　在哈尔滨的各国银行及其
　　　　　　贷出额 619
　　第三节　哈尔滨货币 626
第七章　海林金融 629
第八章　宁安县（宁古塔）金融 633
第九章　间岛金融 639
　　第一节　货币 639
　　第二节　金融机构 650
　　第三节　各地金融 679
　　第四节　利息 685
　　第五节　一般金融状况 686

第94册

昭和二年（1927）调查报告（第24期生）

第十四卷　上海调查

第一编　关于上海临时法院

山田清一

序文 11
第一章　绪论 15
第二章　上海临时法院的历史 25
　第一节　上海会审衙门的略历 25
　第二节　上海会审衙门[①]的回收运动 35
　第三节　会审衙门回收暂行章程 133
　第四节　上述章程缔结后实际引渡之前（1926年9月至1927年1月）143
第三章　临时法院的组织 167
　第一节　临时法院的构成 167
　第二节　临时法院诉讼手续规程 175
　第三节　关于混合事件审问方法及处置的文书摘要 247
　第四节　关于无治外法权国国民 257
　第五节　法院费用制度 273
第四章　结论 283
　第一节　临时法院与会审衙门的制度之间的几处变更 283
　第二节　其他的变更 288
　第三节　会审衙门回收暂行章程的几处修订 289
　第四节　关于临时法院最近处理的混合事件 291

第二编　上海的同业团体（附同乡团体）

第一章　总论 295
第二章　旧制度的商人团体 309
　第一节　种类 309
　第二节　会馆 313
　第三节　上海的会馆 332
　第四节　公所 375
　第五节　上海的公所 389
　第六节　上海的帮会 397
第三章　新制度的商人团体附同乡团体 401
　第一节　商会及总商会 401
　第二节　上海总商会 417
　第三节　上海的其他商会 453
　第四节　公会 455
　第五节　上海的公会 458
　第六节　上海的同乡会 488
第四章　国民政府治下的上海新同业团体 511
　第一节　商民协会 515

---

① 上海会审衙门：1864年改名为"上海会审公廨"，在此处未使用改后名称，但内容中涉及名称修改。说明当时日本人对中国租界相关部门的历史与职权范围非常熟悉。

第二节 上海特别市商民协会 521

第三节 上海工会组织统一
　　　委员会 555

第四节 上海特别市劳资调节
　　　委员会 602

第五节 结论 613

第三编　以上海为中心的船舶业

第一章 总论 619

第二章 分论 669

　第一节 以上海为中心的中国汽轮
　　　　航线的现状 669

　第二节 汽轮公司及船舶
　　　　代理业者 703

第 95 册

昭和二年（1927）调查报告（第 24 期生）

第四编　上海周边的食品市场
奥出勇

第一章　绪论 7
第二章　上海附近的市场分类 11
第三章　交易状态概览 19
第四章　上海工部局卫生委员会市场章程 23
第五章　私设市场 46
第六章　市场商人 50
第七章　市场分论 53
　第一节　十六铺市场 53
　第二节　吴淞路、北苏州路、天潼路的交汇地市场 65
　第三节　老闸桥市场 66
　第四节　虹口市场 67
第八章　关于虹口市场的日本商人行会 72
　第一节　上海的日本市场的行会规约 75
　第二节　日本鲜鱼的产地 81
　第三节　运送状态 83
第九章　马路市场 85
第十章　北河南路市场 88
第十一章　吴淞路市场 89
第十二章　France town market[①] 91
第十三章　徐家汇市场 91
第十四章　极小的市场 92
　第一节　杨树浦市场（一）95
　第二节　杨树浦市场（二）96
　第三节　通州路市场 96
　第四节　梧州路市场 97
　第五节　爱文义路市场 97
　第六节　西门市场 98
　第七节　上海购买行会市场 99
第十五章　关于生肉 100

第五编　国民政府的司法制度及其运用
张书明

第一章　国民政府及国民党的司法制度中的法令及党纲的概况 103
　第一节　国民政府 103
　第二节　国民党党纲 109
　第三节　中国国民党党纲 113
　第四节　司法制度及其运用的标准和顺序 119
　第五节　国民政府司法改革的经过 123
　第六节　北京司法部及国民政府司法部的权限及组织的比较 126

---

① France town market：未查到相关资料，故未翻译。

第二章　法院与审判厅的组织权限
　　　　 及其比较 135
　　第一节　以前的审判厅组织 135
　　第二节　以前的审判厅及现在法院的
　　　　　 管辖事件的范围 137
　　第三节　法院的组织及其行政 147
　　第四节　检查事务及其设置 153
　　第五节　特别审判机关 155
　　第六节　参审制与陪审制 173
　　第七节　国民政府法制改革前的暂行
　　　　　 办法 174
　　第八节　律法、监狱、法官、惩戒 175
第三章　各省的司法制度及其概况 175
　　第一节　浙江省的司法制度 175
　　第二节　江苏省的司法制度 179
　　第三节　湖南省、湖北省的司法制度
　　　　　 概要 184
　　第四节　两广的司法制度概要 185

第六编　中华民国国民政府的教育
　　　　设施及方针（上卷）
　　　　　　洪水星

自序 197
第一章　中华民国大学院 207
　　第一节　中华民国大学院的创设 207
　　第二节　中华民国大学院组织法 210
　　第三节　中华民国大学院的概况 213
　　第四节　中华民国大学院系统图 221
　　第五节　中华民国大学院教育行政处组
　　　　　 织条例 223
　　第六节　中华民国大学院华侨教育委
　　　　　 员会组织大纲 231
　　第七节　中华民国大学院大学委员会组
　　　　　 织条例 237
　　第八节　中华民国大学院大学委员会议
　　　　　 事细则 240
　　第九节　中华民国大学院政治教育委
　　　　　 员会组织条例 242
　　第十节　大学院的各级学校政治训育
　　　　　 委员会条例 245
　　第十一节　中华民国大学院的中央
　　　　　　 研究院组织大纲 249
　　第十二节　大学院公布的私立大学
　　　　　　 及专业学校的立案条例 259
　　第十三节　大学院公布的教科图书审查
　　　　　　 条例 263
　　第十四节　国民政府教科书审查委员会的
　　　　　　 教科书审查标准 270
　　第十五节　国民政府教育行政委员会
　　　　　　 颁布的新学历 279
第二章　中山大学区 283
　　第一节　在中国大学院各省区施行
　　　　　 中山大学区制度 283
　　第二节　国立第一中山大学的
　　　　　 概况 293
　　第三节　国立第二中山大学的
　　　　　 概况 297
　　第四节　第四中山大学区（江苏省）的
　　　　　 中学改组办法 299
　　第五节　第四中山大学区的中学课程
　　　　　 标准 311
　　第六节　第四中山大学的中学组织暂行

　　　　　　条例 325
第七节　第四中山大学区的私立学校
　　　　　规程 337
第八节　第四中山大学区内的学校
　　　　　立案规程 341
第九节　第四中山大学区私立中学
　　　　　立案施行细则 346
第十节　第四中山大学区私立学校
　　　　　校董会设立规程条例 351
第十一节　第四中山大学区内通告
　　　　　　征收所得捐 352
第十二节　大学区制试行期内的学校
　　　　　　立案方法 355
第十三节　第四中山大学区的艺术
　　　　　　学院创设 357
第十四节　第四中山大学制定的贫困
　　　　　　学生奖励条例 359
第十五节　第四中山大学教育学院
　　　　　　师资科规程 363
第十六节　第四中山大学各院的选课
　　　　　　规程 375
第十七节　第四中山大学评议会组织
　　　　　　大纲 385
第十八节　第四中山大学的教育普及
　　　　　　教育委员会的规程 389
第十九节　第四中山大学规定的各校
　　　　　　毕业证书格式 392
第二十节　江苏省计划十年完成义务
　　　　　　教育 397
第二十一节　第四中山大学区推行的
　　　　　　　江苏民众教育计划

　　　　　　纲要 411
第二十二节　江宁县的教育普及
　　　　　　　计划 423
第三章　国民政府颁布的各种条例 427
第一节　国民政府的大学及中学
　　　　　规程 427
第二节　国民政府规定的大学教员
　　　　　资格及薪俸 441
第三节　国民政府规定的中学校长
　　　　　资格 447
第四节　国民政府规定的小学教师
　　　　　检定考试条例 454
第五节　国民政府规定的小学校长
　　　　　任免条例 457
第四章　关于县区的各种条例 459
第一节　国民政府颁布的县教育局
　　　　　暂行条例 459
第二节　第四中山大学颁布的县教育局
　　　　　条例 462
第三节　第四中山大学颁布的本区
　　　　　县长办学考成暂行条例 465
第四节　第四中山大学区的县立中学
　　　　　施行细则 469
第五章　关于市区的各种条例 473
第一节　南京市教育局修订的市校
　　　　　教职员服务细则 473
第二节　南京特别市教育局章程 477
第三节　市教育局制订的私立学校
　　　　　补助条例 483
第四节　市教育局规定的平民学校
　　　　　简章 487

第 95 册 ｜ 37

第五节　市教育局规定的职工补习
　　　　学校简章 489
第六节　市教育局制定的学校行政
　　　　效率表 493
第七节　市教育局颁布的学校校长
　　　　任免条例 495
第八节　市教育局颁布的小学检定
　　　　考试条例 496
第九节　市教育局公布的教职员工作
　　　　奖励规程 499

第六章　其他的各种设施 501
第一节　设立国立音乐院 501
第二节　设立国立劳动大学 505
第三节　创设中央党务学校 515
第四节　创办国立图书馆 525
第五节　创设国立教育银行 526
第六节　教育银行章程草案 527

第七章　教育经费事项 531
第一节　国民政府的教育经费 531
第二节　江苏省新规定的教育
　　　　经费 531
第三节　江苏省各教育机关经费的
　　　　处理办法 535
第四节　国民政府注册税全部划拨为
　　　　全国的教育经费 537
第五节　江苏省教育经费管理处的
　　　　组织条例 539

第八章　结论 543

第六编　中华民国国民政府的教育
　　　　设施及方针（下卷）

第一章　关于作为教育方针的党化
　　　　教育的感想 551
第二章　国民政府的教育方针
　　　　及草案 615
第三章　广西确定的党化教育方针 645
第四章　福建省的党化教育实施
　　　　方法 650
第五章　浙江省政府的党化教育
　　　　大纲 657

第96册

昭和三年（1928）调查报告（第25期生）

第一卷　营口、安东驻在班

第一编　营口、安东市情调查

金丸荣

第一章　营口 5
　第一节　满洲与营口 5
　第二节　气象 9
　第三节　现在的营口 12
　第四节　贸易 86
　第五节　经济 92
　第六节　产业 101
　第七节　辽河与牛庄港的现状及其将来 111

第二章　安东 127
　第一节　位置及历史 127
　第二节　气象 139
　第三节　人口及职业 143
　第四节　市区及市外情况 147
　第五节　行政及司法 177
　第六节　教育及宗教 180
　第七节　卫生 191
　第八节　产业及经济 197
　第九节　贸易 228

第二编　营口、安东的税制

榟数一

第一章　总论 249
　第一节　总说 249
　第二节　奉天地区的不当课税 254
　第三节　现行印花税法 258
　第四节　满铁附属地的税制 270

第二章　营口的税制 297
　第一节　征税机关 297
　第二节　营口中国官府的税目及税率 306
　第三节　满铁地方事务所征收的各种税 354
　第四节　海关及钞关征收的各种税 356

第三章　安东的各种税 399
　第一节　征税机关 401
　第二节　中国官府的课税 405
　第三节　海关的课税 428
　第四节　满铁中央事务各所的课税 454

第四章　结论 455

第三编　营口、安东的三品交易习惯

稻城胜

第一章　绪言 469
第二章　交易习惯 470
　第一节　大豆 471
　第二节　豆糟 481
　第三节　豆油 484

第四节　飞鱼籽 488

第三章　三品经营商 501

第四编　营口的过炉银
稻城胜

第一章　总论 509

第二章　过炉银的定义及性质 510

第三章　过炉银的发生 516

 第一节　营口的开港与贸易的发达 517

 第二节　开港前后的货币流通状况 518

 第三节　元宝银的改铸与银炉 520

 第四节　开始保管银炉 521

 第五节　向转账制度的转变 522

 第六节　开始出租银炉 523

 第七节　关于现银的溢价 524

 第八节　决算制度的创始与过炉银的发生 525

 第九节　过炉银的名称 527

 第十节　过炉银的发生 527

第四章　过炉银的变迁 528

 第一节　甲午战争与现银的减少 529

 第二节　义和团事件与现银的不可兑换 530

 第三节　日俄战争与银炉的破产 532

 第四节　东盛和的破产与过炉银的独立 533

 第五节　民国革命与银炉公社的设立 534

 第六节　西义顺的破产与金融维持会的设立 535

 第七节　过炉银整理条例的发布与厚发合的破产 537

 第八节　现状 537

第五章　加色及卯色 538

 第一节　加色 538

 第二节　卯期及卯日、卯色 542

第六章　过炉银的交易 545

第七章　汇水 549

第八章　营口的过炉银支付交易 556

第九章　营口的过炉银市价 559

第十章　营口的银炉 562

 第一节　银炉 562

 第二节　营口的银炉变迁 565

 第三节　现在的银炉 568

 第四节　银炉与主要商人的关系 572

 第五节　银炉的营业收支 574

第十一章　关于过炉银整理的规定 578

第十二章　结论 589

第五编　安东的柞蚕、木材交易习惯
稻城胜

第一章　柞蚕 603

 第一节　概说 603

 第二节　交易习惯 604

 附录　安东蚕丝商规则 613

第二章　木材 623

 第一节　木材的一般交易习惯 625

 第二节　木材的单位 630

第三节　木材的价格 634

第四节　木材的收购及比价 635

第五节　料栈 637

第六节　木材商 642

第七节　木税及出口税 644

第八节　木材的出口 647

第97册

昭和三年（1928）调查报告（第25期生）

第二卷　打通、洮齐铁路沿线经济调查班

第一编　关于满洲高粱、小米、玉米的调查

盐原长卫

凡例 3

第一章　绪言 15

第二章　满洲的高粱栽培 25

　第一节　高粱的分类与品种 25

　第二节　满洲的气候与高粱耕作 29

　第三节　高粱的栽培法 30

　第四节　高粱的病虫害 34

　第五节　关于高粱栽培的经济试验成绩 39

　第六节　高粱的生产 41

　第七节　高粱的用途 47

第三章　小米的栽培 51

　第一节　满洲的小米品种 51

　第二节　满洲的小米耕作与气候 53

　第三节　满洲的小米栽培法 55

　第四节　小米的病虫害 57

　第五节　小米耕作的经济试验成绩 60

　第六节　小米的生产 62

　第七节　小米的用途与消费数量 69

　第八节　朝鲜进口满洲小米的情况 71

第四章　满洲的玉米栽培 87

　第一节　玉米耕作的气候与土壤 87

　第二节　玉米的栽培法 88

　第三节　玉米的病虫害 91

　第四节　玉米的产量 92

　第五节　玉米的用途 98

第五章　满洲高粱、小米、玉米的集散与交易 99

　第一节　高粱、小米、玉米的流通情况 99

　第二节　满洲主要市场中的谷物集散与交易 103

　第三节　各主要市场的高粱、小米、玉米的行情 166

　第四节　满洲高粱、小米、玉米的出口及运出 170

第二编　中国在满洲的殖民（附中国农业人口的阶级分析）

和田喜一郎

第一章　动机及特质 197

　第一节　序论 197

　第二节　移民满洲的范围及特性 206

　第三节　移民满洲的动机 221

　第四节　满洲的经济吸引力 231

第二章　殖民地带及经济影响 287

　第一节　序说 287

　第二节　满洲南部及北部的移民分布 289

第三节 关于各殖民地带的略说 301
第四节 移民的经济影响 303
第三章 中国农业人口的阶级分析 309
　第一节 中国的农业组织及其发展趋势 309
　第二节 中国农业人口的阶级分析 331
　第三节 各个阶级相互之间的共同利害 339

第三编　打通线
新谷音二

序章 打通线问题 353
第一章 概说 357
　第一节 历史 357
　第二节 途经地的概况 368
　第三节 打通线的铺设目的 384
第二章 线路 386
　第一节 打通线停车场 386
　第二节 继续工事 393
　第三节 线路状态 394
　第四节 建设费 398
第三章 从铁路设施看打通线的价值 409
第四章 满铁及京奉线相对于四洮线的位置 417
　第一节 从实际距离及现行运费看四洮线货物的范围 419
　第二节 从实际营业费用看四洮线货物的范围 425
第五章 满铁受到的影响 433
　附节 关于葫芦岛港口建设的内情 435

第四编　对蒙古东部甘草的调查
百濑清治

绪言 441
第一章 甘草概说 453
　第一节 名称 453
　第二节 性状 453
　第三节 用途 458
第二章 甘草精华 459
　第一节 甘草的成分 459
　第二节 甘草精华制法 460
　第三节 甘草羹 461
　第四节 定量法 468
第三章 甘草产地出口概要 477
　第一节 生产地概说 477
　第二节 蒙古的野生甘草状况 478
　第三节 蒙古产甘草的命脉 480
　第四节 蒙古东部各个甘草产地的概况 482
　第五节 甘草的种类 484
　第六节 甘草的采集、流通及价格 486
　第七节 蒙古产甘草的出口及运出状况 489
第四章 甘草大集散市场 496
　第一节 郑家屯 496
　第二节 赤峰市场 509
　第三节 奉天市场 515
第五章 甘草交易习惯 517
　第一节 产地的交易习惯 517
　第二节 交易的种类 518
　第三节 交易的甘草种类 521
　第四节 甘草经营业者最应该注意的

第 97 册　43

地方 523
　第五节　交易决算方法 525
　第六节　关于甘草的杂费及运费 526
　第七节　甘草的市价 533
第六章　甘草栽培概要 535
　第一节　土质 535
　第二节　肥料 535
　第三节　繁殖法 536
　第四节　通过种子繁殖的栽培法 537
　第五节　收获量 540
　第六节　每反地的收支概算 540
第七章　甘草栽培试验 542
　第一节　施行本试验的理由 542
　第二节　试验目的及区别 543
　第三节　生育概况 543
　第四节　耕种梗概 546
　第五节　种子订购年度及订购地 547
　第六节　收成调查 548
　第七节　根的长度、重量、粗细 550
　第八节　产量调查 551
　第九节　分析成绩 551
　第十节　栽培试验结论 554
第八章　结论 555

第五编　内蒙古东部及东支沿线畜牧业调查报告
　　　　　铃木常雄

第一章　序论 571

第二章　满蒙畜牧业的大势及东支铁路 580
第三章　内蒙古东部北满地区的畜牧改良对策及利用方法 588
　第一节　改良事项 588
　第二节　畜类的利用方法 601
　第三节　兽毛皮的利用方法 607
第四章　中东沿线地带的家畜保险及其防疫设施 617
　第一节　家畜保险 617
　第二节　家畜防疫 628
第五章　中东铁路对畜产的投资状况 635
第六章　以中东铁路为中心的畜产交易 644
　第一节　羊 646
　第二节　马 653
　第三节　牛 659
　第四节　猪 663
第七章　内蒙古东部各地集散市场的交易习惯 665
　第一节　锦州 665
　第二节　郑家屯 672
　第三节　满洲里 675
　第四节　洮南 676
第八章　结论 685

第98册

昭和三年（1928）调查报告（第25期生）

第三卷　南满市势调查班

第一编　关于满洲禁止鸦片的问题
新村宽

凡例 3

第一章　无法根绝鸦片烟的原因 9

第二章　针对鸦片的对策 15

第三章　满洲的反鸦片运动 27

第四章　日本在满洲的鸦片取缔方针 31

第二编　满洲的商业团体
佐藤治平

自序 39

凡例 41

第一章　总论 47

　第一节　商业团体的历史 47

　第二节　会馆、公所的性质、组织及事业 59

　第三节　会馆、公所的利害 65

　第四节　商会 71

　第五节　商事公断处 79

第二章　分论 83

　第一节　青岛 83

　第二节　大连 89

　第三节　营口 129

　第四节　奉天 148

　第五节　哈尔滨 163

第三编　奉天省的税制
志田薰

第一章　岁入论 171

　第一节　总说 171

　第二节　税种 177

　第三节　从历史上看奉天省财政 181

第二章　税制分论 227

　第一节　田赋 227

　第二节　木税 231

　第三节　粮货税 247

　第四节　苇税 249

　第五节　中江税 251

　第六节　船税 252

　第七节　木税（吉林省内）258

　第八节　木石税（哈尔滨总局）277

第四卷　连奉滨驻在调查班

第一编　满洲的电力事业
大西槐三

例言 293

第一章　绪论 299

第二章　电力文明的将来 299

第三章　世界文明与电力的使用 304

第四章　满洲作为电力事业企业地的地位 309

　第一节　地形及气候 309

第二节 燃料及其他动力 313
第三节 人口 322
第四节 需要电力的各种工业 337

第五章 大连电力事业的历史及现状 363
第一节 历史 363
第二节 现状 407

第六章 奉天电力事业的历史及现状 443
第一节 历史 443
第二节 现状 478

第七章 哈尔滨电力事业的历史及现状 498

第二编 满蒙的羊毛羊皮
大石义夫

自序 539
第一章 总论 543

第二章 满蒙羊毛论 557
第一节 中国产的羊毛 557
第二节 满蒙的羊毛 567
第三节 满蒙的羊毛集散市场 595

第三章 羊皮 608
第一节 绪论 608
第二节 日本制革业的原料问题 631
第三节 市场概观 632

附记 647
第一节 哈尔滨市场的毛织物、毛线类及包类、革制品 647
第二节 俄占沿海地区的绵羊业及俄占远东的毛皮业前景 661
第三节 旱獭毛皮贸易 664
第四节 旱獭捕猎的解禁及其章程 669

第99册

昭和三年（1928）调查报告（第25期生）

第三编　对奉天同善堂及大连、奉天、哈尔滨的商业团体调查
酒家重好

第一章　奉天同善堂 1
 第一节　历史 1
 第二节　组织及监督 7
 第三节　财政状况 11
 第四节　总结概说 71

第二章　商业团体 73
 第一节　商会 73
 第二节　商事公断处 86
 第三节　会馆、公所及帮会 88
 第四节　商民协会 98
 第五节　大连 105
 第六节　奉天 145
 第七节　哈尔滨 177
 第八节　结语 205

第四编　奉天省、吉林省的税制
石田博

凡例 211
第一章　绪言 219
第二章　中国租税制度 225

第三章　关于经由大连进出口商品的课税[①] 236
 第一节　从日本进口 236
 第二节　从国内港口运入 237
 第三节　运自内地、运往内地 238
 第四节　从国内港口 239
 第五节　从国内未开港口 240
 第六节　运自内地、运往内地 240

第四章　经由大连出口商品的课税 241
 第一节　外国商品（从内地陆运的再出口商品）241
 第二节　内地产品 241

第五章　对在关东州加工制造产品的课税 243
 第一节　加工制造租借地原料 243
 第二节　加工制造外国原料 245
 第三节　加工内地原料 246
 第四节　加工制造国产（通过海路）原料 249

第六章　奉天省课税调查——以奉天为中心 250
 第一节　进口日本商品 250
 第二节　对工业原料的课税 251
 第三节　对产品的课税 254
 第四节　附属地的中国官府

---

① 第三章第一节到第三节为日本商品的相关情况，第四节到第六节为国内商品的相关情况。

课税调 258

　第五节　东三省的军费筹措对策 265

第七章　奉天省现行税制 267

　第一节　奉天省的税种 267

　第二节　收入 274

　第三节　税捐征收机关 281

　第四节　田赋 282

　第五节　统捐 285

　第六节　烟酒税 288

　第七节　牲畜税 297

　第八节　印花税 300

　第九节　结论 303

　附录　专照单废止及落地税征收问题 304

第八章　吉林省课税调查
　　　　——以哈尔滨为中心 325

　第一节　进口日本商品 325

　第二节　对工业原料的课税 326

　第三节　对日本人经营的工厂制造商品的课税 329

第九章　吉林省现行税制 331

　第一节　吉林省的税种 331

　第二节　1926年度收入（经常性收入）333

　第三节　山海税 335

　第四节　货物税 343

　第五节　斗税 344

　第六节　哈尔滨木石税 346

　第七节　哈尔滨工商营业税 351

　第八节　木税、甘结执照、木票一般规定 355

　第九节　结论 367

　附录　哈尔滨市税问题的原委 367

第五卷　吉海、洮昂、郑洮铁路沿线经济调查班

第一编　满洲农村生活

上西园操

序 393

第一章　农村及农民 403

　第一节　农村 403

　第二节　农民家庭 412

第二章　农用土地 433

　第一节　所有及耕作面积 433

　第二节　农用土地的价格 447

　第三节　与土地相关的权利、义务及习惯 452

第三章　农家经济 465

　第一节　固定资本 467

　第二节　农业经营费 505

　第三节　农家的收入 555

　第四节　农家支出 571

第四章　结论 603

第100册

昭和三年（1928）调查报告（第25期生）

第二编　东三省铁路调查
福井直

第一章　总论 5

第二章　铁路 41

　　第一节　奉海铁路 41

　　第二节　四洮铁路 69

　　第三节　洮昂铁路 89

第三章　结论 95

第三编　满洲养蜂
牧山勋

第一章　总论 97

　　第一节　饲养 97

第二章　北满的养蜂业 117

　　第一节　总论 117

　　第二节　北满的养蜂历史 118

　　第三节　北满的蜜源 124

　　第四节　蜜蜂及其天敌 137

　　第五节　北满养蜂的状况 145

　　第六节　蜂蜜 165

　　第七节　满洲的养蜂家 175

　　第八节　北满养蜂的特征 180

　　第九节　北满养蜂的缺点 189

第三章　大连的养蜂业 195

　　第一节　历史 195

　　第二节　大连的养蜂业者及其他 197

　　第三节　大连附近的蜜源 199

　　第四节　大连的蜜蜂 201

　　第五节　蜂蜜 207

　　第六节　蜜蜡 217

　　第七节　蜂的越冬方法 220

　　第八节　结论及其他 224

第六卷　东三省市势调查班

第一编　东三省的电力事业调查
中村一雄

例言 231

第一章　东三省的电力 239

　　第一节　绪论 239

　　第二节　电力文明的将来 239

　　第三节　中华民国的电力事业 245

第二章　东三省的电话事业 393

　　第一节　总论 393

　　第二节　东三省的电话事业 397

　　第三节　东三省各地的电话事业 401

　　第四节　结语 433

第二编　满洲的水田
大坪英雄

绪言 439

第一章　满洲的水田发展的历史 447

第二章　满洲的稻作与天然要素 455

　　第一节　位置 455

　　第二节　气候 456

第三节　地质及土性 469

第三章　水利 475

　　第一节　河流 475

　　第二节　地下水 476

　　第三节　蓄水池 478

　　第四节　奉天水利局 479

　　第五节　用水量 483

第四章　满洲的稻作现状 485

　　第一节　满洲的水田种植面积、收获量及朝鲜人户数表 485

　　第二节　各地水稻耕作的现状 487

　　第三节　水稻的品种 609

　　第四节　水稻耕作的概要 615

　　第五节　关于土地的问题 623

　　第六节　水田经营与朝鲜人 627

第五章　水田经营的收支计算 641

第六章　将来的水田可耕地 647

第七章　精米事业 653

第101册

昭和三年（1928）调查报告（第25期生）

第三编　满洲的柞蚕绢绸
门马订一郎

第一章　绪论 7

第二章　历史 11

　第一节　满洲柞蚕的起源 11

　第二节　日本人的满洲柞蚕企业历史 25

第三章　满洲的柞蚕绢绸概况 31

　第一节　原料茧的产地及集散状况 31

　第二节　流通状况 92

　第三节　出口及运出状况 119

　第四节　品质、种类及用途 135

　第五节　交易习惯及交易时期 144

　第六节　各种税捐及进出口关税 157

　第七节　柞蚕的行情 179

　第八节　与日满贸易的关系 188

　第九节　与本业相关的研究及奖励 197

第四章　本业的将来如何 201

　第一节　将来的希望 201

　第二节　改善方法 205

　第三节　将来的柞蚕制丝地及交易地 209

第五章　日本人柞蚕企业的希望 210

第四编　关于东三省的特产交易习惯
佐藤敏夫

第一章　绪论 219

　第一节　集散状况 225

　第二节　粮栈的经营 227

　第三节　马车大豆交易 230

　第四节　囤豆交易 231

　第五节　青田交易 234

　第六节　交易所的定期期货交易 239

　第七节　油坊业 239

　第八节　钱钞交易 253

第二章　分论 254

　第一节　大连的三品交易习惯 254

　第二节　奉天 263

　第三节　长春 275

　第四节　哈尔滨 283

　第五节　齐齐哈尔及昂昂溪 296

　第六节　洮南 299

　第七节　郑家屯 313

第五编　满洲的商业团体
村上刚

自序 319

第一章　绪论 325

第二章　商会 341

　第一节　中国的商会 341

　第二节　满洲的商会 325

第三章　会馆、公所及帮会、商事
　　　　公断处 397
　　第一节　会馆、公所及帮会 397
　　第二节　满洲的同业行会 409
　　第三节　商事公断处 429
第四章　结论 439

第七卷　吉会沿线经济调查班

第一编　吉会沿线交通调查
　　　　　　津留直

例言 447

第一章　道路 451
　　第一节　以蛟河为中心的道路 454
　　第二节　以敦化为中心的道路 467
　　第三节　以额穆索为中心的道路 511

第二章　水路 531
　　第一节　牡丹江系 532
　　第二节　松花江系 537

第三章　关于吉会铁路的经济价值
　　　　及将来对满政策 551
　　第一节　吉会铁路的历史 553
　　第二节　吉会线存在的经济价值 556
　　第三节　北朝鲜的联络铁路
　　　　　　及吞吐港 569
　　第四节　南满铁路与诸线路的
　　　　　　关系 573
　　第五节　日本应采取的对策 578

第二编　满洲的朝鲜农民情况
　　　　　　寺田孙次

自序 589

第一章　关于最近十年间的移居者
　　　　与返回者对照表、现在户口
　　　　及其分布状态、职业等诸
　　　　统计表 601

第二章　间岛地区的朝鲜人农业 621
　　第一节　总说 621
　　第二节　总面积及耕地面积 622
　　第三节　种植总反区分 624
　　第四节　地主、佃农之间的关系 628
　　第五节　朝鲜人土地所有的状况 632
　　第六节　关于间岛、珲春地区朝鲜
　　　　　　农民的各种统计表 637

第三章　满洲的水田事业 648
　　第一节　历史略记 648
　　第二节　满洲的水田种植面积、收获量
　　　　　　及朝鲜人户数表 651
　　第三节　铁岭地区的水田耕作
　　　　　　状况 657
　　第四节　间岛及珲春地区的水田经营
　　　　　　状况 670
　　第五节　吉林总领事馆管辖区域内的
　　　　　　水稻事业 678

第四章　奉天附近的朝鲜农民租种
　　　　习惯 689
　　第一节　租种合同书 689
　　第二节　租种的种类 694

第三节　转租 700

第四节　保证人 702

第五节　佃租 703

第六节　公课及其他的负担方法 708

第七节　耕作资金的借贷 713

第八节　租种的结束 714

第九节　结语 717

卷末寸言 719

第102册

昭和三年（1928）调查报告（第25期生）

第三编　吉会沿线的林业
中仓伦平

自序 3

第一章　间岛、珲春地区的林业 11

　第一节　森林状况 11

　第二节　森林的分布 15

　第三节　树种 37

　第四节　树木分布状态 53

　第五节　森林砍伐及运出 63

　第六节　各流域的砍伐状况 79

　第七节　从各流域运出的木材数量 85

第二章　吉敦沿线林业状况 93

　第一节　概说 93

　第二节　蓄积量 96

　第三节　树种 106

　第四节　林相及地况 108

　第五节　森林砍伐的过去及现状 117

　第六节　被视为最有希望的针阔叶树的利用 120

　第七节　松花江流域林业的将来 128

　第八节　牡丹江上游林业的将来 131

第三章　森林企业与木材加工业 133

　第一节　森林企业 133

　第二节　木材加工业 142

　附录　森林开放规则 147

第四编　在满洲的朝鲜人问题调查
寺崎祐义

绪言 167

第一章　朝鲜人的分布 179

第二章　在满洲的朝鲜人状态 191

第三章　在满洲的朝鲜人受压迫问题 199

　第一节　在满洲受压迫的朝鲜人的历史概观 200

　第二节　朝鲜人受压迫的原因 207

　第三节　受压迫状况 239

　第四节　损失及迁移状况 269

　第五节　满洲受压迫的朝鲜人的实际状况 285

　第六节　最近在满洲的朝鲜人受压迫情况 323

第四章　归化问题及商租权问题 344

　第一节　商租权问题 344

　第二节　归化问题 347

　附　对于归化问题的个人见解 352

第五章　满洲的朝鲜人问题的将来 357

结论 361

第五编　东三省教育调查
小滨繁

凡例 365

第一章　绪论 373

第二章　满洲教育设施沿革概要 389

第一节　日本施政以前的教育 389

第二节　日本施政以后的教育 398

第三章　满洲的日本人经营教育制度概要 405

第一节　日本人教育 405

第二节　中国人教育 407

第三节　设备及经费 409

第四节　教科用图书 411

第五节　学生儿童的资格及优惠 413

第六节　学校教员的资格及待遇 414

第七节　在满洲的指定学校 419

第四章　满洲的日本人经营教育情况 425

第一节　关东厅经营的教育 427

第二节　大连市经营的学校 431

第三节　居留民团经营的学校 431

第四节　日俄协会经营的学校 432

第五节　东洋协会经营的学校 435

第六节　南满洲铁道株式会社经营的教育事业 436

第五章　社会教育机构 473

第一节　满铁图书馆 474

第二节　关东厅博物馆 477

第六章　满洲的朝鲜人教育状况 481

第一节　总说 481

第二节　关东州 484

第三节　豆满江对岸北间岛地区 485

第四节　鸭绿江对岸西间岛地区 490

第五节　奉天铁岭及其腹地地区 495

第六节　吉林地区的教育 500

第七节　北满及东蒙古地区的教育 504

第七章　在满洲的中方教育情况 507

第一节　教育制度概要 507

第二节　地区及省别教育状况 516

第八章　满洲的外国人设立的学校 539

第九章　满洲的教育权回收运动 549

第一节　南满洲的教育权回收运动 550

第二节　北满洲的教育权回收运动 571

第十章　结论 587

第103册

昭和三年（1928）调查报告（第25期生）

第六编　间岛的农业发展趋势
辻正一

序说 3

第一章　间岛的历史 15

第二章　地势与气候 19
 第一节　位置及面积 19
 第二节　地势 20
 第三节　气候 22

第三章　农业的历史 26
 第一节　朝鲜人的移居 27
 第二节　中国人的移居 28
 第三节　间岛、珲春地区居民的密度 30

第四章　耕地 31

第五章　土地制度 37
 第一节　土地计算法 38
 第二节　度量衡法 41
 第三节　地租 42
 第四节　租种 44

第六章　农耕法 48

第七章　农作物种植面积及收获量 51

第八章　农作物 62
 第一节　主要谷物 62
 第二节　总收获量表 73

第九章　间岛、珲春水田经营 78

第十章　农业人口 81

第十一章　农家的副业 87
 第一节　养蚕业 90
 第二节　畜产 104

第十二章　农产品制造业 120
 第一节　烧酒 121
 第二节　豆油及豆饼 125
 第三节　粉条子 127

第十三章　主要谷菽生产收支状况 129

第十四章　农家的经济 141
 第一节　农家的资产 143
 第二节　农业经营收支状况 144
 第三节　农民的生活水平 158

第十五章　结论 165

第八卷　北满国境经济调查班
第一编　北满的小麦及面粉加工业
稻川三郎

凡例 173

第一章　北满的小麦 181
 第一节　北满的小麦 181
 第二节　北满小麦耕作的现在及将来 181

第二章　北满小麦的种类及品质 190

第三章　关于北满小麦的生产状态 195
 第一节　北满地区的流通数量 202
 第二节　中东铁路的输送状态 209
 第三节　哈尔滨小麦的流通数量 220

第四章　小麦及面粉的供需关系 229

第五章　小麦及面粉的课征关税制度 232
　第一节　防谷制度 232
　第二节　陆路贸易 235
　第三节　对于吉黑两省谷物的课税 238
第六章　北满的小麦及面粉的
　　　　进出口 248
　第一节　北满地区 248
　第二节　东满地区 250
　第三节　北满地区面粉出口 252
　第四节　北满面粉进口 256
第七章　北满的面粉加工业 259
　第一节　满洲面粉加工业的发展
　　　　　概观 259
　第二节　北满的面粉加工厂 261
　第三节　小麦及面粉的交易及行情 288
　第四节　哈尔滨的小麦交易习惯 294
　第五节　中东铁路与北满面粉
　　　　　加工业 298
　第六节　日本的食品问题与满洲
　　　　　小麦 303
　第七节　北满面粉加工业的将来 327

第二编　北满的鸦片
和田四郎

第一章　绪言 347
第二章　北满鸦片的历史 351
第三章　满洲盛行秘密栽培的原因 357
第四章　北满各省的鸦片栽培实况 361
第五章　罂粟的种类 371
第六章　鸦片的制法 375
第七章　作为商品的鸦片 379

第八章　鸦片吸食的状况 383
　第一节　吸食店及注射店 383
　第二节　鸦片中毒 395
　第三节　吸食中毒 396
第九章　鸦片的取缔 399
第十章　鸦片的走私及贩卖 403
　第一节　鸦片的走私与集散 403
　第二节　北满鸦片的贩卖 421
　第三节　鸦片与总商会 429
第十一章　鸦片与马贼、官兵、巡警、
　　　　　炮手 431
第十二章　收益及分配法 435
第十三章　栽培、采摘从业者 441
第十四章　鸦片与朝鲜人 449
第十五章　鸦片与中国人 453
第十六章　北满的反鸦片运动 457
第十七章　结论 463

第三编　松花江水运
松田博

第一章　绪论 473
第二章　松花江下游的主要码头及水路
　　　　相关地区的经济状况 475
　第一节　哈尔滨—木兰县 479
　第二节　岔林河—伊汉通 491
　第三节　汤旺河—同江 502
第三章　旅客及货物的运输状况 513
第四章　航行权 527
第五章　航业 531
　第一节　船舶 531
　第二节　船员 536

第六章　航行的障碍 541
　　第一节　浅滩 541
　　第二节　结冰及水量减少 557
第七章　运费 559
　　第一节　从哈尔滨出口货物的
　　　　　　等级表 559
　　第二节　从哈尔滨出口货物的
　　　　　　运费表 564
　　第三节　哈尔滨进口谷物的运费表 566
　　第四节　哈尔滨进口木材的运费表 567
　　第五节　大货物及贵重物品的
　　　　　　运费表 568
　　第六节　从各码头向大黑河及虎林
　　　　　　出口运费表 571
　　第七节　从乌苏里进口至哈尔滨的
　　　　　　货物运费表 572
　　第八节　三等旅客乘船费用表 573

第 104 册

昭和三年（1928）调查报告（第 25 期生）

第四编　北满的家畜及畜产品
根岸忠素

自序 9

第一章　畜牧 11

　　第一节　概论 11

　　第二节　北满洲的地理条件与家畜的分布 14

　　第三节　牧民 20

　　第四节　家畜的种类 25

　　第五节　畜牧的现状 74

第二章　家畜及其产品的交易 117

　　第一节　从统计看家畜及其产品交易 117

　　第二节　甘珠庙市、牙店、美国物产公司 165

　　第三节　主要的畜产市场（不同地区）与出口及运出额 173

第五编　北满国境地区的农民生活状态
长谷川几吉

凡例 179

第一章　过去 183

第二章　现在 195

　　第一节　农家、农民的经济状况 195

　　第二节　衣服 243

　　第三节　食物 245

　　第四节　居住 256

　　第五节　其他 257

第三章　将来 275

　　第一节　从人口、耕地及农产品看农民的将来 275

　　第二节　移民 277

　　第三节　与日本的关系 283

　　第四节　人口 289

第六编　北满的苏中国境贸易现状
奥村实

序 307

第一章　总论 313

　　第一节　历史 313

　　第二节　远东走私问题 319

第二章　分论 325

　　第一节　远东苏俄与东方各国的贸易 325

　　第二节　苏中贸易 341

　　第三节　秘密贸易 381

　　第四节　苏中贸易研究（结论）405

第七编　以1924年中苏协定为基础的两国人出入境情况来看两国势力消长的现状

冈一弘

序 417

第九卷　北满国境经济调查班

第一编　最近的苏中陆路贸易情况

城台正

第一章　序说 447
　第一节　关于苏中陆路贸易的历史性概观 447
　第二节　苏中国境自由贸易地带及其废除所带来的影响 451

第二章　苏俄对外贸易的历史性考察 466
　第一节　从一战到革命爆发 467
　第二节　从革命爆发到今日 469

第三章　苏俄贸易形态及贸易机构 473
　第一节　苏俄对外贸易的形态 474
　第二节　国营贸易机构 482
　第三节　对于个人资本的排斥状况 488

第四章　苏中陆路贸易现状 490
　第一节　苏中陆路贸易通道 490
　第二节　满蒙的对苏贸易现状 493
　第三节　波格拉尼奇那亚的苏中贸易 494
　第四节　经由满洲里的北满对苏贸易 499
　第五节　黑龙江沿岸的苏中贸易 500
　第六节　蒙古的对苏贸易 507
　第七节　苏俄对华西的贸易 512
　第八节　苏俄与中国之间的走私贸易现状 515

第二编　北满的煤炭业

青木真澄

第一章　北满的煤炭 537
第二章　煤坑分布的状态 541
第三章　分论 545
　第一节　穆棱煤坑 545
　第二节　缸窑煤田 567
　第三节　鹤立岗煤坑 571
　第四节　甘河煤坑 593
　第五节　扎赉诺尔煤坑 596
第四章　北满的煤炭消费 621
　第一节　关于消费量 621
　第二节　其他煤炭的进口 623
第五章　北满的煤炭业的将来 629

第三编　北满铁路调查

广濑清

第一章　四洮铁路 639
　第一节　历史 640
　第二节　组织 642

第三节　资本及借款 644

第四节　营业状况 650

第二章　洮昂铁路 658

第一节　概况 659

第二节　组织 662

第三节　资本及借款 662

第四节　沿线情况 663

第三章　中东铁路 668

第一节　历史 669

第二节　组织 672

第三节　营业状况 678

第105册

昭和三年（1928）调查报告（第25期生）

第四编　松花江沿岸情况
伊藤善三

序 3
第一章　绪论 13
　第一节　滴达咀子 15
　第二节　乌河 16
　第三节　石头河 16
　第四节　新甸 17
　第五节　木兰县 18
　第六节　南天门 19
　第七节　通河 20
　第八节　伊汉通 21
　第九节　德墨里 22
　第十节　三姓 23
　第十一节　汤旺河 33
　第十二节　佳木斯 34
　第十三节　莲江口及鹤立岗煤矿 41
　第十四节　苏苏屯及悦来镇 46
　第十五节　新城镇 47
　第十六节　绥东敖来密 48
　第十七节　富锦 49
　第十八节　同江 56
　第十九节　松花江口 61
　第二十节　松花江航行权及航运成绩 62
　第二十一节　松花江的农产品 71
　第二十二节　松花江的森林 75
第二章　结论
　　　（松花江沿岸及商埠地问题）79
附录 85

第五编　直鲁移民进入北满的调查
土屋弥之助

序 101
第一章　满洲开拓历史梗概 111
第二章　进入满洲的外出打工人数 117
　第一节　总数 117
　第二节　经由不同路线进入满洲人数 118
　第三节　与往年的比较 124
第三章　腹地分布状态 127
　第一节　南满 128
　第二节　北满 173
第四章　满洲内部的移居现象 195
第五章　难民的救济及移民的招徕 203
　第一节　吉林省 204
　第二节　黑龙江省 215
第六章　近年外出打工者的特征 241
　第一节　以前的返乡苦力及移民数 241
　第二节　近年外出打工者中移民数的增加 261
　第三节　外出打工者中农业相关人数的增加 271

第四节　北满外出打工者的增加 271

第五节　妇女儿童的增加 272

第六节　外出打工年限的延长 270

第七章　外出打工者增加的原因 275

第八章　移民的增加及其经济影响 281

第九章　移民的增加对在满朝鲜人产生的影响 295

第十章　结论 309

第十卷　云南经济调查班

第一编　云南省缅甸街的居民生活状况
安泽隆雄

第一章　绪言 323

第二章　云南省衣食住的状态概说 326

　第一节　服装及附属物 326

　第二节　饮食 329

　第三节　居住 331

第三章　云南省城 334

　第一节　衣食住 334

　第二节　风俗 339

　第三节　平民生活的近况 352

　第四节　职业的状况 353

　第五节　物价及生活水平 360

第四章　从云南省城至楚雄沿路居民的衣食住状态 391

第五章　楚雄、大理之间的衣食住状态 424

　第一节　服装 424

　第二节　饮食 430

　第三节　居住 431

第四节　沿路各地的物价 433

第五节　大理及下关的衣食住状态 444

第六章　从大理至腾越沿路居民的衣食住状态 452

　第一节　服装 452

　第二节　饮食 453

　第三节　居住 454

　第四节　物价及生活水平 457

第七章　从腾越至缅甸国境居民的衣食住状态 476

　第一节　服装 476

　第二节　饮食 479

　第三节　居住 484

第二编　关于会馆及公所
土井三子雄

第一章　总论 491

第二章　种类 497

第三章　起源及历史 501

第四章　设立 507

第五章　组织及内部关系 511

　第一节　组织成员的资格 511

　第二节　负责人 513

　第三节　奉神 517

　第四节　财政 518

第六章　帮派的事业 522

第七章　关于云南府的会馆、公所 531

第八章　帮派制度的利弊 540

第九章　结论 551

第三编　从云南至八莫的陆路调查
　　山本日出一郎

第一章　从云南至八莫的沿路情况 563
第一节　从云南至下关 563
第二节　从下关至腾越 585
第三节　从腾越至八莫 615
第四节　结论 637

第二章　附录 645
第一节　下关、大理之间的交通 645
第二节　从云南至楚雄的小路 647

第106册

昭和三年（1928）调查报告（第25期生）

第四编　对云南省种族的考察
平山熊雄

第一章　绪论 3
第二章　云南省的各个种族 15
　第一节　倮倮、回族及民家 15
　第二节　从云南府以西至腾越的各个种族的现状 33
　第三节　摆夷、野人、阿昌 51
　第四节　从腾越至缅甸国境的各个种族的现状 67
第三章　云南省种族的分布状态 83
　第一节　滇中道 84
　第二节　蒙自道 89
　第三节　普洱道 90
　第四节　腾越道 91

第五编　云南交通调查
志智新八郎

序 97
第一章　总论 103
第二章　滇越铁路 105
　第一节　经营的历史 105
　第二节　线路概况 112
　第三节　轨道及列车 115
　第四节　主要车站里程表 118
　第五节　运费 120
　第六节　货物等级表 145
　第七节　营业状况 149
　第八节　滇越铁路为云南贸易带来的收益 149
　第九节　铁路营业萧条的原因 151
　第十节　滇越铁路云南境内沿线的警备状况 157
　第十一节　公司与政府的关系 161
　第十二节　时间表 163
第三章　个碧铁路 173
　第一节　历史 173
　第二节　工事 175
　第三节　公司的组织 176
　第四节　公司的股份及工程费 177
　第五节　从碧色寨至各站的距离及旅费 177
　第六节　机关车、客货车及列车 178
　第七节　营业状况 180
第四章　云南府的交通机构 182
第五章　云南省的陆运 184
　第一节　四川及长江路 184
　第二节　贵州及湖南路 186
　第三节　广西及广东路 187

第四节　川边及西藏路 188

第五节　缅甸路 189

第六节　法属东京路 190

附录　云南的通信 191

第一节　邮政 191

第二节　电信 196

第三节　电话 208

第六编　云南省的棉纱布
上野皎

第一章　总说 215

第二章　云南市场 218

第一节　概况 218

第二节　棉纱 225

第三节　棉布 233

第四节　进口途径及其销路 247

第五节　处理及商人 250

第六节　交易习惯 251

第三章　沿路的调查 255

第四章　腾越市场 257

第十一卷　广香驻在班

第一编　香港、广东的海产品调查
纳富政彦

序 269

第一章　香港 273

第一节　近海渔业 273

第二节　海产品贸易 282

第三节　香港的海产品交易状态及商业习惯 316

第二章　广东 349

第一节　海产品贸易 352

第二节　交易习惯 375

第三章　结论 381

第二编　香港、广东贸易调查
中原武雄

第一章　香港贸易调查 391

第一节　概说 391

第二节　香港贸易概说 407

第三节　1927 年的香港贸易 415

第四节　香港、广东两港的关系 439

第五节　香港贸易的将来 448

第二章　广东贸易调查 457

第一节　概说 457

第二节　主要进出口商品概说 471

第三节　一般行情 491

第四节　对日贸易及其将来 495

第五节　与日经济绝交对日本商品带来的影响 498

第三章　结论 501

第三编　华南海运调查
鹤谷忠治

序 515

第一章　海运及国家 519

第二章　中国的海运 524

　　第一节　中国海运为何发展不了 525

　　第二节　中国沿海的海运现状 528

第三章　华南三大港海运形势 541

　　第一节　汕头 541

　　第二节　广东 559

　　第三节　香港 577

第四章　结论 619

第107册

昭和三年（1928）调查报告（第25期生）

第四编　香港、广东的商业团体调查
长谷川静夫

第一章　绪论 11

第二章　总论 15
 第一节　商会法 15
 第二节　商会法施行细则 31
 第三节　修正（工商）同业公会规则 39

第三章　香港的商业团体 43
 第一节　新式商业团体 43
 第二节　旧式商业团体 135

第四章　广东的商业团体 170
 第一节　新式团体 170
 第二节　商民协会章程 209

第五章　结论 229

第十二卷　华南滇越沿线经济调查班

第一编　云南省和法属印度支那的经济形态
山口慎一

第一章　序言 237

第二章　云南、法属印度支那的自然及人口 241
 第一节　云南省的自然及人口 241
 第二节　法属印度支那的自然及人口 245

第三章　各种产业经济发展上的阶段性规定 247
 第一节　云南的农业、畜牧 247
 第二节　法属印度支那的农业、畜牧 251
 第三节　云南的工业及矿业 256
 第四节　法属印度支那的工业及矿业 263
 第五节　云南的商业 275
 第六节　法属印度支那的商业 282

第四章　结言 287

第二编　广东及云南省的教育
日高清磨瑳

绪言 301

第一章　广东教育情况 305
 第一节　绪言 305
 第二节　学制 306
 第三节　教育的中心思想 310
 第四节　国民党化教育 313
 第五节　学校的课程 314
 第六节　外国人经营的学校与教育权回收 318
 第七节　平民学校 319

第二章　云南省教育 321
 第一节　绪言 321
 第二节　省教育经费 322

第三节　府道教育经费 335

第四节　县教育经费 337

第五节　私立教育经费 349

第六节　市立学校经费 353

第三章　滇越沿线的教育 359

第一节　教育设施分布图 359

第二节　河口的教育设施 360

第三节　蒙自县的教育设施 361

第四节　阿迷州的教育设施 363

第五节　黎县的教育设施 363

第六节　昆明市的教育 365

第四章　结言 425

第三编　华南滇越的劳动状况

中崎一之

第一章　绪论 431

第二章　中国劳动者的种类 437

第一节　奴隶劳动者 437

第二节　工业劳动者 438

第三节　农业劳动者 440

第四节　体力劳动者 444

第三章　工作问题 446

第一节　劳动时间 446

第二节　工资 451

第四章　女工及童工 16

第一节　女工 461

第二节　童工 468

第五章　失业问题 473

第一节　失业者的数量 473

第二节　失业的原因 476

第三节　失业救济的方法 483

第六章　劳动者教育 487

第一节　劳动者教育的实施方针 487

第二节　劳动者教育的课程

　　　　及设备 490

第七章　云南的工业 491

第八章　法属印度的工业 495

第九章　劳动团体 499

第一节　劳动团体的趋势 499

第二节　广东的劳动工会的近况 509

第三节　工会组织的方法 515

第十章　结论 519

第四编　1926年度蒙自和法属印度支那贸易状况

森本辰治

第一章　1926年度蒙自贸易状况 529

第一节　蒙自贸易与云南贸易 529

第二节　总说 531

第三节　运输 541

第四节　外国商品的进口 543

第五节　中国商品的出口 555

第六节　金融 560

第二章　1926年度法属印度支那

　　　　贸易 563

第一节　对外贸易 563

第二节　进口特殊贸易 569

第三节　出口特殊贸易 591

第四节　国内贸易 613

第五节　对日贸易 619

第十三卷 法属印度支那东京经济调查班

第一编 东京习俗
佐佐木诚一

序 625

第一章 东京的人种及人口 631

第二章 结婚 635

  第一节 结婚年龄 636

  第二节 配偶的选择 638

  第三节 结婚的惯例 642

第三章 家庭生活 652

  第一节 一夫多妻 653

  第二节 多妻主义与女儿的关系 657

  第三节 生子 662

第四章 葬仪 664

第五章 宗教与迷信 673

  第一节 佛教 673

  第二节 基督教 675

  第三节 儒教 677

  第四节 祖先崇拜 678

  第五节 迷信 680

第六章 娱乐 683

第七章 村落的行政 709

第八章 结论 717

第111册

昭和四年（1929）调查报告（第26期生）

华南沿岸港湾调查班

第一卷　华南港湾调查
百枝辰男

序说 7

第一章　香港 11
　第一节　概观 11
　第二节　港湾 13
　第三节　贸易及交易要领 21
　第四节　船舶 29
　第五节　航线 38
　第六节　仓库 48

第二章　广东 55
　第一节　概观 55
　第二节　港湾 55
　第三节　贸易 63
　第四节　对日贸易与将来 72
　第五节　海关收入 73
　第六节　船舶 81

第三章　梧州 85
　第一节　概况 85
　第二节　海关收入 86
　第三节　船舶 87
　第四节　贸易 88

第四章　厦门 91
　第一节　概况 91
　第二节　贸易 91
　第三节　出入港船舶 93
　第四节　厦门旅客往来表 93
　第五节　与台湾的贸易关系 95
　第六节　航线 95

第五章　汕头 97
　第一节　概况 97
　第二节　港湾 97
　第三节　贸易 105

第六章　结论 111

长江沿岸经济调查班

第二卷　英美两国在沪金融及投资机构
桥口有恒

凡例 117

第一章　绪论 127

第二章　英国人的对华经济及对企业的态度 136
　第一节　英国的金融机构 138
　第二节　英国的投资机构 163

第三章　美国人的对华经济及对企业的态度 183
　第一节　美国的金融机构 189
　第二节　投资机构 203

第三卷　云南省金融问题
——特别是富滇银行改革问题
上村清记

序言 239

第一章　云南省的经济状况 245

第二章　云南省的金融状况 253

　第一节　历史 253

　第二节　现状 262

　第三节　金融窘迫的原因 275

第三章　富滇银行论 299

　第一节　绪论 299

　第二节　组织 300

　第三节　富滇银行的现状 302

　第四节　富滇银行改革方案 317

第四章　结言 345

第四卷　华北重要城市教育机构调查
本多彦次

凡例 353

第一章　绪论 357

第二章　青岛 361

　第一节　日本方面的教育设施 361

　第二节　外国方面的教育设施 375

　第三节　中国方面的教育设施 380

第三章　张店 385

第四章　博山 385

第五章　周村 386

第六章　济南 388

第七章　德州 395

第八章　天津 395

第九章　北平 405

第十章　山海关 431

第十一章　锦州 432

第十二章　新民 433

第五卷　四川药材
矢尾胜治

绪言 441

1. 柴胡 449
2. 常山 449
3. 车前草 451
4. 陈皮 451
5. 蒺藜 452
6. 姜黄 453
7. 羌活 453
8. 桔梗 454
9. 前胡 455
10. 茜草 455
11. 枳椇子 456
12. 荽荷 457
13. 枳谷 457
14. 赤芍 458
15. 枳实 459
16. 栀子 460
17. 金钗石斛 461
18. 金银花 461
19. 秦艽 462
20. 荆芥 463
21. 青木香 463
22. 金灯 464
23. 韭菜子 465
24. 猪苓 466

25. 猪肾 467

26. 菊花 467

27. 橘络 468

28. 川芎 468

29. 川乌头 469

30. 佛手片 470

31. 茯苓 471

32. 附子 473

33. 海金砂 473

34. 藿香 474

35. 细辛 474

36. 香附 475

37. 香薷 475

38. 小茴香 476

39. 鲜斛斗 477

40. 仙茅 477

41. 辛夷 478

42. 杏仁 479

43. 续断 480

44. 胡黄连 481

45. 胡芦巴 481

46. 胡麻 482

47. 花椒 482

48. 香耆[①] 483

49. 黄芩子 484

50. 黄连 485

51. 黄蘖 486

52. 黄药 486

53. 红花 487

54. 火麻 487

55. 干姜 488

56. 甘遂 489

57. 甘松香 490

58. 甘草 490

59. 藁本 491

60. 枸杞 492

61. 钩藤 493

62. 钩吻 494

63. 贯众 494

64. 桂[②] 495

65. 款冬花 496

66. 雷丸 496

67. 麻黄 497

68. 麦冬 498

69. 蒙花 499

70. 明党参 499

71. 木斛 500

72. 木瓜 500

73. 木贼 501

74. 木通 501

75. 南烛子 502

76. 牛膝 503

77. 牛蒡子 504

78. 女贞子 505

79. 巴豆 506

80. 白芨 507

81. 白芷 507

82. 百合 508

---

① 香耆：黄芪。

② 桂：肉桂。

83. 白木耳 509
84. 百部 510
85. 白芍 510
86. 半夏 511
87. 萆薢 512
88. 贝母 512
89. 枇杷叶 514
90. 扁豆 515
91. 紫草 516
92. 薄荷叶 516
93. 蒲黄 517
94. 桑寄生 518
95. 桑白 519
96. 沙参 520
97. 沙苑子 520
98. 蛇床子 520
99. 射干 521
100. 升金草① 522
101. 升麻 523
102. 使君子 523
103. 首乌 524
104. 锁阳 525
105. 苏子 526
106. 苏叶 527
107. 地锦 527
108. 大黄 527
109. 苔脯 529
110. 丹参 530

111. 当归 531
112. 党参 532
113. 桃仁 532
114. 地肤子 532
115. 地黄 533
116. 地骨皮 534
117. 马兜铃 534
118. 吊兰花 535
119. 天麻 536
120. 天南星 537
121. 天冬 537
122. 苍术 538
123. 枣仁 539
124. 草决明 540
125. 草乌 541
126. 泽泻 541
127. 醉鱼草 542
128. 苁蓉 542
129. 杜仲 542
130. 独活 543
131. 菟丝子 543
132. 冬仁② 544
133. 通草 545
134. 威灵仙 546
135. 五加皮 546
136. 吴茱萸 547
137. 五倍子 548
138. 五味子 549

---

① 升金草：伸筋草。
② 冬仁：冬瓜。

139. 乌药 550

140. 雅斗① 550

141. 牙皂② 550

142. 益母 551

143. 茵陈 552

144. 罂子粟 553

145. 郁金 554

146. 郁李 554

147. 远志 555

148. 芫花 556

149. 元参③ 557

第六卷　胶济、平绥铁路厘金制度调查

中尾义男

序言 561

第一章　铁路厘金税概说 569

 第一节　起源 569

 第二节　征税机构 570

 第三节　征税及统捐制 570

 第四节　一省一铁路一次课税主义 572

 第五节　一铁路两省一次课税主义 573

 第六节　原有的厘金税与铁路厘金税 574

第二章　对于铁路货物的课税种类及其赋课率 579

 第一节　胶济铁路 579

 第二节　平绥铁路 595

第三章　军事附加税 599

 第一节　历史 599

 第二节　军事附加税与铁路运费的比率 607

 第三节　对铁路运费带来的影响 614

第四章　结论 621

---

① 雅斗：石斛。

② 牙皂：猪牙皂。

③ 元参：玄参。

第112册

昭和四年（1929）调查报告（第26期生）

第七卷　四川省的桐油
斋藤晖夫

第一章　总说 7
第二章　中国生产的桐油 9
　第一节　桐油树 9
　第二节　桐油树的栽培 11
　第三节　原料种子的采集 13
　第四节　榨油法 13
　第五节　原油的产地及产地导致的区别 17
　第六节　桐油的种类 20
　第七节　桐油的性状 23
　第八节　桐油的鉴定方法 27
第三章　桐油的交易 30
　第一节　桐油的流通期 30
　第二节　汉口的桐油收购 31
第四章　中国桐油的用途 36
　第一节　在中国内地的用途 36
　第二节　在国外的用途 37
　第三节　桐油粕的用途 39
第五章　四川省的桐油 41
　第一节　概论 41
　第二节　四川省的桐油产地 43
　第三节　桐油的制法 45
　第四节　品质 47
　第五节　流通期 49
　第六节　收购方法 50
　第七节　交易习惯 54
　第八节　市价的形成方法及报价 59
　第九节　包装 61
　第十节　收购费用 63
　第十一节　装运费用 65
　第十二节　产额 67
　第十三节　作为商品的价值 77
　第十四节　沉淀物及残渣 85
第六章　副产品 95
　第一节　碱 95
第七章　结论 101

第八卷　华北的商业企业状态
大工原亮

第一章　中国的商业史 114
第二章　华北的商业组织 119
　第一节　华北的商业经营 119
　第二节　合伙组织的内在要素 127
　第三节　合伙组织的资本及出资者 130
　第四节　商业雇员 133
　第五节　合伙组织的损益分配法 137

第三章　青岛的商业企业状态 139
　　第一节　青岛的商业历史 139
　　第二节　青岛的贸易商 140
　　第三节　青岛的商业状态 146
　　第四节　青岛的中日合资事业 146
第四章　张店的商业企业状态 149
第五章　博山的商业企业状态 153
　　第一节　博山商业概况 153
　　第二节　花生及花生油的交易
　　　　　习惯 154
第六章　周村的商业企业状态 157
　　第一节　概况 157
　　第二节　周村的商业企业者 158
　　第三节　周村的生丝交易习惯 162
　　第四节　丝局的店铺组织 164
第七章　济南的商业企业状态 166
　　第一节　济南的贸易业 167
　　第二节　济南的一般商业 168
　　第三节　济南的行栈 182
　　第四节　济南的外商企业 184
第八章　天津的商业企业状态 196
　　第一节　天津的商业历史 196
　　第二节　天津的商业交易及商业
　　　　　习惯 198
　　第三节　天津的零售市场 203
第九章　北平的商业企业状态 206
　　第一节　概说 206
　　第二节　北平的各种商业状态 208
第十章　塘沽的商业状况 223

第十一章　锦州的商业企业状态 225
　　第一节　锦州的店铺组织 225
　　第二节　锦州的进口商品 227
　　第三节　锦州的中国商店 231
第十二章　新民府的商业企业状态 243
　　第一节　商业习惯 243
　　第二节　新民府的市场及商业 247
　　第三节　新民府的商业交易 251
　　第四节　商铺的决算 253
第十三章　结论 255

第九卷　长江沿岸各城市的点心类供需情况

林田诚一

第一章　绪论 265
第二章　汉口 269
第三章　九江 283
第四章　芜湖 293
第五章　南京 303
第六章　镇江 315
第七章　苏州 321
第八章　上海 327
第九章　结论 353

第十卷　云南、四川普通居民的生活状况

中下魁平

序 379
第一章　云南省 383

第一节　位置 383
第二节　人口及职业 383
第三节　当地外国人及其职业 386
第四节　市区及市况 388
第五节　商业团体 392
第六节　金融 402
第七节　度量衡 418
第八节　衣食住 422
第九节　物价 428
第十节　各阶级生活水平 433
第十一节　人情 437
第十二节　风俗 437
第十三节　宗教 454
第十四节　教育 456
第十五节　卫生 467
第十六节　云南省城商埠禁令规条 471
第十七节　土地房屋的租赁借贷 478
第十八节　土地房屋的买卖 479

第二章　自云南至成都沿途的各种情况 481

第十一卷　长江干流的交通

江口涉

第一章　绪言 507
第二章　长江航运业的发达及现状 510
　第一节　长江航运的历史概况 510
　第二节　活动于长江航运的汽轮公司 516
　第三节　上海—汉口线（下游航线）518
　第四节　运航上海—汉口线的各国汽轮公司的汽轮及吨数、建造年份 521
　第五节　季节性观察上海—汉口航线的运航状况 527
　第六节　汉口—宜昌线（中游航线）531
　第七节　宜昌—重庆—叙州线 534

第三章　上海—汉口线的停泊地、到发时刻及运费 535
　第一节　停泊地 535
　第二节　定期航行次数 535
　第三节　各地到发时刻 536
　第四节　各地汽轮到发地 538
　第五节　汉口—上海间的船费 540

第四章　汉口—宜昌间的停泊地、到发时间及运费 542
　第一节　运航汽轮 542
　第二节　停泊地 543
　第三节　到发时间 543
　第四节　船费 544

第五章　以汉口为中心的小汽轮航线 544
第六章　长江沿岸各港的小汽轮航线 548
第七章　长江的岛屿及沿岸的目标 551
第八章　结论 559

第十二卷　长江沿岸贸易

　　　　　福冈英明

第一章　绪言 565

第二章　进口贸易 569

第三章　出口贸易 574

　第一节　苏州 579

　第二节　镇江 583

　第三节　南京 587

　第四节　九江 593

　第五节　芜湖 605

　第六节　汉口

　　　　　（1927年度贸易状况）611

　第七节　汉口 617

　第八节　沙市 643

　第九节　宜昌 651

　第十节　万县 659

　第十一节　重庆 669

第四章　结论 678

第113册

昭和四年（1929）调查报告（第26期生）

东北省东北斜线新交通路线
经济调查班

第十三卷　吉敦沿线农业调查
田中玲珑

第一章　绪言 5
第二章　耕地及人口密度 9
第三章　地价 13
第四章　耕作现状 15
　第一节　水田 15
　第二节　旱田 33
第五章　市场相关 49
　第一节　主要市场 49
　第二节　交通路线 52
　第三节　运费 56
　第四节　吉林稻谷的集散状况及吉敦沿线主要地区的一般谷物行情 61
　第五节　交易及结算方法 68
第六章　金融状况 72

第十四卷　关于满洲的朝鲜人独立团问题
西里龙夫

第一章　绪言 82
第二章　朝鲜与日本的关系及朝鲜民众的贫困——移居的原因 87
第三章　满洲朝鲜农民的生活状态 94
第四章　朝鲜人的策动 120
　第一节　受压迫策动的原因 120
　第二节　满洲朝鲜人的一般性策动动议 131
第五章　朝鲜人独立团的概观 142
　第一节　概略 142
　第二节　三源浦地区的朝鲜人团体 144
　第三节　关于正义府内的动摇及正义府自卫团的再次出现 151
　第四节　关于革新议会 157
　第五节　南满洲韩国人青年同盟会 163
　第六节　独立团与工农苏俄的关系 164
第六章　结论 167

第十五卷　蒙古的牛奶
胜川秀夫

第一章　绪言 180
第二章　蒙古牛与牛奶 183
　第一节　蒙古人的牛奶使用方法 187
　第二节　奶制品的种类 189
　第三节　奶制品的制作方法、品质及用途 191
　第四节　蒙古牛奶、羊奶及奶制品的成分 206

第三章　挤奶 213

第四章　结论 219

第十六卷　四川省的海外及外省输入概况

森口幸藏

第一章　汉口的输入 233

　第一节　从贸易看汉口的地位 234

　第二节　进出船舶 244

　第三节　旅客的去来 247

　第四节　海外及外省输入商品的种类与输入额 248

　第五节　汉口的度量衡 293

　第六节　汉口的货币 296

第二章　宜昌的输入 299

　第一节　商业状况 299

　第二节　海外及外省输入商品的种类与输入额 300

　第三节　渝行 312

　第四节　宜昌的商业交易习惯 314

第三章　重庆的输入 315

　第一节　商业状况 315

　第二节　海外及外省输入商品的种类与输入额 316

　第三节　贸易额 319

　第四节　棉纱 321

　第五节　棉布 337

　第六节　海产品 344

　第七节　杂货 348

　第八节　外省输入的商品 367

　第九节　输入通过的商品 369

　第十节　保险 372

　第十一节　度量衡及金融状况 374

　第十二节　货币 376

第四章　巫山、万县间的输入 379

　第一节　巫山县 379

　第二节　夔州 380

　第三节　云阳县 384

　第四节　万县 385

第五章　梁山、顺庆间的输入 393

　第一节　梁山县 394

　第二节　垫江县 395

　第三节　邻水县 396

　第四节　广安县 397

　第五节　岳池县 400

　第六节　顺庆 401

第六章　太和镇、成都间的输入 407

　第一节　太和镇 407

　第二节　射洪县 409

　第三节　潼川 410

　第四节　中江县 412

　第五节　成都 413

第七章　新津、打箭炉间的输入 421

　第一节　新津县 421

　第二节　邛州 423

　第三节　雅州 426

　第四节　打箭炉 431

第八章　嘉定及叙州的输入 436

　第一节　嘉定 436

　第二节　叙州 442

第 113 册　83

第九章　结论 449

松花江经济调查班

第十七卷　关于松花江航行权
木岛清道

第一章　总说 459
　第一节　北满洲的历史观察 459
　第二节　北满、西伯利亚的价值 466
　第三节　松花江的经济价值 470
　第四节　松花江航行权的历史 479
　第五节　航行权回收后的松花江航运 511
　第六节　从航行权问题看日俄战争的今后 533

第二章　结论 543

滇蜀调查班

第十八卷　云南、四川两省的交通调查
上田骏

第一章　云南省的交通 549
　第一节　滇越铁路 549
　第二节　商用航空所设置 551
　第三节　省政府的铁路计划 553
　第四节　关于汽车道路的修路计划 554

第二章　四川省的交通 567
　第一节　成都城内的汽车道路修筑 567
　第二节　以成都为中心的汽车道路 571
　第三节　成都、重庆间的汽车道路 585
　第四节　自流井、富顺间的汽车道路 587

胶济津浦北段班

第十九卷　华北的制造业
高桥龙夫

第一章　绪论 597
第二章　青岛的工业 603
　第一节　缫丝业 603
　第二节　纺织业 603
　第三节　内外棉股份公司青岛分店职工现状 607
　第四节　青岛纺织界的现状 615
　第五节　酿造业 617
　第六节　火柴制造业 618
　第七节　炼油业 619
　第八节　木材加工业 620
　第九节　制粉业 621
　第十节　钢铁工业 622
　第十一节　蛋粉业 623
　第十二节　制盐业 624
　第十三节　制瓦工业 625
　第十四节　制革业 626
　第十五节　其他工业 626

第三章　张店的工业 629
　第一节　硝石及苏打 629
　第二节　豆油制造业 632
　第三节　牛油及骨炭 633
　第四节　关于张店丝厂 633

第四章　博山的工业 637
　第一节　陶瓷制造业 637
　第二节　窑业工厂 643
　第三节　石灰制造业 649

第四节　染料涂料及硫磺制造业 650

第五节　木粉及线香制造业 651

第六节　其他工业 652

第五章　周村的工业 653

　第一节　缫丝业 655

　第二节　丝绸业 658

　第三节　其他工业 659

第六章　济南的工业 662

　第一节　官营工厂 662

　第二节　电灯工业 662

　第三节　火柴制造业 664

　第四节　蛋粉业 667

　第五节　制粉业 675

　第六节　造纸业 677

　第七节　帽子制造工业 678

　第八节　玻璃制造工业 680

　第九节　织布工业 681

　第十节　缫丝业 685

　第十一节　肥皂工业 686

第十二节　炼油业 688

第七章　北平的工业 689

　第一节　概论 689

　第二节　火柴工业 699

　第三节　麦酒制造业 701

　第四节　电力及供水业 702

　第五节　地毯业 709

　第六节　织布业 712

　第七节　机器钢铁工业 714

　第八节　妇女习艺工厂请领厂女规则 716

　第九节　参观妇女习艺工厂 719

第八章　天津的工业 727

第九章　锦州的工业 739

第十章　新民府的工业 745

　第一节　棉织业 745

　第二节　榨油业 749

　第三节　烧锅 753

第十一章　结论 753

第114册

昭和四年（1929）调查报告（第26期生）

第二十卷　津张地区的羊毛
武川信佐

第一章　绪言 5
第二章　以天津为中心的羊毛 11
　第一节　羊毛的一般情况及产地 11
　第二节　羊毛的运出数量及价格 15
　第三节　羊毛的种类 21
　第四节　羊毛的品质 24
　第五节　羊毛的流通状况及数量 31
　第六节　羊毛的出口状况及数量 38
　第七节　羊毛的流通期及经过地 47
　第八节　羊毛的从业者 49
第三章　以张家口为中心的羊毛 55
　第一节　羊毛的一般状况 55
　第二节　羊毛的产地及种类 57
　第三节　羊毛的产额及价格 59
　第四节　羊毛的流通状况 62
　第五节　羊毛的运出状况 65
　第六节　羊毛的交易习惯 67
　第七节　羊毛经营商 79
　第八节　运输机构 81

第二十一卷　黑龙江省的家畜及畜牧
大久保英久

序 85

第一章　黑龙江省的家畜及畜牧 87
第二章　关于畜产品及市场 144
第三章　各种设施 155
第四章　结言 172

滇越沿线经济调查班

第二十二卷　云南省的鸦片、药材调查
寺崎修三

序言 179
第一章　云南省的鸦片 183
　第一节　总说 183
　第二节　鸦片栽培与云南省财政 183
　第三节　关于产地及产额 186
　第四节　栽培状况 197
　第五节　关于鸦片交易及走私出口状况 198
　第六节　鸦片的品质鉴定 201
　第七节　鸦片的价格 202
　第八节　鸦片吸食状态 203
　第九节　结论及本人对于云南鸦片的愚见 209
第二章　云南省的药材 211
　第一节　总说 211
　第二节　经营商 214
　第三节　商业习惯 215
　第四节　搬运方法及运费 215
　第五节　产额及产地 216

第六节　药材的种类、产地及效用 220

第七节　云南省的药材 233

第八节　结论 234

辽河流域及四洮昂沿线班

第二十三卷　满洲农家经济状况
永岛良一

序 240

第一章　绪言 245

第二章　满洲农业状况 248

第一节　天然要素 248

第二节　作物 262

第三节　耕作方法 278

第三章　农家经济 291

第一节　农民的生活 291

第二节　农家的经济 303

第四章　日满农家经济的比较 359

第一节　日满农家的生活水平 359

第二节　日满农家家计费及生活费的差异程度 362

第三节　关于日满农家家计费及生活费内容的考察 365

第五章　结语 371

第二十四卷　满洲的城市设施
藤原升

序说 375

第一章　总论 383

第一节　同业团体及同乡团体的本质 383

第二节　同业团体及同乡团体的种类 385

第三节　满洲的同业团体及同乡团体的特性 397

第二章　分论 403

第一节　满铁沿线 404

第二节　四洮昂沿线 419

第三章　结言 481

第二十五卷　从经济角度观察满铁在奉海线的影响
山本米雄

第一章　绪言 489

第二章　奉海铁路沿线的概况 493

第一节　概说 493

第二节　农业 497

第三节　矿业 503

第四节　货物运入状况 505

第五节　奉海沿线各市场的货物集散状况 508

第三章　在满铁沿线各站的影响 529

第一节　在铁岭的影响 531

第二节　在开原的影响 539

第三节　在四平街的影响 566

第四节　在抚顺的影响 572

第四章　满铁的影响 580

第五章　结论 583

第二十六卷　山东的烟叶
福满笃

第一章　绪言 595

第二章　产地及产额 596
第三章　美国种植的烟叶 600
第四章　播种、栽培、收获 603
第五章　烟叶的收购 616
第六章　干燥法 626
第七章　包装方法 634
第八章　烟叶的行情 636
第九章　货款支付方法 638
第十章　运费等各项费用 639
第十一章　山东省各公司的设施
　　　　　概要 640
第十二章　出口及运出状况 642
第十三章　山东烟草同业行会 645

第115册

昭和四年（1929）调查报告（第26期生）

第二十七卷　张家口情况
三宅勋

绪言 3
第一章　总体情况 7
　第一节　历史 7
　第二节　位置及地势 11
　第三节　气候、风土 12
　第四节　市区 13
　第五节　人情、风俗、语言 15
　第六节　户数及人口 19
　第七节　行政 20
　第八节　名胜古迹 23
第二章　商业 25
　第一节　概况 25
　第二节　运出品 29
　第三节　运入品 34
　第四节　公司、商店 45
　第五节　外国商人 51
第三章　金融机构 57
　第一节　银行 57
　第二节　票庄 59
　第三节　银号及钱铺 59
　第四节　当铺 61
第四章　货币 62
　第一节　银两 62
　第二节　银币 65
　第三节　铜圆 65
　第四节　制钱 66
　第五节　纸币 66
第五章　汇兑及标期 67
第六章　度量衡 69
第七章　工业 71
　第一节　天然苏打精制业 71
　第二节　制革业 75
　第三节　制粉业 80
　第四节　炼油业 81
　第五节　制鞋业 82
　第六节　毛毯制造业 82
第八章　交通及通信 83
　第一节　道路及里程 83
　第二节　平绥铁路 85
　第三节　汽车 88
　第四节　牛马车、骆驼、驼车、人力车、马匹 89
　第五节　电信、电话、邮政 92
第九章　学校、宗教、报纸 93
第十章　警备及消防、卫生 96

第二十八卷　南北满洲劳动情况调查
岩桥竹二

序 101
第一章　绪论 107
第二章　工资问题 112

第一节　总说 112
　第二节　劳动工资的真实情况 115
　第三节　关于劳动者的生活费及生活必需品的物价与工资 137
　第四节　结论 151
第三章　劳动时间 158
第四章　劳动效率 161
第五章　劳动迁移 167
　第一节　绪言 167
　第二节　满洲移民及劳动者 173
　第三节　北满的移民及劳动者 177
　第四节　中东铁路沿线的移民分布状态 187
第六章　劳工运动 200
　第一节　总论 200
　第二节　劳动团体 209
　第三节　最近的劳动争议 220
　第四节　北满的劳工运动 252
　第五节　满洲劳工运动的将来 277
第七章　结论 279

云南、四川调查班

第二十九卷　云南、四川的畜产品调查

长友利雄

第一章　绪言 291
　第一节　种类及产地 293
　第二节　产额 296
　第三节　装运 306
　第四节　生产方法及品质价格 307
　第五节　经营商 309
　第六节　包装及发送地 310
　第七节　杂毛皮类 311
第二章　火腿 315
第三章　重庆的四川产牛皮概况 321
　第一节　四川产黄牛皮 321
第四章　重庆的猪毛 333
　第一节　原产地 333
　第二节　精制过程 334
　第三节　出口商及交易习惯 337
　第四节　出口额 341

滇越沿线调查班

第三十卷　云南进口棉制品调查

栗木铁男

自序 347
第一章　绪论 351
第二章　法属印度支那进口税及云南进口棉制品 354
第三章　棉布进口统计 387
第四章　云南省各县进口棉布统计 409
第五章　云南的纺织业 417
第六章　棉纱交易习惯 421
　第一节　棉纱交易商 423
　第二节　棉布交易商 423
第七章　棉布的总体情况 424
第八章　云南省的气候及棉制品的供需关系 425
第九章　鸦片与棉布的需求关系 427
第十章　日本棉纱 429
第十一章　日本棉制品进入云南的路径及交易状况 431

第十二章　日本产品的需要倾向 433

第十三章　云南贸易的增强及日本人的发展策略 435

第十四章　结论 439

第三十一卷　太原、大同、张家口、石家庄的金融情况

二川薰

序 447

第一章　太原的金融情况 453

　　第一节　市场情况概说 453

　　第二节　金融机构 456

　　第三节　货币 480

　　第四节　汇兑及金融概括 502

第二章　大同的金融情况及口泉的金融情况 509

　　第一节　市场情况概说 509

　　第二节　金融机构 510

　　第三节　货币 521

　　第四节　汇兑及金融概括 532

　　第五节　口泉的金融情况 540

第三章　张家口的金融情况 547

　　第一节　市场情况概说 547

　　第二节　金融机构 552

　　第三节　货币 570

　　第四节　汇兑及金融概括 582

第四章　石家庄的金融情况 597

　　第一节　市场情况概说 597

　　第二节　金融机构 598

　　第三节　货币 604

　　第四节　汇兑及金融概括 608

第116册

昭和四年（1929）调查报告（第26期生）

第三十二卷　华南沿岸各港口居民的生活状态
长谷劝

第一章　广东、福建两省居民的衣食住 1
第一节　衣服及装饰品 1
第二节　食物及饮料 15
第三节　居住 26

第二章　华南各港口居民的生活状态 37
第一节　广东 37
第二节　香港 166
第三节　汕头 241
第四节　厦门 261

第三章　结论 289

第三十三卷　广东地区的蚕业调查
重松敏夫

第一章　广东省蚕业历史及概况 293
第一节　历史 293
第二节　环境 300
第三节　概况 313

第二章　栽桑业 327
第一节　蚕业地区 327
第二节　蚕的种类 329
第三节　苗木的种植法 330
第四节　栽桑法 333
第五节　蚕业的生产费及其买卖 337
第六节　蚕的病虫害 339

第三章　蚕种制造业 341
第一节　蚕种制造 342
第二节　蚕种家的收支 345
第三节　蚕种的买卖 346

第四章　养蚕业 349
第一节　设备 349
第二节　饲养 352
第三节　焙茧及收茧 357
第四节　养蚕的收入 358
第五节　蚕病 361
第六节　茧的买卖 365
第七节　养蚕农民的生活状态 369

第五章　缫丝业 373
第一节　缫丝作业的全过程 373
第二节　女工及其劳动状态 379
第三节　工资及缫丝业规则 382
第四节　缫丝法 384
第五节　包装及打包 386
第六节　生产费用及其他 388

第六章　生丝及次品贸易 393
第一节　广东生丝供需概观 393
第二节　品质及等级评定 400
第三节　次品种类 402
第四节　生丝交易习惯 405
第五节　次品交易习惯 413

第七章　结论 415
　　第一节　广东地区蚕业的将来 415
　　第二节　日中蚕丝业的关系 418

第三十四卷　山东省、河北省的棉花

石田武夫

绪言 429
第一章　山东省的棉花 431
　　第一节　概论 431
　　第二节　产地及产额 433
　　第三节　播种、栽培、收获、流通 440
　　第四节　济南的棉花市场 442
　　第五节　青岛的棉花供需状况 467
第二章　河北（直隶）省的棉花 481
　　第一节　概论 481
　　第二节　产地及运往天津的状态 484
　　第三节　品质及用途 488
　　第四节　产额及天津流通近况 491
　　第五节　最近天津的出口及运出
　　　　　　（附进口及运入额）495
　　第六节　包装 504
　　第七节　水汽检查 509
第三章　结论
　　　　（关于中国棉花改良的考察）515

第三十五卷　辽河流域的鸦片

横井幸重

凡例 539

第一章　绪说 543
第二章　生产状况 551
　　第一节　概况 551
　　第二节　生产状况 551
第三章　各地的鸦片 567
　　第一节　营口地区的鸦片 567
　　第二节　新民府方面的鸦片 572
　　第三节　郑家屯的鸦片 580
　　第四节　开鲁的鸦片 586

第三十六卷　天津纺织业的研究

茂木有祯

第一章　绪论 601
第二章　以天津为中心的交通网 605
　　第一节　天津的铁路网 605
　　第二节　天津的水运网 607
第三章　天津的纺织业 612
　　第一节　绪论 612
　　第二节　天津的纺织工厂 614
第四章　流通于天津市场的棉花
　　　　研究 621
　　第一节　山西棉花 621
　　第二节　御河棉花 624
　　第三节　北河棉花 626
　　第四节　吐鲁番棉花 628

第117册

昭和四年（1929）调查报告（第26期生）

第三十七卷 胶济铁路及北平的长途汽车调查
岩井茂

序 3
第一章 山东铁路（胶济铁路）13
 第一节 胶济铁路的历史 15
 第二节 经营组织 28
 第三节 工务概况 35
 第四节 营业状态 51
 第五节 胶济铁路的财政 95
 第六节 关于计划线路计划 114
 第七节 结论 122
第二章 北平的长途汽车
   （长距离公共汽车）125
 第一节 长途汽车产生的原因 125
 第二节 创设时的收入 127
 第三节 路线 128
 第四节 车票发售所 129
 第五节 长途汽车公站问题 131
 第六节 长途汽车各种捐税 132

第三十八卷 华南沿海都市调查
杉原信一

第一章 厦门 149
 第一节 位置 149
 第二节 地理 149
 第三节 人口 149
 第四节 气象 151
 第五节 贸易 151
 第六节 产业 155
 第七节 交通机构 155
 第八节 通信机构 158
 第九节 报纸 159
 第十节 与日本相关的历史及与台湾的关系 159
 第十一节 台湾总督府在厦门的设施 160
 第十二节 政治 162
 第十三节 外国领事馆 162
 第十四节 外国租界 162
 第十五节 卫生 163
 第十六节 货币 163
 第十七节 主要的日本商人 164
 第十八节 南洋华侨 164
 第十九节 市区改革 165
第二章 汕头 177
 第一节 历史 178
 第二节 地势 179
 第三节 人口 180
 第四节 日本人状况 183
 第五节 政治组织 191
 第六节 通商贸易 195
 第七节 商业 197
 第八节 报纸 201

第九节　教育机构 202

第十节　卫生机构 205

第十一节　教化机构 207

第十二节　慈善事业 209

第十三节　交通 211

第十四节　金融机构 215

第三章　香港 219

第一节　地理 220

第二节　气候 221

第三节　卫生 223

第四节　人口 225

第五节　贸易 231

第六节　船舶 235

第七节　交通机构 237

第八节　通信机构 242

第九节　货币 244

第十节　统治机构 245

第十一节　财政 247

第十二节　市区概况 251

第十三节　银行 254

第十四节　主要的轮船公司 254

第十五节　内外报纸 256

第十六节　日本人公益设施及团体 257

第四章　广东 261

第一节　行政组织 262

第二节　警察机构 263

第三节　金融机构 278

第四节　卫生机构 286

第五节　言论机构 297

第六节　供水 299

第三十九卷　呼海铁路及沿线经济情况

若宫二郎

序 305

第一章　呼海铁路问题及其历史概要 313

第二章　途经地的概况 318

第一节　呼海铁路相关地带的一般情况 318

第二节　呼海铁路的地位及铺设的目的 321

第三章　组织系统 323

第四章　工程 326

第一节　材料 326

第二节　工程经过情况 329

第三节　路线 329

第四节　桥梁及涵洞 330

第五节　站名及距离 331

第五章　会计 333

第一节　建设经费 333

第二节　营业状态 337

第三节　营业成绩表 343

第四节　列车时间表 343

第六章　未成线路及计划线路 345

第七章　呼海沿线城市经济情况 350

第一节　马船口 350

第二节　松浦 350

第三节　呼兰 353

第四节　康金井 355

第五节　兴隆镇 356

第六节　绥化 357

第七节　四方台 362
第八节　海伦 363
第八章　呼海沿线的农业及谷物流通范围 368
第九章　从进口贸易看呼海铁路的现在及将来 373
第十章　结论 378

第四十卷　华南港湾状况调查
牧野清

第一章　福州 391
　第一节　地势及位置 391
　第二节　闽江运输 393
第二章　厦门 397
　第一节　位置及港湾情况 397
　第二节　潮流 398
　第三节　港湾设备 400
　第四节　出入船舶（贸易）403
第三章　汕头 407
　第一节　历史 407
　第二节　位置及港湾情况 408
　第三节　港湾设备 410
　第四节　出入船舶 413
第四章　广东 417
　第一节　位置及历史 417
　第二节　航行水路 418
　第三节　港内的水深、系船设备 421
　第四节　领航 427
　第五节　检疫及消毒 429
　第六节　出入港手续文件 430
　第七节　船坞及修缮设备 433
　第八节　装卸设备及方法、效率 434

第九节　各项费用 436
第十节　气象 437
第五章　海防 441
　第一节　港内设备等总体情况 441
　第二节　港湾规则等总体情况 443
　第三节　领航 445

第四十一卷　绥远、直隶羊毛羊皮（附奉天市场的羊毛）
前田增三

例言 449
第一章　绥远、直隶羊毛羊皮 461
　第一节　中国羊毛的概说 461
　第二节　包头镇的羊毛皮交易 491
　第三节　张家口市场的羊毛皮交易 499
　第四节　天津市场的羊毛皮交易 531
　第五节　结论 561
第二章　奉天市场的羊毛交易 569
　第一节　概说 569
　第二节　结论 610

第四十二卷　山西省村政研究
宫野茂邦

绪论 615
第一章　总论 621
　第一节　村政的意义 621
　第二节　村政的历史 623
　第三节　村政与三民主义、五权宪法 632
　第四节　村政施行的效果及其将来 634

第二章　村政的组织内容 636
　　第一节　村政内容的分类 637
　　第二节　村民会议 638
　　第三节　村公所 642
　　第四节　息讼会 645
　　第五节　监察委员会 650
　　第六节　村财政 652
　　第七节　保卫团 655
　　第八节　村范整理 657
　　第九节　村禁约 659
　　第十节　关于积谷、天足、产育、村卫生 662

第三章　结论 668

第118册

昭和四年（1929）调查报告（第26期生）

华南港湾情况调查班

第四十三卷　广东的工会及劳工运动

石田七郎

序 3

第一章　工会的发达 11
 第一节　作为近代工会前身的帮口制 11
 第二节　工会的滥觞时代 17
 第三节　工会的勃兴时代 19
 第四节　工会的合同时代 21
 第五节　工会的统一时代 24

第二章　工会的现状 42
 第一节　劳工运动前的工会状况 42
 第二节　劳工运动中的工会状况 48
 第三节　劳工运动后的工会状况 57

第三章　工会的内容 67
 第一节　概说 67
 第二节　工会组织的现状 68
 第三节　一个工会的组织内容（广州市店员工会章程）69

第四章　工会法案 75
 第一节　劳动立法运动 75
 第二节　广东政府的工会条例 80

第五章　加入工会的工人的生活状况 87
 第一节　农工厅的广州工人生活费指数表作成计划 87
 第二节　广州工人的生活水平 93
 第三节　广东的工人工资 97

第六章　加入工会的工人的失业状况 106
 第一节　概说 106
 第二节　广州工人失业统计 110

第七章　广东的劳工运动小史 115
 第一节　绪论 115
 第二节　广东的工人运动小史 118

第八章　广东工人运动的特色 120

第九章　中国国民党与劳工运动 124

第十章　结论 132

呼伦墨黑路经济调查班

第四十四卷　关于北满的外来劳工

川濑德男

第一章　绪言 141
 第一节　移民问题的重要性（移民问题带来的影响）148
 第二节　满洲的外来劳工数量 155
 第三节　北满的外来劳工分布状态 167
 第四节　北满地区开拓状况 191
 第五节　返乡者数量及移民的定居力 197
 第六节　移民增加的原因 204

第二章 结言 214

第四十五卷 京绥沿线的城市情况调查
佐多直丸

序 219
第一章 京绥铁路铺设的原委及线路的状况 225
 第一节 张家口 229
 第二节 大同府 273
 第三节 归化城及绥远城 279
 第四节 包头镇 287
第二章 绥远省产业状态 295
 第一节 绪言 295
 第二节 米 296
 第三节 麦 296
 第四节 面粉 297
 第五节 副食品 298
 第六节 烟草 304
 第七节 杂谷 305
 第八节 煤炭及油类 306
 第九节 牛皮、羊皮及山羊皮 307
第三章 绥远省近来的情况（附中国西域的情况片段）309
 第一节 政治状态 309
 第二节 军备 311
 第三节 与省制同时的省界的变更 312
 第四节 旱灾的状况 313
 第五节 关于排日运动的状况 316

东三省新交通路线西北斜线经济调查班

第四十六卷 满洲的大豆品种
村松彰

序 323
第一章 大豆的名称 327
第二章 中国大豆的历史 329
第三章 大豆的分类 334
第四章 满洲的大豆品种 350
第五章 满洲大豆的科学成分 359

第四十七卷 关于打通线的调查
吴鹰之助

第一章 概说 401
 第一节 名称、位置、里程 401
 第二节 沿线停车场名 401
 第三节 到发时间及费用表 403
第二章 线路 404
 第一节 继续工事 404
 第二节 线路状态 411
 第三节 停车场 430
第三章 营业统计 432
 第一节 旅客 433
 第二节 发送货物 435
 第三节 到发货物 439
第四章 打通线、满铁线运费比较 443
 第一节 自通辽至营口 444
 第二节 自通辽至奉天 445
 第三节 自郑家屯至营口 446
 第四节 自郑家屯至打虎山 447
第五章 运输货物处理及状态 448
 第一节 秘密折扣运费 448

第二节　运送店 448
第三节　打通线、四洮线的运行车辆数 449
第四节　打通线、四洮线两站四年来库存 450

第六章　打通线与四洮线的货物托运状况 450

第七章　关于连山湾 457
第一节　现在的连山湾 458
第二节　将来的连山湾 461
第三节　休斯的港口建设计划概要 462

滇越沿线经济调查班

第四十八卷　法属印度支那与云南省的政治关系——主要从法属印度支那一方来看

法林一詹

第一章　序言 473

第二章　法国、印度支那及云南的历史关系 478
第一节　法国与安南的关系（法国的印度支那占领史）478
第二节　法国与云南的关系 486

第三章　云南的政治状况 491
第一节　迄今为止的政治变迁 491
第二节　龙云的势力与法国的关系 496

第四章　法属印度支那的政治状况 504
第一节　概说 504
第二节　总督的权限 505
第三节　理事官的职权 506
第四节　印度支那高等议会 507
第五节　土人行政 508
第六节　印度支那大咨询会 509

第五章　法国对法属印度支那政策的变迁及以印度支那为中心的法国外交的变迁 513
第一节　对印度支那政策的变迁 513
第二节　以法属印度支那为中心的法国外交的变迁（主要关于对云南）527
第三节　介于云南与印度支那之间的各种问题 531

第六章　关于法国对云南态度变化的原因之二三 541
第一节　云南省与印度支那间的国防关系 543
第二节　印度支那独立运动 571

第七章　法国殖民政策批判 591
第一节　法国人的性质与殖民 593
第二节　没有主见的殖民 594
第三节　没有实力的殖民 595
第四节　同化政策的功过 596
第五节　战后的状态 597

第八章　结言 601

第四十九卷　近来北平下层社会的主要金融机构和社会设施

荻原藏六

绪言 613

第一章　北平的贫民阶级 615
第一节　北平的物价飞涨与生活

　　　　　困难 615
　　第二节　北平的贫民数量 619
　　第三节　贫民的职业区别 622
第二章　北平下层社会的金融机构 624
　　第一节　贫民借本处 625
　　第二节　当铺 628
　　第三节　印子房 631
　　第四节　普通放债户 633

　　第五节　写钱会 635
　　第六节　其他的金融机构 637
第三章　北平的各种社会设施 638
　　第一节　绪言 638
　　第二节　官厅经营的设施 639
　　第三节　民间经营的设施 656
第四章　结言 675

第119册

昭和四年（1929）调查报告（第26期生）

第五十卷　滇越铁路沿线的云南贸易调查
高松义雄

序 3

第一章　云南省贸易 9

第二章　蒙自贸易 14

　第一节　概况 14

　第二节　蒙自海关辖区内的商业市场 16

　第三节　滇越铁路在贸易上的价值 22

　第四节　1927年的蒙自贸易 30

第三章　通过法属印度支那的贸易 55

第四章　与法属印度支那的陆地接壤国境关税问题 91

　第一节　与陆地接壤国境关税相关的条约 91

　第二节　华府会议出现的邻接国境关税问题 99

　第三节　法支通商条约修订问题 103

　第四节　法支通商情况 107

第五章　对日贸易及其将来 119

第六章　结论 124

第五十一卷　云南交通编旅行调查
林义治

序 129

第一章　总说 137

第二章　铁路 143

　第一节　滇越铁路 143

　第二节　个壁临铁路 190

第三章　道路及运输机构 199

　第一节　现存省道 201

　第二节　县道及村道 211

　第三节　三迤汽车道 214

　第四节　三迤公路的各个章程 226

　第五节　交通机构 251

第四章　结论 253

第五十二卷　中东铁路调查
榎原德三郎

序 273

第一章　中东铁路的由来 279

　第一节　绪论 279

　第二节　甲午战争爆发 283

　第三节　威茨坦、李鸿章第一次会见 288

　第四节　威茨坦、李鸿章第二次会见 292

　第五节　卡西尼秘密条约 296

第六节 满洲里、波库拉①间轨道
动工 299

第七节 中东铁路南下 302

第二章 1929 年东铁纷争的考察 305

第一节 郭松龄的叛乱 305

第二节 夺回东铁的积极表现 308

第三节 驱逐俄国的七事件 309

第四节 俄国对华政策的考察 312

第五节 对于卡拉汉声明的矛盾 314

第六节 对华态度的骤变 315

第七节 俄中势力的概观（一）319

第八节 俄中势力的概观（二）321

第九节 结论 325

第五十三卷 大同城市调查
西村刚夫

第一章 绪言 333

第二章 大同的历史 335

第三章 位置及地势 336

第四章 市区及市况（附市区图）337

第五章 人口及户数 343

第六章 名胜古迹 343

第七章 教育及宗教 347

第八章 生活水平及风俗 352

第九章 物价情况 354

第十章 住宿费 356

第十一章 关于工资 357

第十二章 关于市内交通、通信 358

第十三章 饮用水 359

第十四章 政治、行政 360

第十五章 产业 361

第十六章 商业机构 369

第十七章 进出口、运出入商品 371

第十八章 金融、货币、度量衡 375

第十九章 语言 387

第二十章 以大同为中心的各地间的交通 388

第二十一章 商业范围 389

第五十四卷 山西省汽车交通
前岛岩男

序 393

第一章 总论 399

第二章 山西省的道路 405

第一节 山西省的地势 405

第二节 山西省的道路发达 407

第三章 山西省的汽车道路 412

第一节 山西省汽车道路网的计划 412

第二节 现在的汽车道路 419

第四章 汽车运行状况 423

第一节 太原的长途汽车公司 423

第二节 山西省长途汽车运客规则 427

第三节 乘车费用 438

第四节 运行时刻 447

第五节 关于交通大队汽车队 449

第五章 结论 451

---

① 波库拉：原文为ポクテ，读音为 pokura，地名没有查到，此处为译者音译。

华东沿线经济调查班

第五十五卷 北满的鸦片
伊东敏雄

第一章 绪论 461

第二章 北满鸦片的历史 469

第三章 罂粟的种类及栽培 475

 第一节 罂粟的种类 475

 第二节 罂粟的栽培地区 478

 第三节 北满各省鸦片栽培的实际情况 480

第四章 鸦片的制法及吸食 488

 第一节 鸦片的制法 488

 第二节 鸦片的吸食 493

第五章 鸦片的走私 511

第六章 北满鸦片的贩卖 535

第七章 鸦片与朝鲜人 545

第八章 鸦片的取缔 551

 第一节 总体取缔情况 551

 第二节 北满地区的取缔 574

第九章 结论 576

第五十六卷 北满农业调查
桥本伊津美

第一章 绪论 589

第二章 气象、纬度、海拔 593

 第一节 纬度、海拔 593

 第二节 年降雨量及气温 594

第三章 北满土质与植物的关系 595

 第一节 北满土质的概要 595

 第二节 干燥地带的土质与植物根系的关系 598

 第三节 北满干燥地带土壤的保水力 602

 第四节 北满土壤的肥力与水分的关系 608

 第五节 旅行经过各地土质的概要 611

第四章 土地利用 619

 第一节 松花江下游地区 619

 第二节 哈尔滨管区 620

 第三节 南部线地区 620

 第四节 东部线地区 621

 第五节 呼海地区 622

 第六节 西部地区 623

 第七节 其他地区 625

第五章 生物统计 626

 第一节 南部线 626

 第二节 哈尔滨 627

 第三节 东部线地区 627

 第四节 松花江下游地区 628

 第五节 呼海地区 630

 第六节 西部线地区 631

 第七节 其他地区及北满 633

第六章 北满谷物平年总收成及其他 634

 第一节 北满各地区收成及面积表 634

 第二节 洮南市场集散物资数量 635

 第三节 北满作物收成状况及每反种植区别 636

第七章 北满作物栽培经济 661

 第一节 每反收支计算表 661

 第二节 大农具成绩表 662

第三节　大农具类单价 665

第四节　北满大豆概观 667

第五节　西部线地区耕地面积图 668

第八章　农家收支计算 681

第一节　富农收支计算 681

第二节　中农收支计算 682

第三节　小农收支计算 684

第九章　农业经营组织及其实施方法 685

第一节　满蒙农业经营组织 685

第二节　农业开发上的实施方针 689

第 120 册

昭和四年（1929）调查报告（第 26 期生）

第五十七卷　满洲的中国移民
河野七郎

序 3
第一章　动机及特质 13
　　第一节　绪言 13
　　第二节　针对满洲的移民运动的范围及特质 21
　　第三节　移居满洲的动机 30
　　第四节　满洲的经济吸引力 39
第二章　移民情况 85
　　第一节　到满洲打工的移民数 85
　　第二节　返乡移民数 117
　　第三节　满洲的中国移民的定居力 141
第三章　移民地区及经济影响 149
　　第一节　南北满洲的移民分布 150
　　第二节　移民的经济效果 206

第五十八卷　关于北满汽车交通的调查
伊藤正己

序 215
第一章　绪言 223
第二章　齐齐哈尔 225
　　第一节　各汽车公司的内容 225
　　第二节　运输区域 227
　　第三节　乘客费用及货物运费 230
　　第四节　各汽车公司的营业状态 233
　　第五节　其他相关事项 240
第三章　泰来 241
　　第一节　汽车公司的内容 241
　　第二节　运营区域 242
　　第三节　乘客费用及货物运费 243
　　第四节　各汽车公司的营业状态 245
　　第五节　其他相关事项 252
第四章　安达 256
　　第一节　营业状态 256
　　第二节　运费 258
第五章　洮南 259
　　第一节　各汽车公司的内容 259
　　第二节　运营区域及其状态 261
第六章　满洲里 261
　　第一节　汽车公司的内容 262
第七章　黑河 264
　　第一节　汽车经营者 264
　　第二节　运营区域 265
　　第三节　营业状态及运营状态 268
　　第四节　汽车交通的历史 275
第八章　黑龙江省汽车管理规则 281

南洋班

第五十九卷　英属马来对日贸易情况——（过去十年间）
安武太郎

第一章　绪论 303

第二章 日马贸易概况 310
　第一节 进口 310
　第二节 出口 319

蜀康调查班

第六十卷 四川省的棕丝调查
村部和义

第一章 总论 363
　第一节 世界上的棕榈种类及生产状态 363
第二章 中国的棕榈 369
　第一节 产地及产额 369
　第二节 出口状况 372
第三章 四川省的棕榈 393
　第一节 产地及产额 393
　第二节 集散地 394
　第三节 流通期 394
　第四节 品质 396
　第五节 原产地收购价格及收购方法 397
　第六节 杂费、运费及汇水附盈亏计算 398
　第七节 棕丝出口额（重庆）402

辽河流域及四洮昂沿线经济调查班

第六十一卷 辽河流域及四洮昂沿线交通
井上荣太郎

第一章 绪言 411
第二章 水运 412
　第一节 辽河的航运 412
　第二节 辽河的民船 415
第三章 铁路 427
　第一节 四洮铁路 427
　第二节 郑通支线 448
　第三节 洮昂铁路 456
　第四节 齐齐哈尔、昂昂溪间线路的现状与开通 463

第六十二卷 四川盐业调查（关于四川省的盐务制度）
竹内喜久雄

第一章 古代的四川盐 491
第二章 盐务行政机构 503
　第一节 清代的盐官制 503
　第二节 现代的盐官制 504
第三章 盐税征收机构 509
　第一节 一般官制 509
　第二节 四川的盐税征收机构 513
第四章 产盐状况 517
　第一节 产盐状况 517
　第二节 四川盐的种类 523
第五章 盐的行销地及行销法 525
　第一节 盐的行销地 525
　第二节 盐的行商法 525
　第三节 十八盐运公司 528
第六章 对于私盐的取缔 533
　第一节 私盐 533
　第二节 对于私盐的取缔 535
第七章 盐课税 541
　第一节 关于盐的课税 541
　第二节 四川的课税 542

东北省西北斜线经济调查班

第六十三卷　东三省沿线城市情况调查

中岛荣夫

绪言 559

第一章　打通沿线 563

　　第一节　打虎山 563

　　第二节　黑山（镇安）567

　　第三节　新立屯 573

　　第四节　彰武 577

第二章　四洮沿线及郑通支线 581

　　第一节　通辽 581

　　第二节　郑通沿线概况 590

　　第三节　郑家屯（辽源）592

　　第四节　郑洮沿线 603

　　第五节　洮南 606

第三章　洮昂沿线及其他 618

　　第一节　洮安（白城子）618

　　第二节　镇东 620

　　第三节　东屏与街基 623

　　第四节　泰来 625

　　第五节　昂昂溪 628

第121册

昭和四年（1929）调查报告（第26期生）

南洋经济调查班

第六十四卷　荷属东印度对华贸易情况
田路章

第一章　总说 5
 第一节　商品的交易方法 7
 第二节　商工会议所及类似团体 15

第二章　关税制度 18

第三章　进出口概要 33
 第一节　贸易及海运相关法规 37
 第二节　进口状况及重要商品 39
 第三节　出口状况及重要商品 96

第四章　物价指数调查 131

第六十五卷　厦门、汕头、香港及广东的总体设施概略及其将来的计划
小幡广士

第一章　绪论 135

第二章　厦门 143
 第一节　地理、位置、历史、人口 143
 第二节　行政及外国租界 146
 第三节　通信机构 147
 第四节　言论机构 148
 第五节　与日本相关的历史、与台湾的关系及台湾总督府在厦门的设施 149
 第六节　教育设施 152
 第七节　厦门商务总会及其他 160
 第八节　卫生状况 163
 第九节　市区交通 164
 第十节　道路 165

第三章　广东 180
 第一节　位置、历史、人口、政治 180
 第二节　警察机构 182
 第三节　广州市民警队章程 196
 第四节　金融机构 206
 第五节　教育制度 223
 第六节　电力电话事业 241
 第七节　供水及下水事业 243
 第八节　道路及园林 247
 第九节　市区交通 257
 第十节　广东的言论机构 259

第四章　汕头 260
 第一节　地位、历史及人口 260
 第二节　政治组织 261
 第三节　汕头市内概观及市区路面改建 264
 第四节　电话及电灯事业 266
 第五节　汕头的供水事业 268
 第六节　汕头的公共汽车 269
 第七节　总商会、商民协会及其他 271

第五章　香港 273
　第一节　香港东岸填埋工程的概略 273
　第二节　本年度七月的供水状态 274
第六章　结论 283

第六十六卷　云南、四川的工业调查

土田增夫

第一章　云南省的工业 291
　第一节　概论 291
　第二节　各业的概况 292
　第三节　结论 338
第二章　四川省的工业 341
　第一节　重庆的工业 341
　第二节　四川省的蚕丝业 349

第六十七卷　内蒙古政治经济情况

山名正孝

第一章　蒙古民族的灭亡①及移民 357
　第一节　开发地的情况 362
　第二节　移民 373
第二章　社会情况、文化程度 385
　第一节　内蒙古的社会构成 385
　第二节　普遍的文化程度 397
　第三节　宗教及教育 403
　第四节　行政及财政 408
第三章　资源 412
　第一节　农产 412
　第二节　畜产 446

第三节　盐产 451
　第四节　煤炭 452
第四章　日本人的发展状况 455
第五章　内蒙古交通路线的状况 462
第六章　内蒙古的政治运动 472
第七章　结论 477

第六十八卷　黑龙江省呼伦墨黑路沿线城市行政调查

宫泽敞七

序 483
第一章　东三省行政 493
　第一节　东三省行政新组织表 493
　第二节　南北和谈成立与合议制的新省政府 505
　第三节　东北政局的将来 516
第二章　黑龙江省行政 517
　第一节　行政划分 517
　第二节　县长名簿 519
　第三节　主要人物 521
　第四节　省政府各厅处的组织条例 523
　第五节　黑龙江省盛会警察厅征集各种税金 539
第三章　呼海铁路沿线行政 551
　第一节　呼海铁路 551
　第二节　松浦市 552
　第三节　呼兰 557
　第四节　绥化 565
　第五节　海伦 574

---

① 第一章作者的观点是蒙古人的生活受汉民族移居的威胁和苏联的侵略，因此认为蒙古族正处于灭亡的紧要关头，显露出日本分裂中国的野心。

第四章　海伦讷河交通路沿线主要
　　　　城市行政 582
　　第一节　拜泉 583
　　第二节　克山 587
　　第三节　克山、讷河间的小村概略 591
　　第四节　讷河 591
第五章　讷河黑河街道 596
　　第一节　嫩江 596
　　第二节　嫩江、瑷珲间的小村 599
　　第三节　瑷珲 599
　　第四节　黑河 601
第六章　结论 627

第六十九卷　四川省交通调查
山下长次郎

第一章　宜昌、重庆间的航线概说 635
第二章　重庆、成都间的陆路交通 659
　　第一节　概说 659
　　第二节　地形及道路（旧道）详说 661
第三章　以成都为中心的汽车道路 679
第四章　岷江的河运及嘉定、峨眉间的
　　　　交通状况 687
第五章　成都、顺庆间的交通状况 693
第六章　嘉陵江的河运 701

第122册

昭和四年（1929）调查报告（第26期生）

华南港湾情况调查班

第七十卷 华侨

小山田繁

第一章 绪言 5
第二章 华侨的出身地、人口及分布状态 13
第三章 华侨的经济状况 35
第四章 华侨与国民政府 49
第五章 华侨与国民党 61
第六章 华侨与广东省政府 67
第七章 华侨与排日 71
第八章 华侨的将来 79

第七十一卷 胶济、津浦北段金融调查

松井幸人

绪论 93
第一章 青岛的金融 95
　第一节 金融机构 95
　第二节 流通货币 97
　第三节 金融时事问题 104
第二章 周村的金融 106
　第一节 金融机构 106
　第二节 货币 110
第三章 济南的金融 113
　第一节 金融机构 113
　第二节 货币 117
　第三节 金融时事问题 119
第四章 德州的金融 122
第五章 天津的金融 124
　第一节 金融机构 124
　第二节 货币 148
　第三节 金融时事问题 161
第六章 北京的金融 164
　第一节 金融机构 164
　第二节 货币 183
　第三节 金融时事问题 192

北满国境经济调查班

第七十二卷 北满的行会调查

小田健三郎

绪论 197
第一章 洮昂铁路沿线 207
　第一节 洮南 207
　第二节 昂昂溪 209
第二章 中东铁路沿线 210
　第一节 哈尔滨 210
　第二节 齐齐哈尔 215
　第三节 海拉尔 234
第三章 其他 235
第四章 东省特别区职业行会的构成及功能 241
　第一节 行会的位置及特色 241

第二节　行会的历史 243
第三节　行会的构成及功能 249
第四节　各个行会及苏维埃机构 303
第五节　统计及附图 330

平津驻扎班

第七十三卷　以北平、天津为中心的中小学教育调查
久保宝次

第一章　绪论 391
第二章　河北省教育厅直辖各级学校概况表 409
第三章　河北省教育厅直辖各级学校图书馆教育会概况表 413
第四章　河北省六十六县学生、学校增减统计 417
第五章　河北省立各校调查 439
　第一节　河北省立第一中学 441
　第二节　河北省立第二中学 443
　第三节　河北省立第三中学 445
　第四节　河北省立第四中学 448
　第五节　河北省立第五中学 450
　第六节　河北省立第六中学 452
　第七节　河北省立第七中学 456
　第八节　河北省立第八中学 459
　第九节　河北省立第九中学 462
　第十节　河北省立第十中学 464
　第十一节　河北省立第十一中学 466
　第十二节　河北省立第十二中学 469
　第十三节　河北省立第十三中学 471
　第十四节　河北省立第十五中学 473
　第十五节　河北省立第十六中学 475
第六章　结论 477

北满国境经济调查班

第七十四卷　关于北满的城市
宇田政雄

第一章　绪论 485
第二章　分论 487
　第一节　四洮、洮昂铁路沿线 487
　第二节　东省铁路沿线 507
　第三节　黑河街道沿线 537
　第四节　松花江流域 558
第三章　结论 591

南洋经济调查班

第七十五卷　荷属东印度及马来半岛的华侨
印牧真一

第一章　绪言 601
第二章　中国与南洋的经济关系 605
第三章　中国商品进入南洋市场 608
第四章　中国的贸易外收入 610
第五章　马来半岛的华侨 611
第六章　马来华侨迁移状况 616
第七章　马来华侨势力大增的原因 620
第八章　半岛华侨的企业地位 631
　第一节　华侨经营的橡胶园 632
　第二节　华侨开采的锡矿 635
第九章　中国与马来的贸易关系 638
第十章　华侨社会与马来对南洋各国贸易关系 640

第十一章　华侨的内地贸易系统 641
第十二章　荷属东印度的华侨 644
　第一节　历史 644
　第二节　华侨的分布及移民状况 646
　第三节　华侨的待遇 649
第十三章　爪哇华侨发展的原因 651
第十四章　爪哇华侨的活跃状况 652
第十五章　苏门答腊的华侨 656
第十六章　南洋华侨与联合排斥 659
第十七章　结论 663

第 123 册

昭和四年（1929）调查报告（第26期生）

云南、四川经济调查班

第七十六卷　云南、四川省的重要药材

榎原英三

第一章　绪言 13

第二章　云南省药材 16

　第一节　概论 16

　第二节　分论 28

第三章　四川省药材 42

　第一节　概论 42

　第二节　分论 62

第七十七卷　四川各军的概况及裁军情况

尾崎庄太郎

第一章　总论 83

　第一节　中国 83

　第二节　中国的军阀 87

　第三节　四川省与裁军问题 91

第二章　分论 93

　第一节　四川省行政大纲中与军事相关的条目 93

　第二节　四川现有的军队 99

　第三节　刘文辉的第一期裁军办法 165

　第四节　四川各军的现状及实力——裁军概况 169

　第五节　陈书农师长所部的裁军情况 177

　第六节　刘文辉的第三期缩编办法[①] 179

第三章　结论 185

　第一节　资州会议及之后的概况 185

　第二节　裁军的将来 189

京津驻扎班

第七十八卷　天津港的过去、现在及将来

冈野八太郎

第一章　立于北京城墙 199

第二章　关于天津港的过去、现在及将来 209

　第一节　以天津为中心的水路 209

　第二节　（白河水系）白河这一名称的起源 214

　第三节　白河的幅员 216

　第四节　（天津港的范围）日本租界码头 218

　第五节　白河航行的现状 219

　第六节　白河（海河）航行的

[①] 关于刘文辉的第二期裁军，没有正式标题，但相关内容出现在第六节中。

过去 222

第七节　白河的水深 225

第八节　（白河改修委员会的设立）
　　　　白河工程局的滥觞 227

第九节　白河改修条约规定 230

第十节　担任白河工程局委员的日本
　　　　领事 234

第十一节　改修工程 235

第十二节　白河的新生 256

第十三节　日本租界码头开放 261

第十四节　天津港的将来如何
　　　　　——大天津计划 261

西康经济调查班

第七十九卷　中国的猪鬃

神河章三郎

第一章　绪论 279

第二章　中国猪鬃的概要 283

第一节　中国使用猪鬃的历史 283

第二节　中国产猪鬃的种类 285

第三节　猪鬃的用途 287

第四节　品质鉴定法 288

第五节　流通期 289

第六节　集散市场 289

第七节　发送国 291

第八节　收购方法 292

第九节　猪鬃的组合法 294

第十节　关于猪鬃的梳毛 295

第十一节　行情 297

第十二节　1929年的猪鬃供需状况
　　　　　及价格变动 299

第三章　中国猪鬃的主要产出省及其
　　　　产出情况、交易习惯等 302

第一节　总论 302

第二节　四川省 302

第三节　山东省 310

第四节　直隶省 315

第五节　湖南省 316

第六节　江苏、浙江两省 317

第七节　广东、广西两省 319

第八节　湖北省 320

第九节　云南、贵州两省 327

第十节　东三省 328

第十一节　山西省 330

第四章　上海的牙刷刷毛工业 332

第五章　结论 337

第八十卷　北满地区的劳动状态

尾仲嘉助

凡例 343

第一章　总论 349

第一节　绪论 349

第二节　劳力的需求及供给 353

第三节　北满劳动情况的特殊性 364

第二章　劳动情况的内容 375

第一节　劳动者的招募状态 375

第二节　劳动者的雇佣状态 383

第三节　工资调查 393

第四节　劳动时间 418

第五节　劳动效率 424

第三章　劳动者的生活状态 431

第一节　劳动者的生活困苦 431

第二节 劳动者的生计费 440

第三节 救济机构的福利设施 458

第四章 结论 465

第八十一卷 外蒙古贸易、交通、兵备状况

井上宗亲

绪言 483

第一章 蒙古对外贸易 485

第一节 蒙古中央购买行会 486

第二节 俄蒙贸易 487

第三节 张家口对蒙贸易状况 489

第四节 张家口对恰克图贸易 493

第五节 张家口对内蒙古贸易 495

第六节 蒙古进出口、运出入能力 497

第七节 外蒙古对华贸易逐年衰退的原因 501

第八节 张家口的出口及运出贸易 527

第二章 外蒙古的交通 549

第一节 转运公司的本质及外蒙德蒙公司的关镇 549

第二节 张家口、库伦间的交通状况 557

第三章 外蒙古的兵备概况 561

东三省新交通路线东北斜线班

第八十二卷 奉海铁路的经济价值及海龙领事馆的使命

泷口义精

第一章 序言 569

第二章 概说 569

第三章 海龙分馆管辖区域内的朝鲜人现状 574

第一节 日本人的现状 574

第二节 朝鲜人的现状 575

第四章 领事分馆辖区内特产物的产出状况 578

第五章 进口物资 595

第六章 奉海铁路铺设后的影响 609

第一节 奉海铁路铺设前的状况 609

第二节 奉海铁路开通后的形势 610

第七章 奉海线与西安、西丰地区的经济关系 612

第八章 吉海铁路开通后的交通经济预测 614

第九章 日本人与朝鲜人的各种事业前景 616

第一节 日本人的事业 616

第二节 朝鲜人的事业 617

第十章 日方和中方的分分合合 618

第十一章 结论 620

第 124 册

昭和四年（1929）调查报告（第 26 期生）

第八十三卷 北满的药材
乌山勉

第一章 绪言 5
第二章 北满及西伯利亚的药材 6
第三章 各种重要的药材集散地的集散状况等 31
 第一节 郑家屯的药材集散数量 31
 第二节 满洲里的特殊药材 39
 第三节 吉林省的药材 41

松花江沿岸调查班

第八十四卷 松花江沿岸城市调查
田岛清三郎

第一章 小城子 73
 第一节 位置 73
 第二节 历史 73
 第三节 户口 74
 第四节 官府公廨 75
 第五节 工业 75
 第六节 商业 75
第二章 伯都纳 76
 第一节 位置 76
 第二节 历史 77
 第三节 户口 78
 第四节 市区的状况 78
 第五节 官府公廨 80
 第六节 物产 81
 第七节 商业 82
 第八节 工业 83
 第九节 货币 84
第三章 哈尔滨 85
 第一节 位置 85
 第二节 历史 86
 第三节 户口 88
 第四节 市区的状况 92
 第五节 官府公廨及其他机构 97
 第六节 商业 99
 第七节 工业情况 115
第四章 呼兰 122
 第一节 位置 122
 第二节 历史 122
 第三节 户口 123
 第四节 市区的状况 123
 第五节 官府公廨及其他机构 124
 第六节 物产 124
 第七节 商业 125
 第八节 工业 128
第五章 木兰 129
第六章 三姓 129
 第一节 位置 129
 第二节 历史 131
 第三节 户口 133
 第四节 市区的状况 133

第五节　官府公廨及其他机构 134
第六节　物产 135
第七节　商业 135
第八节　出口 137
第九节　进口 137
第十节　工业 138
第十一节　金融状况 140
第十二节　交通 141
第十三节　当地日本人的状况 142

第七章　汤原 144
第一节　位置 144
第二节　历史 144
第三节　户口 144
第四节　市区的状况 144
第五节　官府公廨 145
第六节　物产 145
第七节　工商业 145

第八章　桦川 146
第一节　位置 146
第二节　历史 147
第三节　户口 147
第四节　市区的状况 147
第五节　官府公廨及其他机构 148
第六节　商业 149
第七节　工业 150

第九章　富锦 150
第一节　位置 150
第二节　历史 151
第三节　户口 151
第四节　官府公廨及其他机构 152
第五节　市区的状况 152
第六节　物产 153

第七节　工商业 153
第八节　交通 155

第十章　临江 156
第一节　位置 156
第二节　历史 156
第三节　户口 157
第四节　市区的状况 157
第五节　官府公廨及其他机构 158
第六节　工商业 158
第七节　农产品 159
第八节　交通 161

第八十五卷　上海的海产贸易状况
久保务

绪言 171
第一章　上海的海产贸易的概括性状况 175
第一节　总说 175
第二节　海产供给状况概要 177
第三节　需求状况概要 201
第四节　海产的行情 207

第二章　海产商业交易习惯 213
第一节　在沪主要海产经营商 213
第二节　中国以外的主要对华交易商 216
第三节　交易系统及交易要点 219

第三章　各种商品的概要 247
第一节　旧海产 247
第二节　新海产 311

第四章　结论 339

第八十六卷　以上海为中心的学生运动
曾根喜久男

- 第一章　绪论 357
- 第二章　五四运动 358
- 第三章　至五卅运动前 360
- 第四章　五卅运动 369
- 第五章　五卅运动时的上海学生联合会组织状况 373
- 第六章　近来的学生运动趋向 381
- 第七章　结言 391

第八十七卷　上海公设市场——以虹口市场为中心
波多江健儿

- 第一章　绪论 397
- 第二章　关于上海公设市场 399
- 第三章　虹口市场 414
  - 第一节　市场规则 414
  - 第二节　建筑的构造及设备 419
  - 第三节　商品销售品种、价格决定方法及最近的价格 423
  - 第四节　市场商品的集散 430
  - 第五节　监督、检查及罚则 437
  - 第六节　关于摆放台、压台、店铺转让、转租及老店的权利 442
- 第四章　结论 447

第八十八卷　近来上海的贸易概况
今村三郎

- 第一章　绪说 463
- 第二章　近五年间上海港贸易进出口额 469
- 第三章　各国在沪贸易势力比较 473
- 第四章　各国贸易内容的考察 478
- 第五章　各种主要进口商品及价格表 485
- 第六章　各种主要出口商品及价格表 491
- 第七章　作为国内货物集散地的上海 641
- 第八章　结论 643

第125册

昭和五年（1930）调查报告（第27期生）

华北港调查班

第一卷　犯罪一瞥
清川濑

第一章　统计 7
第二章　犯罪观 67
　第一节　中国人鲜明的犯罪观 67
　第二节　在华所见预防犯罪的习惯 86

京奉沿线旅行班

第二卷　满洲的外来劳工移民
神谷清助

第一章　绪论 113
第二章　移民问题的重要性 125
　第一节　从劳动问题的角度 125
　第二节　从开拓殖民地问题的角度 126
　第三节　从社会问题的角度 128
　第四节　从运输问题的角度 130
第三章　满洲的外来劳工移民数 132
　第一节　外来劳工移民总数 132
　第二节　不同来源地的入满数 135
　第三节　近三年的比较 140
第四章　满铁重要车站分布状态 149
　第一节　满铁重要车站分布数 149
　第二节　入满咽喉地留守者 151

第五章　返乡人数与移民的定居力 153
第六章　山东、直隶的外出劳工情况 160
　第一节　外出劳工者增加的原因 161
　第二节　贫民的救济方法及满洲外来务工者的奖励 172

第三卷　四川省岷涪流域矿业调查
叶山生

第一章　总说 187
第二章　矿物的种类、产地 188
第三章　矿区数 213
第四章　矿产额 213
　第一节　龙王洞煤坑 219
　第二节　自流井矿区 227
　第三节　代表性的煤铁矿场的采掘法 234

第四卷　四川省的产麻情况

第一章　中国的产麻 245
　第一节　概要 245
　第二节　种类及产地 251
　第三节　麻的用途 261
　第四节　出口状况 272
第二章　四川省的产麻 279
　第一节　产地及栽培 279
　第二节　种类 286
第三章　交易方法 305
　第一节　收购方法 305

第二节 价格、定级 308
第四章 包装 309
第五章 麻的运输状况 311
第六章 四川麻的出口状况 317

第五卷 四川省棕榈调查
铃木脩司

第一章 序说 323
第二章 产地 324
 第一节 白沙 327
 第二节 鱼洞溪 329
 第三节 木洞 329
 第四节 合川 330
 第五节 分州 331
第三章 原产地的状态 333
第四章 从原产地至市场的路线 334
第五章 白沙的加工状况 337
第六章 品质 339
第七章 从白沙至重庆的运费等各项费用 340
第八章 重庆出口状况 342
 第一节 税金 343
 第二节 装货费 344
 第三节 运费 344
 第四节 保险费、杂费 345
第九章 重庆出口额 346
第十章 日本消费地 348
第十一章 用途 348
第十二章 结语 349

第六卷 日本在长江流域的经济地位
下川贤

第一章 总说 359
 第一节 各国在长江流域的扩张 359
 第二节 英中谈判 361
 第三节 法中谈判 371
 第四节 美中谈判 374
 第五节 日中谈判 376
第二章 长江流域的铁路 383
第三章 长江流域的航运业 401
 第一节 航运业及各国的竞争 401
 第二节 各国在长江的船舶调度及各国经营汽轮公司的现状 411
 第三节 长江各港的航运业 440
第四章 长江流域的贸易 447
 第一节 长江各港在全中国贸易中的地位 448
 第二节 长江流域十三港与上海的地位 449
 第三节 上海贸易与列强 449
 第四节 列强贸易内容考察 453
 第五节 港口贸易与日本的地位 457
第五章 长江流域的纺织 461
 第一节 纺织经营的历史 461
 第二节 上海的纺织 469
 第三节 汉口的纺织 498
第六章 其他 501
 第一节 日本人在汉口经济地位的消长 501
 第二节 日本人在湖南省经营事业时的

　　　　应关注点 517
　第三节　日本商品在重庆市场的
　　　　地位 529

第七卷　热河省的交通
加藤隆德

第一章　序说 541
第二章　陆上交通 543
　第一节　道路 543
　第二节　铁路 639
　第三节　交通机构 645
　第四节　车站制度 659
第三章　水运 665

西桂流域经济调查班

第八卷　广东地区的丝业调查
保科尚卫

自序 671

第一章　绪言 677
第二章　缫丝业 681
　第一节　机器缫丝业 681
　第二节　手缫及足踏缫丝业 705
第三章　生丝的销售 711
　第一节　广东生丝的供求关系 711
　第二节　生丝交易习惯及品质
　　　　定级 732
　第三节　次品生丝的销路 740
　第四节　与生丝销售相关的金融
　　　　机构 742
第四章　生丝的改良方法及其设施 747
第五章　结论 757

第 126 册

昭和五年（1930）调查报告（第 27 期生）

第九卷　青岛港的调查
村上重义

第一章　胶州湾的地势及港湾设备概要 7
第二章　胶澳商埠青岛港规定 14
第三章　青岛港规定附表 32
第四章　危险品第一、第二码头的陆上限制内部规定 44
第五章　胶澳商埠码头规定 45
第六章　修正胶澳引水暂行规定 59
第七章　胶澳商埠港政局各项费率 68
第八章　胶澳商埠港政局拖船费征收规定 90
第九章　胶澳商埠港政局仓库业务规定 92
第十章　胶澳商埠港政局许可船舶从业者组织运输机构管理规定 116
第十一章　青岛港及附近航线标识便览表 120
第十二章　胶澳商埠观象台气象无线电信符号 135
第十三章　胶澳商埠小港停泊费规定 144
第十四章　胶澳商埠小港栈桥使用规定 146
第十五章　胶澳商埠港政局小港货物存放管理规定 149
第十六章　船舶作业承包商与装卸作业效率 155
第十七章　青岛埠头船舶给水费用及水质 158
第十八章　胶澳商埠港政局检疫规定 160
第十九章　胶澳商埠港政局业务科问事处规定 171

第十卷　四川省岷涪流域情况
兼松胜

绪论 175

平津驻扎班

第十一卷　天津的民众补习教育
太平孝

第一章　绪论 225
第二章　天津特别市教育局对于民众补习教育的概念 241
　第一节　教育局长的声明 241
　第二节　教育局的概念 244
第三章　规定（计划）249
第四章　设备 271
　第一节　办公处的设立 272
　第二节　科目 274
第五章　宣传 283

第一节　宣传事项 283
第二节　传单标语 286
第六章　实际情况 294
第七章　结语 313

胶济驻扎班

第十二卷　关于胶济铁路
菅一弘

第一章　绪论 325
第二章　历史 327
　第一节　德国的创设 327
　第二节　日本的管理 329
　第三节　中国的接管 330
　第四节　移交后与日本的关系 330
　第五节　中国接管后的经营方式 332
第三章　营业状态 334
　第一节　运输设备 334
　第二节　运输业绩 337
第四章　营业受阻的原因 359
　第一节　货车的军事征用 359
　第二节　货捐及其他不当课税 361
第五章　铁路的财政 394
　第一节　财政状况 394
　第二节　财政窘迫的原因 402
第六章　结论 413

满蒙经济调查班

第十三卷　满蒙农业情况
真柄富治

第一章　天然要素 417
　第一节　土地 417
　第二节　气候 425
第二章　作物 476
　第一节　作物的种类 476
　第二节　种植面积 484
　第三节　种植比例 486
　第四节　作物的产量 489
　第五节　预计收获产量 490
　第六节　收成比例 505
　第七节　产量及剩余量预计表 507
　第八节　特产运输统计 513
　第九节　南北满洲农作物及收获产量 516
第三章　农业方法概要 523
　第一节　农具 523
　第二节　栽培方法 530
　第三节　肥料及轮作法 545
第四章　白音太来（科尔沁）地区情况 555

哈尔滨市驻扎班

第十四卷　以哈尔滨市场为中心的北满大豆
村井美喜雄

序文 559
第一章　大豆的概念 565
　第一节　大豆作物的历史性考察 565
　第二节　大豆的特质 573
　第三节　大豆的种类 576
　第四节　哈尔滨市的流通大豆 582
第二章　大豆的商品价值 586
　第一节　大豆的营养价值 586

第二节　大豆的用途 591
第三节　大豆的品质及鉴定 606
第三章　大豆的生产及消费 615
第一节　世界上的大豆生产 615
第二节　世界上的大豆消费 636
第四章　与大豆相关的商业交易 637
第一节　北满的大豆交易 637

第 127 册

昭和五年（1930）调查报告（第 27 期生）

京奉沿线经济调查班

第十五卷　京奉沿线重要毛皮集散市场概况

小西男

第一章　绪言 7
第二章　世界上的中国毛皮集散概况 11
　第一节　中国重要毛皮出口额 11
　第二节　中国毛皮出口各国数量 13
第三章　奉天 15
　第一节　毛皮集散概况 16
　第二节　奉天的毛皮行情 25
　第三节　毛皮经营商 29
　第四节　商业交易习惯 32
第四章　锦州 34
　第一节　毛皮集散概况 35
　第二节　锦州的毛皮行情 37
　第三节　毛皮经营商 40
　第四节　商业交易习惯 41
第五章　天津 42
　第一节　毛皮集散概况 43
　第二节　毛皮经营商 48
　第三节　奉天的毛皮行情 59

滦河流域经济调查班

第十六卷　东蒙古的甘草、鸦片调查（附东蒙古的卫生调查）

江下清一

第一章　东蒙古的甘草 73
　第一节　赤峰的甘草 73
　第二节　郑家屯的甘草 80
　第三节　满蒙及远东俄属地区的甘草 88
第二章　东蒙古的鸦片 100
　第一节　赤峰附近的鸦片栽培 100
　第二节　热河的鸦片栽培 107
　第三节　黑龙江省的鸦片栽培 113
　第四节　中国官府的罂粟栽培奖励 119
　第五节　关于中国官府的罂粟新栽培法 121
第三章　热河省内的药材 123
第四章　东蒙古的卫生状态 129
　第一节　蒙古人的卫生 129
　第二节　蒙古人的疾病 130
　第三节　蒙古人的容貌体格 132
　第四节　蒙古的医术 133
　第五节　内科疾患 136
　第六节　外科疾患 139
　第七节　皮肤科及花柳病科疾患 139
　第八节　眼科疾患 140
　第九节　蒙古的饮用水 141

第十节　井的构造及其附近的状况 142

第十一节　水质检查 145

第十二节　东蒙古的食物 145

第十三节　东蒙古自然地理状况 153

东蒙古经济调查班

第十七卷　东蒙古各种资源与商业交易的方法、习惯及金融概论

古籔盛三

第一章　各种资源 169

第一节　畜产 170

第二节　农产 212

第三节　矿产 213

第四节　其他天然物产 215

第五节　药材 223

第二章　商业交易的方法、习惯及金融概说 229

第一节　商业交易的方法、习惯 229

第二节　金融概说 253

第十八卷　满蒙的羊毛

田中守造

第一章　绪言 269

第二章　羊 273

第一节　满蒙的羊种 273

第二节　羊的饲养头数 277

第三章　羊毛 279

第一节　产额 280

第二节　剪毛季节及剪毛方法 282

第四章　满蒙的羊毛运输情况 285

第一节　集散地区及集散路线 285

第二节　羊毛运输情况 285

第三节　东部蒙古的羊毛转运状况 298

第四节　羊毛流通状况 302

第五章　羊毛交易情况 307

第一节　原产地的羊毛交易情况 307

第二节　地区集散市场的羊毛交易情况 313

第三节　天津的羊毛交易情况 318

第六章　羊毛出口情况 345

第一节　羊毛出口商 345

第二节　羊毛出口设施 351

第七章　满蒙的羊毛集散市场 367

第一节　锦州 367

第二节　赤峰 371

第三节　奉天 373

第四节　郑家屯 378

第五节　通辽 381

第六节　洮南 385

吉会沿线经济调查班

第十九卷　吉会计划线沿线经济的现状及将来

神棒真幸

例言 391

第一章　绪论 395

第二章　吉会线的历史 397

第三章　吉会线地区的地理现状 408

第一节　吉敦沿线 410

第二节　未建成线地区 416

第三节　间岛地区 423

第四章　吉会铁路的经济利害 429

第一节 吉会线的线路概要 429
第二节 吉会线的产业及贸易 432
第三节 北朝鲜的联络点问题 450

第五章 吉会线完工的各项影响 454
第一节 交通上的影响 454
第二节 产业上的影响 455
第三节 贸易上的影响 459
第四节 开拓殖民地上的影响 462
第五节 政治上的影响 466
第六节 军事上的影响 467
第七节 龙井村与延吉的关系 468

第六章 与其他交通机构的各种关系 469
第一节 与同一地区交通机构的关系 469
第二节 与终点及吞吐港的关系 471
第三节 与其他地区已建成铁路的关系 473
第四节 与计划线的关系 483

第七章 吉会计划线与日中两国的关系 492

第二十卷 天津的钱庄
岩尾正利

凡例 499
第一章 序说 503
第二章 钱庄业的起源 505
第三章 钱庄（银号）511
第一节 钱庄的组织及资本 511
第二节 钱庄的设立 515
第三节 钱庄业的业务 517

第四节 钱庄业的账簿 532
第四章 天津市场流通的各种票据 534
第一节 票据的种类及说明 535
第二节 当年中国银行（钱庄及银行）信用调查 550

第五章 钱商工会 556
第一节 天津钱商公会暂行章程 557
第二节 天津钱商公会办事细则 569
第三节 天津钱商公会认可会员及钱商公会会外会员 572

四洮洮昂沿线经济调查班

第二十一卷 北满铁路调查
竹田巳则

第一章 绪论 585
第二章 四洮铁路 587
第一节 概说 587
第二节 组织 589
第三节 借款明细书 591
第四节 营业状况 595

第三章 洮昂铁路 621
第一节 概况 621
第二节 组织 623
第三节 资本及借款 624
第四节 营业状况 625

第四章 齐昂轻便铁路 637
第一节 历史 637
第二节 营业状况 640

第五章 齐克铁路 644

第128册

昭和五年（1930）调查报告（第27期生）

第二十二卷　汉口、长沙的金融调查

田村三郎

第一章　汉口的外汇 7
　第一节　汉口在外汇中的地位 7
　第二节　汉口的外汇机构 9
　第三节　汉口的汇率建成方法 17
　第四节　汇率 19
第二章　汉口的对内金融 63
　第一节　绪论 63
　第二节　金融机构 67
　第三节　国内汇兑 87
　第四节　汉口的下层金融 92
　第五节　抵押借款 111
第三章　长沙的金融 119
　第一节　金融机构 119
　第二节　国内汇兑 125

华东沿线经济调查班

第二十三卷　北满的中国人商业机构和组织

涉川悌美

第一章　商业组织 137
　第一节　总论 137
　第二节　农产品的交易 144
　第三节　中国以往的土货交易 149
　第四节　北满各大城市的露天店 152
　第五节　结论 153
第二章　商店的经费及利益的计算 167
　第一节　经费 168
　第二节　利益的计算 175
第三章　货物的采购状况 179
　第一节　出差人员 179
　第二节　样品货物的采购及中介 181
　第三节　采购方法 182
　第四节　货款的支付期限 183
第四章　货款的支付 184
　第一节　关于支付货币 184
　第二节　营口过炉银 184
　第三节　支付方法 185

北京天津驻扎经济调查班

第二十四卷　天津的金融

长田阳一

第一章　天津的货币 193
　第一节　铜钱 196
　第二节　银两 198
　第三节　铜圆 230
　第四节　银圆 235
　第五节　纸币 261
第二章　天津的金融 269
　第一节　各种票据 269
　第二节　天津的国内外银行

及钱铺 287

第二十五卷　北京的救济事业
佐藤隆三

第一章　救济事业的概念 301
　第一节　自然贫穷 302
　第二节　个人贫穷 302
　第三节　社会贫穷 303
　第四节　救济事业 308
第二章　北京的贫穷状况 313
　第一节　贫穷城市北京 313
　第二节　北京贫穷的原因 316
　第三节　贫民数概况 321
　第四节　贫民的生活方法 325
　第五节　旗人的贫穷状况 331
第三章　北京的失业问题 335
第四章　救济设施 345
　第一节　衰老者保护事业 349
　第二节　救济事业 350
第五章　结语 369

东蒙古经济调查班

第二十六卷　东蒙古的矿业
今泉正民

第一章　东蒙古的地理位置 375
　第一节　蒙古及东蒙古的定义 375
　第二节　位置、面积 376
　第三节　疆界 376
第二章　东蒙古的地文地理 376
　第一节　地势 376
　第二节　地质 378
　第三节　矿床 380
第三章　矿产业概况 380
　第一节　概说 360
　第二节　采矿状况 384
　第三节　金矿分布状态 393
　第四节　银矿分布状态 421
　第五节　铜、铅、铁矿分布状态 432
　第六节　煤矿分布状态 437
　第七节　其他 472
　第八节　东蒙古重要煤田表 485
　第九节　东蒙古煤炭产量表 486
第四章　美国在热河的石油政策 489
第五章　热河油矿的实质 493

第二十七卷　华南沿海的电力事业调查
水沼博

序 499
第一章　近来中国的电力事业概况 503
第二章　近来华南沿海的电力事业概况 513
　第一节　福州电力公司 513
　第二节　厦门电灯公司 516
　第三节　开明电灯公司（汕头）518
　第四节　香港电灯公司 521
　第五节　广东电力公司 523
第三章　华南的电力事业一览 525
第四章　近来香港及广东方面的电力材料的供给概况 533
附录　中国大城市的大发电所的发电及营业状态 541

第二十八卷 长江流域城市金融调查

竹冈彦次郎

第一章 绪论 551
第二章 江苏省的金融 553
 第一节 上海的金融 553
 第二节 镇江的金融 571
 第三节 南京的金融 575
第三章 安徽省芜湖的金融 581
 第一节 金融机构 581
 第二节 货币 585
第四章 江西省的金融 585
 第一节 九江的金融 586
 第二节 赣省民国银行 586
 第三节 交通银行 587
 第四节 钱庄 588
第五章 湖北省的金融 599
 第一节 汉口的金融 599
 第二节 武汉的铜圆 635
 第三节 沙市的金融 647
 第四节 宜昌的金融 651
第六章 湖南省的金融 655
 第一节 长沙的金融机构 657
 第二节 岳州的金融机构 670
第七章 四川省的金融 675
 第一节 万县的金融及货币 675
 第二节 重庆的金融及货币 680
第八章 结言 695

第129册

昭和五年（1930）调查报告（第27期生）

第二十九卷　葫芦岛的港口建设问题
前田进

自序 3
第一章　绪论 11
第二章　地势 15
  第一节　葫芦岛的地位及满洲铁路概观 15
  第二节　葫芦岛的形势概观 23
第三章　葫芦岛港口建设的历史 35
  第一节　港口建设开始计划的时期 35
  第二节　港口建设工程断续的时期 40
  第三节　港口建设合同成立的时期 45
第四章　葫芦岛港口建设与东北的前途 51
  第一节　浦盐港 52
  第二节　大连港 53
  第三节　安东及营口港 57
  第四节　大连港、葫芦岛的比较 61
第五章　作为葫芦岛腹地的满蒙 64
  第一节　第一线 65
  第二节　第二线 76
  第三节　第三线 84
  第四节　东部内蒙古的情况 95
  第五节　葫芦岛与各城市的距离 101
第六章　结论 105

第三十卷　山西棉业调查
中岛弘

自序 119
第一章　山西省棉业情况 121
  第一节　概说 121
  第二节　产棉地 124
  第三节　山西棉花的历史与当局的奖励法 139
  第四节　棉花栽培及收获 153
  第五节　山西省棉籽情况 162
  第六节　山西省纺织情况 169
第二章　产地收购、金融及其他 175
  第一节　内地花行自身的计算 175
  第二节　中国商人从他处出差收购 177
  第三节　外国商社从他处收购 179
  第四节　金融（货款结算）181
  第五节　度量衡的差异 184
  第六节　各项费用、到达天津的价格 185
第三章　运往天津的运输机构及运输路线 189
  第一节　利用正太铁路的情况 190
  第二节　不利用正太铁路的情况 193
  第三节　铁路不通的情况下运出省外 195
  第四节　保险 198
  第五节　棉花相关的各种税金 199

第四章 运往天津的相关入市手续 205
 第一节 钞关及统捐局 205
 第二节 通关手续 206
 第三节 水汽检查 210
第五章 天津流通棉花与山西棉花的地位 229

第三十一卷 近来青岛的劳动情况
町野大辅

序 235
第一章 概说 241
第二章 政权转移与党部的历史 250
第三章 工会整理委员会与工人 258
第四章 纺织工厂的罢工 265
 第一节 纺织工厂的现状 266
 第二节 第一次工厂停工之前的情况 270
 第三节 第一次工厂停工及其结束 276
 第四节 第二次工厂停工及其结束 287
第五章 纺织工厂以外的罢工 301
 第一节 青岛火柴公司的罢工 301
 第二节 台东镇三家工厂的罢工 309
 第三节 和田木材加工所的罢工 323
第六章 各工厂停工后的情况 327
 第一节 中方的失业工人救济政策 327
 第二节 纠察队的暴行 335
 第三节 与劳动情况不符的中国报纸的歪曲事实及工整会的恶意宣传 341

第七章 劳动情况的将来 349

第三十二卷 满蒙羊毛
渊边元广

第一章 绪论 359
第二章 调查沿路养羊状况 361
 第一节 关东州的牧羊 361
 第二节 奉天 363
 第三节 郑家屯 367
 第四节 洮南 367
 第五节 泰来 373
 第六节 呼伦贝尔 375
 第七节 哈尔滨地区的牧羊 399
第三章 中国羊毛行情及变动情况 401
 第一节 概说 401
 第二节 天津市场的行情 403
 第三节 地方市场的羊毛行情 408
第四章 中国羊毛与美国的需求 419
 第一节 地毯的原料 419
 第二节 中国羊毛在美国市场的地位 420
 第三节 中国羊毛出口美国的方法 427
 第四节 出口美国的价格 429
 第五节 中国羊毛的品质及在美国的市价 432
 第六节 中国羊毛出口美国所需运费等费用 435
第五章 结论 436
附记 绵羊改良计划书概要 439

吉会沿线经济调查班

第三十三卷　对满洲的朝鲜人的政治研究

池田静夫

绪论 449
第一章　满洲的朝鲜人的现状 467
　第一节　朝鲜人的移居 467
　第二节　满洲的朝鲜人的现状 477
第二章　日本对满洲的朝鲜人的对策及设施 491
第三章　中国方面对于满洲的朝鲜人的态度 545
　第一节　历史性概观 545
　第二节　限制及压迫政策的真实情况 553
第四章　中国方面的态度为何如此（压迫的祸根）611
　第一节　本质的原因 613
　第二节　非本质的原因 624
　第三节　朝鲜人受压迫问题的将来 629
第五章　满洲的朝鲜人的根本性解决对策 631
　第一节　第一次的解决对策 631
　第二节　第二次的解决对策 639
第六章　满洲的朝鲜人的发展与日本的将来（结论）645

第 130 册

昭和五年（1930）调查报告（第 27 期生）

第三十四卷　英属马来对日本贸易状况

德冈照

第一章　绪论 3
第二章　本论 12

第三十五卷　广东的贸易

成田英一

第一章　贸易概况 59
第二章　税课 63
第三章　航运业 63
第四章　外国商品的贸易 69
第五章　国产商品的贸易 76
第六章　内地出入贸易 81
第七章　金融 82
第八章　旅客 83
第九章　药土 84
第十章　杂项 84
第十一章　常关 86
　第一节　航运业 87
　第二节　进口 90
　第三节　出口 95
　第四节　杂项 96

第十二章　近三年间贸易总览 99
第十三章　日本商品的广东港进口系统 99
第十四章　日本商品在广东市场的地位 100
第十五章　近三年广东港重要进出口、运出入商品额报告 103

巴蜀岷湾流域经济调查班

第三十六卷　四川省的猪鬃调查

中滨三郎

第一章　概说 137
第二章　生产状况 137
第三章　类别 139
第四章　关于原毛获取 142
第五章　制造工程 144
第六章　包装方法 150
第七章　出口状况 151

第三十七卷　江苏、四川、湖北的蚕丝业

宇敷正章

第一章　中国蚕丝业的趋势 169
　第一节　总说 169
　第二节　主要的养蚕地区 179

发送地 631

第十章　天津运出与郑州运出的比较及其将来 636

第十一章　棉花及其他农作物的收成 644

第十二章　棉花及其他农作物的收益比较 648

第十三章　各集散地的收购方法及交易习惯 658

第十四章　各集散地的运输方法 672

第十五章　各集散地运至天津的原价 679

第十六章　各集散地与天津市场的通信联络 683

第十七章　主要集散地的状况 684

第十八章　山西省内纺织情况 704

第十九章　结论 707

第131册

昭和五年（1930）调查报告（第27期生）

平津班

第四十一卷　山西产天然木炭

山下一

第一章　什么是天然木炭 7

第二章　产地地域 10

第三章　产地的地势及地质 11

第四章　炭质 19

第五章　气候 21

第六章　交通 25

第七章　开采现状 31

第八章　火炭的组成及出炭量 37

第四十二卷　粤汉铁路沿线经济调查班贸易调查

山中秀宣

序 51

第一章　绪论 53

第二章　汉口港的贸易概况 62

　第一节　绪言 62

　第二节　1927年度汉口贸易概况 63

　第三节　1928年度汉口贸易概况 91

　第四节　1929年度汉口贸易概况 113

第三章　长沙港贸易概况 134

　第一节　绪言 134

　第二节　1928年度长沙港贸易年报 135

　第三节　长沙的英商与日商的营业状况比较 141

第四章　广东港贸易概况 149

　第一节　绪言 149

　第二节　1928年度广东港贸易概况 149

第五章　结论 174

粤汉铁路沿线经济调查班

第四十三卷　武汉英资企业的趋势

柿田琢磨

第一章　金融投资业的实际状况 183

　第一节　汇丰银行 184

　第二节　麦加利银行 186

　第三节　中英公司 189

　第四节　北京银公司 190

　第五节　华中铁路公司 191

　第六节　宝林公司 192

　第七节　大成公司 192

　第八节　英国工业技术协会 193

第二章　海运业的实际状况 194

　第一节　英国船舶的出入状况 194

第二节 运输机构目前的形势 204

第三章 制造工业的现状 215

 第一节 棉花压榨工厂 215

 第二节 烟草制造业 217

 第三节 蛋粉及冻鸡蛋制造工业 220

 第四节 桐油加工工业 223

 第五节 制冰及清凉饮料制造工业 224

 第六节 制茶工业 226

 第七节 电灯电力事业 227

 第八节 英中合办事业的现状 228

华北港湾情况调查班

第四十四卷 华北各港口的仓储业
贵堂贞三

第一章 序言 237

第二章 青岛的仓储业 241

 第一节 埠头仓库 241

 第二节 交易所附属仓库 257

 第三节 山东仓库 263

第三章 大连的仓储业 269

 第一节 满铁仓库 271

 第二节 市区仓库 323

第四章 天津的仓储业 345

 第一节 大连汽轮公司分公司仓库 348

 第二节 国际运输公司天津办事处仓库 353

 第三节 其他的仓库 354

第五章 结言 355

第四十五卷 对华北各港口搬运苦力的调查
牛岛俊作

凡例 363

第一章 绪说 369

第二章 大连的搬运苦力 381

第三章 天津的搬运苦力 401

 第一节 苦力的组织 401

 第二节 苦力的种类 406

 第三节 苦力的数量 407

 第四节 埠头、市区间的搬运苦力 411

 第五节 停车场的苦力 417

第四章 青岛的搬运苦力 420

第五章 芝罘的搬运苦力 432

第六章 龙口的搬运苦力 440

第七章 营口的搬运苦力 445

第八章 旅顺的搬运苦力 453

第九章 安东的搬运苦力 455

第十章 代替结论——对于华北各港湾苦力劳动运动及劳动问题的考察 457

胶济驻扎班

第四十六卷　青岛港贸易概况

矢野治邦

第一章　总贸易额 505
第二章　关税收入 508
第三章　出入船舶 510
第四章　对外直接贸易 514
第五章　进口、运入贸易 517
　第一节　进口、运入外国商品 517
　第二节　运入中国商品 519
　第三节　内地贸易 521
　第四节　主要进口、运入商品的解说 524
第六章　出口、运出贸易 573
　第一节　概况 573
　第二节　主要出口、运出商品的解说 575

第132册

昭和五年（1930）调查报告（第27期生）

第四十七卷　中国农村的分析及广东省农民运动
熊谷林之助

序言 3

第一章　中国农村的分析 11
　第一节　中国农村的封建性质 11
　第二节　原始的资本主义 36
　第三节　外国资本与中国农村经济 48
　第四节　农民与土地问题 59
　第五节　中国本土资本主义与农民运动 94

第二章　中国革命与农民运动 107
　第一节　中国革命的特性与农民的地位 107
　第二节　中国国民党的农民政策 123
　第三节　农民协会 139

第三章　广东省的农民运动 182

四川陕西经济调查班

第四十八卷　成都的中文报纸
岛津真三郎

凡例 211
第一章　序说 217
第二章　历史 219
第三章　与军阀的关系 222

第四章　各中文报纸目前的形势 226
　第一节　总说 226
　第二节　《国民公报》229
　第三节　《四川日报》231
　第四节　《成都快报》233
　第五节　《新川报》235
　第六节　《新四川日刊》237
　第七节　《民力日报》239
　第八节　《商联日报》241
　第九节　《大同晚报》243
　第十节　《蜀声日报》245
　第十一节　《国民日报》247
　第十二节　《醒民日报》249
　第十三节　《明是日报》251
　第十四节　《庸报》253
　第十五节　《日邮新闻》255
　第十六节　《新新新闻》257
　第十七节　《蜀镜画报》259
　第十八节　《平报》261
　第十九节　《四川民报》263
　第二十节　《四川晨报》265
　第二十一节　《两角新闻》267
　第二十二节　《报报》269

第四十九卷　湖南、广东的汽车交通
坂口久

序 273

第一章　绪论 283
第二章　湖南省 285
　　第一节　总论 285
　　第二节　陆路交通 285
　　第三节　汽车道路的现状 287
　　第四节　湖南全省公路局的成立及汽车道路建设工程计划 292
第三章　广东省 301
　　第一节　总论 301
　　第二节　陆路 302
　　第三节　汽车道路 317
　　第四节　广东建设厅东路公处管理汽车道路状况 351

胶济驻扎班

第五十卷　关于山东省的落花生及花生油
伏屋干男

第一章　关于山东省的落花生 391
第二章　绪言 391
　　第一节　产地及产额 393
　　第二节　播种、收获、流通期 394
　　第三节　收购 396
　　第四节　包装 399
　　第五节　品质 400
　　第六节　脱壳 407
　　第七节　流通状况及运费等各项费用 408
　　第八节　捆包状况 408
　　第九节　集散状况、出口、运出额及价格 409
　　第十节　青岛及芝罘的落花生出口统计 412
　　第十一节　同行的定级及其他协定事项 417
　　第十二节　关于济南的花生米 420
第三章　关于山东省的花生油 425
　　第一节　榨油 425
　　第二节　花生油的精制 435
　　第三节　花生油的品质 436
　　第四节　花生油的成分 438
　　第五节　花生油的品质鉴定 439
　　第六节　花生油的用途 441
　　第七节　青岛落花生的流通路线 442
　　第八节　花生油市价的形成方法及包装体积 444
第四章　交易习惯 447
　　第一节　总体收购状况 447
　　第二节　市场收购与产地收购的利害 449
　　第三节　大汶口的交易状况 450
　　第四节　济南的交易状况 453
　　第五节　青岛的交易状况 455
　　第六节　青岛的落花生经营商 465
　　第七节　花生粕 470
　　第八节　关于广东帮及青岛帮 473
第五章　结论 477

第五十一卷　山西、绥远的药材调查
村田季雄

绪言 481

第五十五卷 吉林省的林业
左近允武夫

第一章 绪言 271
 第一节 森林的分布 277
 第二节 森林面积及其蓄积量 277
 第三节 树种、材质及用途 280
 第四节 采伐量 291
 第五节 集散及贸易 297
 第六节 供求状况 331

第二章 总论 333
 第一节 满蒙林业资源 333
 第二节 吉敦沿线木材 347
 第三节 敦化的木税 353
 第四节 敦化近来的市况 355
 第五节 官银号 359
 第六节 吉会线的开通 366
 第七节 吉林木材的生产费 375
 第八节 吉林木材的出口 383
 第九节 吉林的出材数量 388
 第十节 吉林木材的交易所需相关费用 389
 第十一节 松花江运输木材 392

第三章 结论 397

四洮洮昂沿线经济调查班

第五十六卷 中部满洲的金融市场
浦敏郎

第一章 满洲的货币及金融 409
 第一节 货币 409
 第二节 货币交易 420
 第三节 银行及金融 422

第二章 四洮洮昂沿线的金融情况 443
 第一节 四平街 443
 第二节 郑家屯 448
 第三节 洮南 450
 第四节 齐齐哈尔 453

滦河辽河经济调查班

第五十七卷 东蒙古城市调查
桥本义雄

第一章 唐山 477
 第一节 位置及历史 478
 第二节 户数及人口 479
 第三节 各机构及公署 480
 第四节 贸易（进出口、运出入商品）481
 第五节 工业 482
 第六节 市区概观及名胜 492
 第七节 交通 493

第二章 遵化 495
 第一节 位置及地势 495
 第二节 户数及人口 495
 第三节 市区概况 495
 第四节 市况 496
 第五节 交通 497

第三章 宽城 499
 第一节 位置及状况 499
 第二节 户数及人口 499
 第三节 行政机构 499
 第四节 商业 499
 第五节 交通 502

第四章 平泉 505

第一节　位置、历史、地势 505

第二节　户数及人口 506

第三节　贸易 508

第四节　警察官的配置 515

第五节　各机构 516

第五章　自平泉至赤峰的主要镇 521

第一节　黄土梁子 521

第二节　五十家子 521

第三节　双庙 521

第四节　楼子庙（二道河子）522

第六章　赤峰 525

第一节　位置、地势 525

第二节　历史 525

第三节　气候 527

第四节　地质 530

第五节　户数及人口 531

第六节　交通 532

第七节　市区的概观 535

第八节　市政、官府公廨及其他各机构 536

第九节　人情及宗教 537

第十节　货物集散概况 538

第十一节　商业 540

第十二节　工业 543

第十三节　金融货币 546

第十四节　日用品价格 547

第七章　赤峰、开鲁之间的镇 553

第八章　开鲁 562

第一节　位置、历史 562

第二节　气候 562

第三节　人口及户数 562

第四节　交通 563

第五节　市区的概况 565

第六节　官府公廨及其他各机构 566

第七节　宗教 566

第八节　商业 566

第九节　工业 572

第十节　金融 574

第十一节　各机构 574

第九章　通辽（白音太来）577

第一节　位置、历史 577

第二节　气候及卫生 578

第三节　人口及户数 583

第四节　交通 584

第五节　市区的概观 585

第六节　官府公廨及各机构 585

第七节　货物集散概况 586

第八节　工业 588

第九节　农业 589

第十节　工商概览 590

第十章　辽源（郑家屯）609

第一节　位置及地势 609

第二节　历史 609

第三节　气候及卫生 614

第四节　户数及人口 618

第五节　交通 619

第六节　官府公廨及各机构 622

第七节　工商概览 627

第 134 册

昭和五年（1930）调查报告（第 27 期生）

正太沿线山西北部调查班

第五十八卷　正太沿线山西北部羊毛的调查

数村吉之助

序 3
第一章　绪言 11
第二章　中国羊毛概论 13
　第一节　中国羊毛的产地 13
　第二节　中国羊毛的产额 15
　第三节　中国羊毛的种类 17
　第四节　中国羊毛的品质及其鉴定标准 19
　第五节　中国羊毛的出口额 23
　第六节　中国羊毛的市价 25
　第七节　中国在世界羊毛市场的地位 27
第三章　本论 31
　第一节　天津的羊毛 31
　第二节　山西省大同的羊毛 67
　第三节　绥远省的羊毛 68
　第四节　张家口的羊毛 89
第四章　结论 129

东蒙古经济调查班

第五十九卷　东蒙的畜牧

根岸孝彦

第一章　绪论 143
第二章　东蒙的畜牧业的发展趋势 146
　第一节　未开放地区 146
　第二节　开放地区 149
　第三节　奈曼旗一带地区 151
第三章　东蒙的畜类概说 154
　第一节　马 154
　第二节　牛 160
　第三节　羊 161
　第四节　骆驼 162
　第五节　骡、驴 164
　第六节　狗 165
第四章　家畜数 167
第五章　家畜饲养法总论 173
第六章　家畜饲养法分论 177
　第一节　交配及分娩 177
　第二节　种畜与去势 180
　第三节　死因 182
　第四节　牧草 185
第七章　东蒙的畜牧业改良事项 189
　第一节　东蒙畜牧业衰退的原因 190
　第二节　东蒙畜牧业改良方案 195
第八章　畜类的交易习惯 211
　第一节　总论 211

第二节　分论 213
　　第三节　兽毛皮的利用方法及交易 222
第九章　结论 232

第六十卷　东蒙古及北满的羊毛及皮革

田添正嗣

自序 249
第一章　总论 252
第二章　满蒙羊毛论 268
　　第一节　中国产羊毛 268
　　第二节　满蒙的羊毛 277
　　第三节　满蒙的羊毛集散市场 299
第三章　羊皮论 325
　　第一节　绪论 325
　　第二节　赤峰鞣革业 349
　　第三节　市场概观 351
第四章　结论 364

华南港湾情况调查班

第六十一卷　以对日贸易为中心的华南沿海各港口的贸易调查

池江善治

第一章　总说 379
第二章　华南各港口的贸易状况 381
　　第一节　福州（福建省）381
　　第二节　厦门（福建省）408
　　第三节　香港（英属）438
　　第四节　广东（广东省）472
第三章　结论 500

西桂湘流域调查班

第六十二卷　广东市场的土煤地位：关于狗牙洞煤矿

山崎长五郎

序 507
第一章　广东省的煤炭产地 509
第二章　广东市场的煤炭 515
　　第一节　广东市场的进口煤炭 515
　　第二节　广东市场的土煤展望 519
第三章　关于狗牙洞煤矿 523
　　第一节　历史 523
　　第二节　位置 525
　　第三节　地质 525
　　第四节　煤层 526
　　第五节　煤质 526
　　第六节　矿石产量 529
　　第七节　工程状况 530
　　第八节　现在的机器 530
　　第九节　运输情形 531
　　第十节　计划办法 532
　　第十一节　结论 543
第四章　广西锰矿的原价核算 545
　　第一节　概说 545
　　第二节　广西的矿业 551
　　第三节　广西锰矿在中国的地位 557
　　第四节　原价核算 567

第六十三卷　北满贸易调查

冈村贞一

第一章　总说 583

第一节　贸易的发展状况 583

第二节　北满贸易的现在及将来 593

第二章　进出口、运出入贸易 595

第一节　概说 595

第二节　战前及战时的贸易状况 596

第三节　现在的贸易状况 600

第三章　重要进出口商品 603

第一节　概说 603

第二节　主要出口商品 603

第三节　主要进口商品 620

第四章　重要的出口商品、运费核算表 657

第一节　大豆 658

第二节　豆粕的运费及各项费用 663

第三节　小麦的运费及各项费用 669

第四节　重要出口商品关税一览表 673

第 135 册

昭和五年（1930）调查报告（第 27 期生）

四洮洮昂沿线经济调查班

第六十四卷　满洲的交易所及钱钞市场

村山达太郎

第一章　绪论 7
第二章　满洲的钱钞市场及银价 13
第三章　钱钞市场 16
　第一节　历史 16
　第二节　组织及机构 18
　第三节　交易物件 20
　第四节　交易人 22
　第五节　买卖交易及其他方法 24
　第六节　交易量 28

第四章　银价 31
　第一节　银价变动的主要材料 32
　第二节　大连灵通人士的内情 33

第五章　满洲的一般交易所（官营）34
　第一节　历史 35
　第二节　交易所的组织 35
　第三节　交易人 36
　第四节　买卖交易方法 39
　第五节　交易类别 44
　第六节　交易方法 51
　第七节　交割及违约赔偿方法 53
　第八节　交易量及交割量 54
　第九节　担保公司 63

第六十五卷　华南商埠地区的货币及金融机构

青山清

序 81
第一章　福州的货币及金融机构 85
　第一节　货币 85
　第二节　金融机构 97
第二章　厦门的货币及金融机构 103
　第一节　货币 103
　第二节　金融机构 106
第三章　广东的货币及金融机构 109
　第一节　货币 109
　第二节　金融机构 116
第四章　香港的货币及金融 123
　第一节　货币 123
　第二节　金融 126

哈尔滨市驻扎班

第六十六卷　以哈尔滨为中心的北满面粉加工业

大屋保义

第一章　北满的小麦 135
　第一节　作为小麦耕作地的北满 135
　第二节　北满小麦的品质 137
　第三节　北满小麦的产额 140

第二章　北满的面粉加工业 143
　第一节　梗概及历史 143
　第二节　面粉加工业的现状 154
　第三节　面粉加工业经营状况 161
　第四节　面粉的品质 178
　第五节　面粉的交易习惯 183
　第六节　面粉的出口及运费 189

第六十七卷　华北各港口的航运
渡部修三

第一章　青岛 209
　第一节　青岛港概说 209
　第二节　青岛港的海运 215
第二章　芝罘 224
　第一节　芝罘港概说 224
　第二节　芝罘港的海运 228
第三章　龙口 235
　第一节　龙口港概说 235
　第二节　龙口港的海运 241
第四章　大连 247
　第一节　大连港概说 247
　第二节　大连港的海运 255
第五章　营口 267
　第一节　营口港概说 267
　第二节　营口港的海运 273
第六章　秦皇岛 279
　第一节　秦皇岛港概说 279
　第二节　秦皇岛港的海运 285
第七章　天津 290
　第一节　天津港概说 290
　第二节　天津港的海运 296

第六十八卷　满蒙交界地区的主要物产集散状况
中马靖友

第一章　总论 319
第二章　打通线的特产运输状况 323
　第一节　打通线概观 323
　第二节　以通辽为中心的地方特产集散状况 329
第三章　四洮铁路及郑通支线的特产运输状况 387
　第一节　郑通支线 389
　第二节　四洮铁路的货物集散状况 396
第四章　洮昂铁路的特产运输状况及货物集散状况 431
　第一节　洮昂铁路沿线的经济价值及现状 431
　第二节　洮昂线货物集散状况 439
　第三节　洮昂线昂昂溪的货物集散状况 444
　第四节　齐克线的现状及经济状况 448
第五章　结论 451

第六十九卷　山东省煤炭调查
中崎强

序说 459
第一章　山东省的煤炭 461
　第一节　山东煤田概况 461
　第二节　博山煤矿 483
　第三节　淄川煤矿 495
第二章　山东煤业相关机构 515
　第一节　鲁大公司 515

第二节　青岛埠头 525
第三章　结论 529

第七十卷　关于满洲的纸类需求及制造状况

芝国重

第一章　绪言 541
第二章　满洲的纸类需求状况 545
　第一节　生产状况 545
　第二节　进口状态 547
　第三节　满洲的纸类及纸浆的供求状况 569
　第四节　运输状况 576
　第五节　进口关税 579
　第六节　交易方法 583
　第七节　大连地区的需求状况 589
第三章　满洲的造纸状况 591
　第一节　新式机械造纸工业 592
　第二节　旧式造纸业 621
　第三节　高粱纸浆 633
　第四节　高粱纸浆的将来 639
第四章　结论 645

第136册

昭和五年（1930）调查报告（第27期生）

第七十一卷　农村自治
泽登誉

第一章　绪论 9
第二章　农村自治的编制 15
第三章　村民会议及各种机构 27
　第一节　村民会议 27
　第二节　村公所 31
　第三节　息讼会 33
　第四节　村监察委员会 41
　第五节　村禁约 46
第四章　村及村长副、间邻长 51
　第一节　村 51
　第二节　村长副、间邻长 59
第五章　农村自治的事业 93
　第一节　保卫 93
　第二节　整理村范 102
　第三节　教育 114
　第四节　积谷 117
　第五节　卫生 119
　第六节　水利、植棉、植树 122
　第七节　其他的事业 125
第六章　结论 133

第七十二卷　华南海产调查
桑岛泰雄

第一章　中国的海产交易 149
　第一节　总说 149
　第二节　海参 165
　第三节　贝柱、干鱿鱼 181
　第四节　淡菜、干蚝、干蛤 187
　第五节　干虾 191
　第六节　昆布及石花菜 193
　第七节　鱼翅 197
　第八节　新海产 201
第二章　浙江省的渔业及交易状况 215
　第一节　浙江省的渔业 215
第三章　福建省的渔业及交易状况 223
　第一节　总说 223
　第二节　福州 227
　第三节　福建省其他地区的渔业实际状况 235
第四章　广东省的渔业及交易状况 241
　第一节　总说 241
　第二节　汕头 242
　第三节　香港的水产调查 249
　第四节　澳门及台山县的海产状况 285
　第五节　以广州市为中心的海产交易 287
第五章　结论 289

吉会沿线经济调查班

第七十三卷　间岛的水田
梅田洁

第一章　绪言 301

第二章　间岛与水田 307
　第一节　历史 307
　第二节　间岛水稻种植的优劣点 311
　第三节　自然要素与水田 315
　第四节　朝鲜农民的习性及其政治
　　　　　影响 322

第三章　水田经营的状况 327
　第一节　水田分布状况及种植面积、
　　　　　生产量 327
　第二节　品种 333
　第三节　开田方法及其所需劳力 337
　第四节　耕种方法及病虫害 343
　第五节　水田耕作的经济 347

第四章　朝鲜人问题与水田 355
　第一节　朝鲜农民的户数及人口 355
　第二节　朝鲜农民的土地所有法 362
　第三节　地价之低廉 365
　第四节　佃农的生活 366
　第五节　自耕农的生活 371
　第六节　卖青苗的弊害 374
　第七节　自耕农的创定 377
　第八节　金融机构的创立 379
　第九节　朝鲜人迁入的减少 381
　第十节　中国官府对朝鲜农民的
　　　　　压迫 383

第五章　结言 394

平津经济调查班

第七十四卷　天津地毯情况
久重四郎

第一章　绪言 407

第二章　总说 411
第三章　地毯的历史 414
　第一节　地毯工业的历史 414
　第二节　北京的地毯工业 418
　第三节　天津的地毯业 419
　第四节　地毯的海外市场 420

第四章　天津出口贸易与天津地毯 422
第五章　制造区域 431
第六章　工业组织 442
　第一节　总说 442
　第二节　天津的工业组织 443

第七章　资本、机数、生产额 452
第八章　制造工程 462
　第一节　总说 462
　第二节　原毛的整理 462
　第三节　毛线 466
　第四节　染色 474
　第五节　化学洗涤 482
　第六节　染色与毛线的关系 485
　第七节　图案 487
　第八节　织造 489

第九章　地毯的销售 497
　第一节　天津地毯的分类 497
　第二节　天津地毯的品质 503
　第三节　销售 504

第十章　地毯工人 522
　第一节　总说 522
　第二节　熟练工、普通工 524
　第三节　雇佣条件 530
　第四节　徒弟 546
　第五节　徒弟的条件 553

第十一章　劳资组织 556
　第一节　地毯同业工会 556
　第二节　劳动者联盟 558
第十二章　结言 562

第七十五卷　华南沿海、法属印度支那港湾调查
蜂谷贞雄

绪言 571
第一章　福州 575
　第一节　历史 575
　第二节　地势及位置 575
　第三节　闽江改修问题 578
　第四节　费用的收支 583
第二章　厦门 586
　第一节　形势 586
　第二节　水深及锚地 587
　第三节　潮流 588
　第四节　厦门及鼓浪屿 589
　第五节　厦门港的历史 589
　第六节　港内的设备 592
第三章　汕头 596
　第一节　位置及港湾情况 596
　第二节　港内的设备 598
　第三节　船舶出入港数 602
　第四节　汕头的港口建设 603
　第五节　汕头的排外热 605
第四章　广东 609
　第一节　历史 609
　第二节　广东港的一般性特征 609
　第三节　广东航线 610
　第四节　黄埔港港口建设问题 611

第五章　结论 613
第六章　法属印度支那港湾情况 617
　第一节　远洋运输 617
　第二节　沿岸运输 619
　第三节　主要贸易港 633
　第四节　印度支那内地水运 640
第七章　结论 645

第七十六卷　北平木业调查
永安文三

第一章　绪言 649
第二章　北平木料的来源 653
第三章　北平附近所产的木料 655
第四章　木业各行的近况 657
第五章　木材商 659
第六章　硬木桌椅行 663
第七章　中外桌椅行 665
第八章　建筑公司 669
第九章　桅厂 673
第十章　车铺 679
第十一章　旧桌椅铺 681
第十二章　出赁桌椅铺 683
第十三章　其他各种木业 685
第十四章　各行公会及公会的状况 687
第十五章　结语 691

第七十七卷　天津的玻璃制品
陈济昌

第一章　绪言 697
第二章　进口状况 699
第三章　日本商品的地位 713
第四章　需求状况 717

第一节　京津一带 717
　第二节　西北路 718
　第三节　东路 718
　第四节　津浦路 718
　第五节　河南帮 718
第五章　制造状况 721
　第一节　天津的工厂 721
　第二节　天津附近的工厂 726

第六章　交易方法 731
　第一节　日本商品 731
　第二节　上海商品 733
　第三节　外国商品 734
　第四节　当地制品 735
第七章　日本商品销路拓展上的注意事项 743
第八章　结言 746

第 137 册

昭和五年（1930）调查报告（第 27 期生）

华南沿海、法属印度支那经济调查班

第七十八卷　教育调查

小林钞

第一章　福州的教育概况
　　　　（外国人经营的学校）7
第二章　厦门的教育概况 21
第三章　汕头的教育概况 27
第四章　台湾总督府管辖下的华南沿海各地区的学校状况一览表 33
第五章　广东的教育概况 35
　第一节　学校教育 35
　第二节　女子教育 39
　第三节　社会教育 41
　第四节　省政府的教育设施 48
　第五节　学生的党化 55
　第六节　学生的排外运动 61
　第七节　学生的日本研究热 68
　第八节　结论 71
第六章　香港的教育概况 77
第七章　法属印度支那的法国政府教育方针 147
第八章　新加坡的英国政府教育方针及教育概况 149

第七十九卷　山西省义务教育现状

森田藤治

第一章　绪论 159
第二章　本论 163
　第一节　开展义务教育的经过 163
　第二节　实施义务教育的相关规程 165
　第三节　现在的实际状况 178
　第四节　将来的计划 262
第三章　结论 267

第八十卷　华南蚕丝业调查

市川信治

第一章　绪论 275
第二章　养蚕业 277
　第一节　起源 277
　第二节　养蚕地区的概况 279
　第三节　桑叶 287
　第四节　蚕种 288
　第五节　养蚕法 290
　第六节　茧 292
第三章　缫丝业 301
　第一节　缫丝业的历史 301
　第二节　工厂的分布 304
　第三节　工厂的设备 319
　第四节　工厂的燃料及用水 322
　第五节　工厂的管理人员及职工 324
　第六节　缫丝女工 325
　第七节　缫丝法 329

第八节　产品的整理 334

第九节　工厂的经营 336

第四章　生丝贸易 348

第一节　广东生丝的品质及定级 348

第二节　广东生丝市场 355

第三节　出口手续 370

第四节　生丝出口状况 385

第五章　广东蚕丝业及其他行业的关系 389

第六章　广东蚕丝业的现在及将来 399

第八十一卷　广东的学校教育

辻桥佑吉

第一章　总说 409

第二章　政府的教育方针 411

第三章　学费 417

第四章　教育制度 419

第五章　小学暂行条例摘要 421

第六章　中学暂行条例摘要 426

第七章　教授课程 430

第八十二卷　华北重要城市教育调查

吉田九郎

第一章　学校教育的要义 504

第二章　中国教育不发达的原因 517

第三章　天津的教育状况 525

第四章　北平的教育状况 549

第五章　山海关的教育状况 553

第六章　锦州的教育状况 553

第七章　新民县的教育状况 555

第八章　奉天省的教育概况 559

第九章　战后的中国教育 565

第十章　应将学校教育设施集权化还是分权化 567

第十一章　职业指导与小学 571

西桂经济调查班

第八十三卷　广州市市政调查

长谷川信吉

序言 585

第一章　广州市的位置及其概况 589

第二章　广州市的气候 592

第三章　广州市的面积及其分配 595

第四章　广州市的人口、居民性质及其分类 605

第五章　中国的市政进步状况及广州市政 613

第六章　广州市政机构的组织 623

第七章　治安 637

第八章　卫生 647

第九章　教育 655

第十章　财政 661

第十一章　交通 679

第十二章　经济 687

第十三章　广州市暂行条例 703

第十四章　广州市政府施政计划书 719

第138册

昭和五年（1930）调查报告（第27期生）

第八十四卷　华南沿海法属印度支那谷物调查
金田一郎

第一章　序说 5
第二章　华南的需求状况 13
第三章　法属印度支那的供求状况 47
第四章　英属马来的供求状况 70
　第一节　概说 71
　第二节　生产状况 75
　第三节　进口状况 86
　第四节　出口状况 90
　第五节　消费状况 95
　第六节　英属马来的稻作企业 97

第八十五卷　长江流域各省农村经济与农民运动
镰田龙男

第一章　江苏省农民问题 121
　第一节　江苏省佃租问题 121
　第二节　结言 140
　第三节　江苏宜兴的农村经济与农民运动的真正原因 142
第二章　江西的农村经济与农民运动 163
　第一节　江西农民的经济地位 163
　第二节　革命前的农民运动 174
　第三节　革命后的农民运动 177
　第四节　结言 198
第三章　湖北的农村经济与农民运动 203
　第一节　湖北农民的经济地位 203
　第二节　革命前的农民运动 219
　第三节　革命后的农民运动 231
第四章　湖南省的农民运动 247
　第一节　湖南农民阶层的社会性机构 247
　第二节　革命后的农民运动 248
第五章　四川农村问题 257
　第一节　绪言 257
　第二节　成都平原的农村经济状况 259
　第三节　结言 314

华南沿海经济调查班

第八十六卷　华南沿海各城市的城市规划
元木数雄

第一章　序说 323
第二章　中国古代的城市 333
第三章　中国市政的进步发展 336
第四章　中国城市规划相关法规 347
　第一节　特别市职务规定 347
　第二节　市组织及权限 350
　第三节　评论 361

第五章　各地城市规划分论 365
    第一节　福州市 365
    第二节　厦门市 373
    第三节　汕头市 383
    第四节　广州市 389

第八十七卷　青岛市城市情况调查
高桥宏

第一章　德国的占领 439
第二章　日本占领时代 441
第三章　无条件归还 442
第四章　市区的状况 443
第五章　上下水道与道路 445
第六章　电灯工程 450
第七章　各行政机构 451
第八章　交通 458
    第一节　陆上交通 458
    第二节　山东铁路 459
    第三节　港湾设备 463
    第四节　海上交通 471
第九章　通信机构 474
    第一节　电信 474
    第二节　无线电信 475
    第三节　电话 475
第十章　学校、图书馆 476
第十一章　医疗机构 479
第十二章　公益机构 481
第十三章　工商业 483
第十四章　青岛港贸易的消长 491
第十五章　关于青岛将来的个人见解 503

第八十八卷　成都及以成都为中心的汽车公路
友添健策

绪论 507
第一章　成都市内道路的改建 509
第二章　以成都为中心的汽车公路 514

第八十九卷　以上海为中心的远洋汽轮航线
松尾博实

第一章　绪论 527
第二章　总论 529
第三章　中国航海业界现在的状况 530
第四章　中国航海业不景气的原因 537
第五章　中国汽轮的积极对策 546
第六章　本国船主义 549
第七章　上海将成为怎样的商业地区 553
第八章　以上海为中心的航线网 556
第九章　远洋航线及从事远洋航线的汽轮公司 563
    第一节　日本邮船公司（日本）563
    第二节　大阪商船公司（日本）582
    第三节　山下汽轮公司（日本）587
    第四节　川崎汽轮公司（日本）587
    第五节　太平洋轮船公司（美国）589
    第六节　英印轮船公司（英国）591
    第七节　彼阿轮船公司（英国）592
    第八节　加拿大太平洋轮船公司（英国）593
    第九节　中国邮船公司（美国）596

第十节　印度支那航业公司
　　　　（英国）596
第十一节　法国邮船公司（法国）597
第十二节　青简线（英国）598
第十三节　爪哇、中国、日本线
　　　　（法华公司）601
第十四节　荷兰东亚线（荷兰）602
第十五节　中国航业公司（英国）602
第十六节　纽约轮船公司（美国）603
第十七节　达拉轮船公司（美国）604
第十八节　峡谷线 606
第十九节　提督轮船公司（美国）608
第二十节　茂生洋行（美国）608
第二十一节　中国太平洋公司
　　　　（美国）608
第二十二节　瑞典东亚公司
　　　　（瑞典）609
第二十三节　新其昌洋行（英国）610
第二十四节　意大利邮船公司
　　　　（意大利）611
第二十五节　洛杉矶太平洋航业公司
　　　　（美国）612
第二十六节　福来轮船公司
　　　　（美国）612
第二十七节　美国炼钢公司
　　　　（美国）613
第二十八节　新安公司（中国）613
第二十九节　亚洲煤油公司
　　　　（英国）613
第三十节　美孚煤油公司（美国）613
第三十一节　东亚公司（丹麦）614
第三十二节　捷克斯洛伐克
　　　　（捷克）614
第三十三节　三井物产公司
　　　　（日本）614
第三十四节　宝恩公司轮船
　　　　代理部 614
第三十五节　美满线 615
第三十六节　艾拉蒙线 615
第三十七节　贝恩线（英国）616
第三十八节　内外海运公司
　　　　（日本）616
第三十九节　巴勒线 617
第四十节　葡国邮船公司
　　　　（葡萄牙）617
第四十一节　蓝星线 617
第四十二节　美国东亚线 618
第四十三节　汉堡亚美利加线 618
第四十四节　北德洛伊德公司
　　　　（德国）619
第四十五节　尼德兰皇家邮政航线
　　　　及鹿特丹劳埃德皇家
　　　　邮政航线（荷兰）620
第四十六节　库特拉利安东方线 621
第四十七节　香港、上海线 621

第十章　出入货物 622

第十一章　近十年出入上海港的外国及
　　　　沿岸航路船舶艘数、吨数
　　　　统计 628

第十二章　上海港及船舶出入海关
　　　　手续及其他 633

第十三章　新关税率 641

第十四章　新关税率实施与贸易的
　　　　未来展望 642

第九十卷　以上海为中心的长江流域的菜种情况

三吉泷雄

第一章　总论 653

第二章　产地及产额 657

第三章　品质及种类 660

第四章　交易情况 674

　　第一节　芜湖的菜种情况 678

　　第二节　苏州的菜种情况 688

　　第三节　平湖的菜种情况 693

　　第四节　常熟的菜种情况 696

　　第五节　温州的菜种情况 698

　　第六节　浦东的菜种情况 699

　　第七节　宁波的菜种情况 700

　　第八节　同里的菜种情况 700

　　第九节　南京的菜种情况 701

　　第十节　九江的菜种情况 701

　　第十一节　汉口的菜种情况 703

　　第十二节　上海的菜种情况 707

第五章　中国菜种的将来 715

第139册

昭和六年（1931）调查报告（第28期生）

河北东三省游历班

第一卷　北满的中国人交易所

横田芳郎　森山宣夫　宇垚多命英

绪言 5

第一章　哈尔滨交易所 8
 第一节　滨江粮食交易所 8
 第二节　滨江货币交易所 89
 第三节　近来的状况 112
 第四节　军阀与交易所 116
 第五节　特产与哈大洋的关系 119

第二章　通辽交易所 124
 第一节　历史 124
 第二节　组织 125
 第三节　交易规定 126

第三章　安达站粮食交易所 139

第四章　长春及吉林的货币市场 148

第五章　昂昂溪、双城堡及其他特产交易市场 155

第六章　结论 157

黑龙江省游历班

第二卷　齐齐哈尔腹地的商业情况（附黑龙省农田调查）

高桥武雄　草野丰　石崎光　诸富好一
三木善吉　山口正助

第一章　泰安镇、克山地区 167
 第一节　泰安镇商业情况 167
 第二节　通南镇商业情况 210
 第三节　通宽镇商业情况 213
 第四节　西成镇商业情况 214
 第五节　克山县城商业情况 217
 第六节　北兴镇商业情况 229
 第七节　德都镇商业情况 235
 第八节　克东县城商业情况 242
 第九节　拜泉县城商业情况 246

第二章　嫩江街道及甘南地区 249
 第一节　拉哈站商业情况 249
 第二节　讷河县城商业情况 265
 第三节　布西县城商业情况 280
 第四节　嫩江县城商业情况 291
 第五节　甘南县城商业情况 300
 第六节　东阳县商业情况 309

第三章　绪言 317

第四章　关于黑龙江省的农田 319
 第一节　绪论 319
 第二节　耕地面积及土壤 322
 第三节　农业经营法 324
 第四节　农耕法 326
 第五节　特产及生产额 327
 第六节　克山及海伦的农事状况 329

第三卷　日本与法属印度支那的通商关系

坪川荣吉　青木修二　南方嘉一郎

奥村荣

第一章　绪言 341

第二章　印度支那关税修订困难的真正原因 345

第三章　印度支那关税法与日本及其交涉历史 348

第四章　近来印度支那的关税变革 368

第五章　印度支那关税与日本的贸易 378

第六章　印度支那的通过税 386

第七章　结言 391

吉会沿线游历班

第四卷　吉林省水田调查

原口五郎　若林一郎　妻木正三

安念信弘　白井金弥

概说 401

第一章　水田及其他农业用地相关情况 413

　第一节　土地关系 413

　第二节　公课 446

第二章　耕作现状 449

　第一节　水田历史 449

　第二节　朝鲜农民户数及人口 453

　第三节　水田分布状况、种植面积及其生产量 454

　第四节　品种 456

　第五节　开田方法及所需劳力 457

　第六节　耕作方法 463

　第七节　水田耕作的经济 467

　第八节　朝鲜农民生活状况 472

　第九节　交易及决算方法 479

　第十节　金融状况 484

平津经济调查班

第五卷　平津地区的同业团体

木厂顺平　桥本喜久哉　吉冈直

凡例 505

北平的旧式同业公会 509

　序言 509

　第一章　历史 511

　第二章　北京地区同业公会的数目 512

　第三章　同业公会的会员 523

　第四章　同业公会的组织 529

　第五章　集会 539

　第六章　同业公会的会所 543

　第七章　同业公会的收入 565

　第八章　同业公会的慈善性、宗教性特征 571

　第九章　同业公会的功能 575

　第十章　同业公会与工资制度 579

　第十一章　同业公会的活动 581

　第十二章　同业公会的近代变化 583

　结言 587

北平的新式同业公会 591

　第一章　序言 591

　第二章　关于工会 593

　　a. 工会法 593

　　　第一节　设立 593

第二节　任务 599

第三节　监督 601

第四节　保护 606

第五节　解散 607

第六节　联合 610

第七节　罚则 611

第八节　附则 612

b. 工会法施行法 613

c. 现存工会名及所在地 619

d. 北平火柴工会的实地调查表 620

第三章　关于商民协会（新式商会）623

a. 总商会与商民协会的关系 623

b. 商会法 623

第一节　总则 623

第二节　设立 625

第三节　会员 626

第四节　职员 645

第五节　会议 647

第六节　经费及会计 649

第七节　解散及清算 650

第八节　商会联合会 651

第九节　附则 652

c. 新式商会名及所在地 653

d. 工商企业公会法 655

第四章　关于农民协会 633

a. 农民协会章程 633

第一节　农民协会会员 633

第二节　会员的权利与义务 635

第三节　农民协会的组织 636

第四节　全国农民协会 641

第五节　省农民协会 643

第六节　县农民协会 657

第七节　区农民协会 659

第八节　乡农民协会 661

第九节　纪律裁判委员会 665

第十节　任期 667

第十一节　纪律 667

第十二节　经费 668

第十三节　农民协会与其他机构的关系 669

第十四节　章程的实施 670

b. 农民协会名及所在地 670

天津的同业公会调查 671

第一章　调查范围的限定理由 671

第二章　天津总商会 673

第三章　天津特别市商民协会 675

第四章　天津同业公会一览表 679

第五章　天津的各级工会调查概况 689

第六章　结言 737

第 140 册

昭和六年（1931）调查报告（第 28 期生）

第六卷　东三省财政情况
岩田由一　关家三男　庄子勇之助

序 3
第一章　绪言 9
第二章　财政制度 13
第三章　东三省财政的现状 19
第四章　厘金废除问题 32
第五章　东三省财政与国际关系 35
第六章　结言 44

第七卷　济南的外国商品
岩下辉夫　石田幸三郎　石桥春男
长谷川稔　门井博

第一章　总论 51
第二章　济南的一般贸易概况 55
第三章　济南的外国商品 85
第四章　结论 111

第八卷　济南的会馆公所
岩下辉夫　石田幸三郎　石桥春男
长谷川稔　门井博

绪言 125
第一章　济南的会馆 128
　第一节　概说 128
　第二节　分说 133

第二章　济南的公所 148
　第一节　概说 148
　第二节　分说 215
结言 226

第九卷　以香港为中心的日货动态
五岛利一

自序 233
第一章　总说 241
第二章　海运 247
　第一节　概说 247
　第二节　发展的历史 249
　第三节　现状 254
　第四节　1911—1930 年出入船舶吨数 259
第三章　贸易 261
　第一节　概说 261
　第二节　主要贸易国 263
　第三节　各国总额对照 267
　第四节　各品种总额对照 271
　第五节　转运手续 275
第四章　日本的对港贸易 281
　第一节　总说 281
　第二节　1929、1930 两年日本对港贸易额比较表 282
　第三节　重要进出口商品 284
　第四节　1931 年 4 月的日货动态 287
　第五节　在港日本贸易商一览 309

第五章　将来可视为有利的商品 313
第六章　结论 319

第十卷　云南、叙州间的总体情况
五十岚利贞　大桥贞夫　田中辰一
宇野正四　远藤进

第一章　云南省情况概略 337
　第一节　序言 337
　第二节　云南省的地势 338
　第三节　从地势上看云南省的
　　　　　特征 340
　第四节　云南省交通概况 344
第二章　云南、叙州间的交通状况 347
第三章　云南、叙州间的总体情况
　　　　概观 374
　第一节　风俗、语言、习惯 374
　第二节　农业及总体生活状况 379
　第三节　主要城市及商业状态 384
　第四节　云南、叙州间的货币
　　　　　情况 386

第十一卷　香港的城市制度和城市情况
平泽常彦

自序 395

第一章　地理、历史 401
　第一节　香港岛 401
　第二节　九龙 402
第二章　统治 405
　第一节　绪论 405
　第二节　统治机构 411
　第三节　英国为何维持总督制 413
第三章　人口 417
第四章　财政 423
　第一节　绪论 423
　第二节　岁入 427
　第三节　岁出 432
　第四节　分论 436
第五章　产业 455
第六章　海运 458
第七章　卫生 465
第八章　教育 471
第九章　犯罪 472
第十章　劳动 473
第十一章　移民 474
第十二章　邮局 476
第十三章　币制 477
第十四章　结言 483

第十二卷　福州港情况调查报告书
白川俊三　冈本丰　上野宏　野中义雄
安达郁太郎

第一章　概说 493
　第一节　历史 493
　第二节　现状 493
　第三节　地势及位置 495
第二章　港湾设备及其他详说 497
　第一节　港湾总体情况 497
　第二节　系船岩壁的构造及特种
　　　　　设备等 500
　第三节　系船浮标的数量及系留
　　　　　最大船舶的吨数 500

第四节 防波堤的构造及长度 500
第五节 装卸相关的总体情况 500
第六节 起重机的数量及起重量 501
第七节 仓库的构造及栋数、坪数 501
第八节 驳船数及载重量 503
第九节 装卸能力 505
第十节 装卸费 505
第十一节 给水相关的总体调查 506
第十二节 每小时搬运给水的能力 506
第十三节 小蒸汽船及拖船等相关状况 506
第十四节 使用费 507
第十五节 加油船的数量及能力 507
第十六节 贮煤场的状况 508
第十七节 贮煤场的数量、煤质、价格及进口、运入地 509
第十八节 货物收集的总体状况及与台湾的关系 510
第十九节 以本港为起点的航线系统及船舶大小 512
第二十节 停泊本港的重要船舶经营者 513
第二十一节 领航区域、费用及领航员 514
第二十二节 船坞业者的总体营业状况 515
第二十三节 入坞费用、工费等 516
第二十四节 主要营业者的名称 516
第二十五节 客货运送机构概略 519
第二十六节 自福州及马尾至定海、三都澳、兴化、泉州一带的船舶及小蒸汽船的数量 520
第二十七节 以福州、南台为起点至马尾、馆头、定海间的小蒸汽驳船等的数量及搬运能力 521

第十三卷 广东省潮安县农业
罗振麟

自序 541

第一章 绪言 547

第二章 位置 549

第三章 地势 549

第四章 气候 550

第五章 耕地状况 551
  第一节 水利 551
  第二节 土壤 552
  第三节 交通 553
  第四节 耕作状况 554

第六章 农民经济状况 555

第七章 作物 558
  第一节 麦 558
  第二节 水田 559
  第三节 薯 563
  第四节 蓝 564
  第五节 麻 566
  第六节 甘蔗 567

第八章 果实类 571
  第一节 蜜柑 571

第二节　龙眼 575
第三节　石榴 577
第四节　香蕉 578
第五节　荔枝 580
第六节　柿 581
第七节　橄榄 582

第九章　畜牧 583
第一节　猪 583
第二节　牛 583
第三节　羊 584
第四节　鸡 584
第五节　鸭 585
第六节　鹅 587

第十章　蔬菜类 589
第一节　黄芽白菜 589
第二节　芥菜 590
第三节　萝卜 590

第十一章　森林 593
第十二章　结论 595

昭和七年（1932）调查报告（第29期生）

第二十二卷　满洲的货币

第七十八卷　关于去年以来的湖北大水灾

赵俊生

前言 615
第一章　大水灾的原因 617
第二章　大水灾的经过 631
第三章　灾后的救济情况 673
第四章　对商业的影响 685
结论 691

第 141 册

昭和八年（1933）调查报告（第 30 期生）

第一卷 奉天省锦县调查班

山田政勇 马场伊助 山下保雄

地图一 锦县的位置 7
地图二 锦县行政区划、交通 9
地图三 锦县县城 11
第一章 地理 13
　第一节 位置及行政区划 13
　第二节 地势 14
　第三节 山脉、水系、土壤 15
　第四节 气候 18
第二章 人口 20
第三章 交通 26
　第一节 铁路 26
　第二节 道路 28
　第三节 交通机构 29
　第四节 电信、电话 31
　第五节 海运 31
第四章 产业 33
　第一节 农业 33
　第二节 畜牧 49
　第三节 水产业 61
　第四节 工业 63
第五章 商业及金融 69
　第一节 商业 69
　第二节 金融 81
第六章 风俗及生活文化水平 91
　第一节 风俗 91
　第二节 生活文化水平 99
第七章 城市 109
　第一节 锦县县城 109
　第二节 西海口 129
　第三节 天桥厂、高桥 127

第二卷 通化县调查班

井口易男 竹内照夫

第一章 通化县历史 129
第二章 地势 133
第三章 人口 137
第四章 交通、通信 179
第五章 产业 195
第六章 产业及金融 215
第七章 宗教 231
第八章 教育 237
第九章 人情、风俗及生活文化
　　　　水平 241
第十章 度量衡 251
第十一章 行政组织及官府公署
　　　　　和各种税 253
第十二章 警备机构及治安状况 265
第十三章 协和会通化办事处
　　　　　报告书 269

第三卷　奉天省海龙县、柳河县、清原县调查班

第一编　海龙县调查

中岛浩　清利孝德

绪言 281
第一章　总说 285
第二章　地势 285
第三章　人口 288
第四章　交通 290
第五章　产业 298
第六章　商业及金融 304
第七章　风俗及生活文化水平 306
第八章　治安 313
第九章　城市 315
　第一节　海龙 315
　第二节　山城镇 325
　第三节　朝阳镇 337
　第四节　梅河口 344
第十章　结语 345

第二编　柳河县调查

中岛浩　清利孝德

第一章　地势 387
第二章　人口 393
第三章　交通 397
第四章　产业 403
第五章　商业及金融 407
第六章　风俗及生活文化水平 408
第七章　政治 409
第八章　教育 414

第九章　宗教 415
第十章　城市 415

第三编　清原县调查

中岛浩　清利孝德

第一章　历史 423
第二章　地势 425
第三章　人口 435
第四章　交通 440
第五章　产业 449
第六章　商业 459
第七章　金融 461
第八章　风俗及生活文化水平 462
第九章　政治 463
第十章　教育 469
第十一章　宗教 475
第十二章　城市 478

第四卷　沈阳县、抚顺县、本溪县、辽阳县调查班

第一编　沈阳县调查

山崎芳数　石川繁二　田村五十彦

小林正治

第一章　地势 491
　第一节　总说 491
　第二节　山系 492
　第三节　水系 492
　第四节　平原 493
　第五节　气候 494
第二章　人口 495
　第一节　数量及密度 495

第二节 种类 496

第三章 交通 497

 第一节 道路 497

 第二节 水路 500

 第三节 铁路 501

 第四节 邮电 502

第四章 产业 504

 第一节 总说 504

 第二节 农业 504

 第三节 工业 511

 第四节 矿业 512

第五章 商业及金融 512

 第一节 商业 512

 第二节 金融 521

第六章 风俗及生活文化水平 524

 第一节 风俗 524

 第二节 生活文化水平 533

第七章 城市 542

第二编 抚顺县调查

山崎芳数　石川繁二　田村五十彦

小林正治

第一章 地势 547

 第一节 总说 547

 第二节 山系 547

 第三节 水系 548

 第四节 气候 548

第二章 人口 551

第三章 交通 554

 第一节 道路 554

 第二节 水路 555

 第三节 铁路、电车 556

 第四节 邮电 558

第四章 产业 560

 第一节 总说 560

 第二节 农业 561

 第三节 矿业 567

 第四节 工业 573

第五章 商业及金融 579

 第一节 商业 579

 第二节 金融 580

第六章 风俗及生活文化水平 581

第七章 城市 585

第三编 本溪县调查

山崎芳数　石川繁二　田村五十彦

小林正治

第一章 地势 599

 第一节 总说 599

 第二节 山系 599

 第三节 水系 599

 第四节 平原 600

 第五节 气候 600

第二章 人口 600

 第一节 总说 600

 第二节 数量及种类 601

 第三节 移民 603

第三章 交通 604

 第一节 总说 604

 第二节 道路交通 605

 第三节 水运 606

 第四节 铁路 608

第五节　邮电 616

第四章　产业 617

第一节　农业 617

第二节　矿业 650

第三节　工业 679

第五章　商业及金融 687

第一节　商业 687

第二节　金融 708

第六章　风俗及生活文化水平 715

第一节　风俗 715

第二节　一般生活文化水平 721

第七章　城市 726

第 142 册

昭和八年（1933）调查报告（第30期生）

第四编　辽阳县调查

山崎芳数　石川繁二　田村五十彦

小林正治

第一章　地势 7
　第一节　总说 7
　第二节　山系 7
　第三节　水系及平原 8
　第四节　气候 8

第二章　人口 9

第三章　交通 15
　第一节　道路 15
　第二节　水路 18
　第三节　铁路 22
　第四节　邮电 22

第四章　产业 23
　第一节　总说 23
　第二节　农业 24
　第三节　矿业 41
　第四节　工业 63

第五章　商业及金融 65
　第一节　商业 65
　第二节　金融 69

第六章　风俗及生活文化水平 71
　第一节　风俗 71
　第二节　生活文化水平 72

第七章　城市 85

第五卷　通辽县调查班

兴田诚二　安藤胜　野口孝行

第一章　地势 95
第二章　人口 105
第三章　交通 109
第四章　产业 111
第五章　商业及金融 117
第六章　宗教 119
第七章　通辽市 121
第八章　开鲁 141
第九章　钱家店 143
第十章　辽源县农村经济 155

第六卷　法库县调查班

信原信　生云忠

第一章　历史 175
第二章　地势 177
第三章　人口 183
第四章　交通 185
第五章　产业 191
第六章　商业及金融 207
第七章　风俗及生活文化水平 229
第八章　城市 232
第九章　其他 241

第七卷　满洲游历西安班

第一编　西安县调查班

迫田司　近藤兴久　山本臣

第一章　地势 253
 第一节　概况 253
 第二节　山系 254
 第三节　水系 259
 第四节　平原 267
 第五节　土壤 267
 第六节　气候 268

第二章　人口 270
 第一节　数量及种类 270
 第二节　密度 271
 第三节　种族 271
 第四节　移民 271

第三章　交通 273
 第一节　道路 273
 第二节　水路 277
 第三节　铁路 278
 第四节　汽车交通 279
 第五节　邮电 280

第四章　产业 285
 第一节　农业 285
 第二节　畜牧 289
 第三节　渔业 290
 第四节　狩猎业 290
 第五节　森林 290
 第六节　矿业 290
 第七节　手工业 294
 第八节　工业 294

第五章　商业及金融 296
 第一节　商业 296
 第二节　金融 299

第六章　风俗及生活文化水平
   （附朝鲜人的现状）300

第七章　城市 307
 第一节　西安县城 307
 第二节　其他的市镇 339

第二编　西安煤矿调查报告书

迫田司　近藤兴久　山本臣

第一章　位置及交通 349
第二章　矿区面积 350
第三章　地质及煤层 354
第四章　煤质及用途 354
 第一节　西安煤矿公司 355
 第二节　泰信煤矿公司 371
 第三节　煤矿合并 373

第八卷　洮南调查班

泷野贞明　福田百松　古根俊一
长濑义一

第一章　历史 381
第二章　地势 385
第三章　人口 389
第四章　交通 399
第五章　产业 407
第六章　商业及金融 413
第七章　风俗及生活文化水平 421
第八章　洮南物价调查 427
第九章　地方治安状况 437
第十章　地方制度 439

第十一章　当地日本人的活动状况 441

第十二章　满洲国官府及地方团体
　　　　　对待当地日本人的情况 443

第十三章　教育 445

第十四章　保健及卫生 457

第十五章　公共设备 459

第十六章　救济事业 462

第十七章　社会弊病 463

第十八章　宗教 465

第九卷　阿城县、五常县调查班

第一编　阿城县调查

加藤雄一郎　新崎盛良

前言 483

第一章　历史 487

第二章　地势 491

第三章　产业 504

第四章　商业及金融 518

第五章　教育 519

第六章　宗教 522

第七章　县行政机构等 523

第八章　治安状态 533

第九章　县物产进出口 535

第十章　城市 539

第十一章　阿城的将来 540

第二编　五常县调查报告书

加藤雄一郎　新崎盛良

第一章　五常县概况 551

第二章　地势 557

第三章　人口 560

第四章　交通 571

第五章　产业 574

第六章　风俗及生活文化水平 581

第七章　城市 589

第十卷　永吉县、吉林省城、敦化县、磐石县调查班

第一编　永吉县、吉林省城调查

吉元晴雄　牧野勇　小林省吾

泉喜一郎　林忠四郎　森本清治

第一章　永吉县 603

　第一节　调查概要 603

　第二节　地势 604

　第三节　人口 609

　第四节　交通 617

　第五节　产业 631

　第六节　商业 653

　第七节　金融 657

　第八节　消费经济 665

　第九节　宗教 669

　第十节　教育 673

　第十一节　城市 690

第二章　吉林省城 711

　第一节　历史、地势及总体情况 711

　第二节　人口 714

　第三节　交通 715

　第四节　商业及金融 715

　第五节　主要机构 720

　第六节　宗教 723

　第七节　教育 727

　第八节　社会教育 743

第九节　卫生 751

第十节　社会事业概况 757

第十一节　社会弊病状况 763

第十二节　娱乐机构 771

第十三节　省城及永吉县的朝鲜人现状 773

第 143 册

昭和八年（1933）调查报告（第 30 期生）

第二编　敦化县调查

吉元晴雄　牧野勇　小林省吾

第一章　位置及面积 3
第二章　地势 4
第三章　历史 4
第四章　气候 5
第五章　人口 19
第六章　交通 27
第七章　产业 33
第八章　商业及金融 67
第九章　生活文化水平 73
第十章　关于敦化县城的调查 76

第三编　磐石县调查

泉喜一郎　林忠四郎　森本清治

第一章　绪言 101
第二章　总论 103
第三章　地势 106
第四章　人口 111
第五章　交通 119
第六章　产业 141
第七章　商业及金融 159
第八章　宗教 171
第九章　教育 175
第十章　卫生 189

第十一章　风俗 193
第十二章　社会弊病 199
第十三章　警备状况 205
第十四章　行政状况 215
第十五章　城市 217
　第一节　磐石县城 217
　第二节　烟筒山镇 237
　第三节　呼兰镇 241
　第四节　黑石镇 243
　第五节　吉昌镇 244
　第六节　朝阳山镇 244
　第七节　磐石县的朝鲜人状况 245

第十一卷　延吉县、和龙县、汪清县、珲春县调查班

第一编　延吉县调查

平林千幸

第一章　延吉县地理 261
　第一节　地势 261
　第二节　交通 263
　第三节　物产 274
　第四节　人口 276
　第五节　城市 280
第二章　延吉县社会经济 289
　第一节　人口 290
　第二节　产业 307
　第三节　贸易 375
　第四节　财政 400

第五节　风俗及生活文化水平 431

第三章　结言 473

第二编　和龙县调查
广田正

第一章　和龙县地理 485

　　第一节　地势 485

　　第二节　交通 493

　　第三节　物产 498

　　第四节　人口 505

　　第五节　城市 507

第二章　和龙县社会经济 511

　　第一节　人口 515

　　第二节　产业 521

　　第三节　商业及金融 577

　　第四节　风俗及生活文化水平 582

第三章　结论 605

第三编　汪清县调查
平林千幸

第一章　汪清县的地势 611

第二章　气候 616

第三章　人口 621

第四章　交通 629

　　第一节　道路 629

　　第二节　水路 633

　　第三节　铁路 633

　　第四节　邮电 634

　　第五节　交通机构 635

第五章　产业 637

　　第一节　农业 637

　　第二节　畜产 649

　　第三节　矿业 651

　　第四节　林业 653

　　第五节　工业 659

第六章　商业及金融 667

　　第一节　商业习惯 667

　　第二节　金融状况 673

第七章　风俗及生活文化水平 687

　　第一节　一般状况 687

　　第二节　教育及宗教 704

　　第三节　卫生状况 711

　　第四节　社会事业 713

第八章　城市 726

第九章　罗子沟情况 741

第 144 册

昭和八年（1933）调查报告（第 30 期生）

第四编　珲春县调查报告书
平林千幸

第一章　地势 5

第二章　气候 6

第三章　人口 9

第四章　产业 25

　第一节　农业 25

　第二节　矿业 53

　第三节　工业 56

第五章　交通 61

　第一节　道路 61

　第二节　水路 66

　第三节　交通机构 68

　第四节　邮电 71

第六章　商业及金融 73

　第一节　商业 73

　第二节　金融 82

第七章　风俗及生活文化水平 91

　第一节　一般状况 91

　第二节　教育及宗教 103

　第三节　卫生状况 125

　第四节　犯罪状况 128

第八章　城市 133

第十二卷　宁安县调查班
高石茂利　熊野茂次

第一章　地势 145

第二章　交通 145

第三章　产业 158

第四章　人口 181

第五章　城市 188

第六章　社会调查 209

第十三卷　双城县调查报告书
林俊政　千义弘三　三谷津久夫
林十平

第一章　地势 261

　A. 山系 261

　B. 水系 262

　C. 平原 265

　D. 土壤 265

　E. 气候 267

第二章　人口 268

第三章　交通 273

　A. 道路里程 273

　B. 水路 276

　C. 铁路 287

　D. 邮电 309

第四章　产业 311

　A. 农业 311

　B. 矿业 325

　C. 手工业 326

D. 工业 327

第五章　商业及金融 357

第六章　风俗及生活文化水平 363

第七章　城市 365

第十四卷　吉林省桦川县、依兰县、富锦县调查班（附勃利县略志）

第一编　桦川县调查

胜田一夫　城繁雄　吉田藤一

桦川县地图 385

松花江沿岸概观要图 389

松花江流域电信、电话线、军用定期航空线路图 391

佳木斯城内外略图 393

第一章　境域 395

第二章　地势 395

第三章　面积及人口 396

第四章　交通 399

第五章　产业 402

第六章　商业及金融 413

第七章　风俗及生活文化水平 414

第八章　城市 419

第二编　依兰县调查

胜田一夫　城繁雄　吉田藤一

第一章　地势 457

第二章　人口 463

第三章　交通 473

第四章　产业 479

　第一节　农业 479

　附　依兰地区特产交易习惯的概略 493

　第二节　林业 541

　第三节　渔业 543

　第四节　手工业 545

第五章　商业及金融 547

第六章　行政 553

第七章　财政 555

第八章　教育 567

第九章　宗教 573

第十章　生活文化水平及风俗等 575

第十一章　城市 581

第三编　勃利县略志

胜田一夫　城繁雄　吉田藤一

勃利县历史略记 609

勃利县临时自治委员会简章 617

勃利县地理略志 619

关于勃利县的警备 644

第 145 册

昭和八年（1933）调查报告（第 30 期生）

第四编　桦川县调查

铃木丹司　角田正夫　和田一明
林太郎

第一章　地势 3
　第一节　历史 3
　第二节　县境域 4
　第三节　地势及山川 6
第二章　面积及人口 11
　第一节　面积 11
　第二节　人口 11
第三章　交通 12
　第一节　陆路 13
　第二节　水路 15
第四章　农业 17
第五章　畜产及捕鱼 25
第六章　林业 26
第七章　矿业 27
第八章　金融情况 29
第九章　商业 31
第十章　城市 33

第五编　富锦县调查

铃木丹司　和田一明　角田正夫
林太郎

第一章　地形 47

第二章　人口 52
第三章　交通 57
第四章　产业（一）67
第五章　商业及金融 99
第六章　财政 137
第七章　风俗及生活文化水平 141
第八章　产业（二）155
第九章　城市 158

第十五卷　吉林省珠河县、苇河县调查班

第一编　珠河县调查

塚原房生　志波正男

叙说 169
第一章　珠河县的位置 172
第二章　面积 172
第三章　地势 173
第四章　人口 180
第五章　交通 187
第六章　产业 191
第七章　商业及金融 201
第八章　风俗及生活文化水平 207
第九章　城市 210
第十章　教育 230
第十一章　宗教 232
第十二章　县财政 233
第十三章　治安 236

第十四章　社会弊病 238

第十五章　河东农村 239

第二编　苇河县调查

塚原房生　志波正男

前言 251

第一章　地势 257

第二章　人口 261

第三章　交通 267

第四章　产业 273

　第一节　农业 273

　第二节　林业 278

　第三节　矿业 280

　第四节　畜牧业 281

　第五节　工业 284

第五章　商业及金融 285

　第一节　商业 285

　第二节　金融 291

第六章　本县进出口相关 293

第七章　风俗及生活文化水平 295

　第一节　风俗习惯 295

　第二节　生活文化水平 307

第八章　城市情况 316

　第一节　苇沙河 316

　第二节　石头河子 330

　第三节　牙不利 334

　第四节　其他城市 336

第九章　结言 339

第十六卷　呼兰县、绥化县、海伦县调查班

第一编　呼兰县调查

高谷靖辅　堀内健吾　乾祐二

第一章　地势 345

第二章　人口 350

第三章　交通 359

第四章　产业 376

　第一节　农业 376

　第二节　矿业 383

　第三节　工业 383

第五章　商业及金融 386

　第一节　商业 386

　第二节　金融 393

第六章　风俗及生活文化水平 397

　第一节　风俗 397

　第二节　生活文化水平 399

第七章　城市 403

第二编　绥化县调查

高谷靖辅　堀内健吾　乾祐二

第一章　地势 431

第二章　人口 433

第三章　交通 435

第四章　产业 439

第五章　商业及金融 447

第六章　风俗及生活文化水平 457

第七章　城市 460

第三编　海伦县调查

高谷靖辅　堀内健吾　乾祐二

第一章　海伦县略史 485

第二章　地势 486

　　第一节　山系 486

　　第二节　水系 486

　　第三节　平原 488

　　第四节　土壤 489

　　第五节　气候 489

第三章　人口 490

　　第一节　数量、密度、种类、种族 490

　　第二节　移民 492

第四章　交通 494

　　第一节　陆路 494

　　第二节　水路 496

　　第三节　铁路 496

　　第四节　邮电 500

第五章　产业 501

　　第一节　农业 501

　　第二节　工业 520

第六章　商业及金融 523

　　第一节　商业 523

　　第二节　金融 530

第七章　风俗及生活文化水平 535

　　第一节　风俗 535

　　第二节　生活文化水平 538

第八章　城市 541

　　第一节　海伦县城 541

　　第二节　海北镇 561

　　第三节　海兴镇、伦河镇 567

第十七卷　拜泉县、明水县、青冈县调查班

第一编　拜泉县调查

松尾芳二郎　最上二郎　杉利二

第一章　地势 569

第二章　人口 574

第三章　交通 578

第四章　产业 580

第五章　货币 591

第六章　城市 593

第二编　明水县调查

松尾芳二郎　最上二郎　杉利二

第一章　地势 631

第二章　人口 634

第三章　交通 638

第四章　产业 641

第五章　生活文化水平 646

第六章　货币 646

第七章　城市 648

第三编　青冈县调查报告书

松尾芳二郎　最上二郎　杉利二

第一章　地理 663

第二章　面积 665

第三章　人口 667

第四章　交通 671

第五章　产业 679

第六章　商业及金融 693

第七章　风俗及生活文化水平 695

第八章　货币 704

第九章　城市 707

   A. 县城的地理 709

   B. 行政机构 709

   C. 县城的行政区分 713

   D. 县公署财政情况 714

第十章　总体情况 729

   A. 治安相关事项 729

   B. 清乡相关事项 731

   C. 县民对新国家的认识 733

   D. 教育情况 740

   E. 交通整修的必要 746

   F. 社会情况 747

第 146 册

昭和八年（1933）调查报告（第 30 期生）

第十八卷　黑龙江省克山县、通北县、克东县调查班

第一编　克山县调查

涉谷勇造　山本纯愚　竹内桂太郎

金子正雄

序言 7

第一章　总论 9

第二章　地势 10

　第一节　山系 10

　第二节　水系 10

　第三节　平原 12

　第四节　土壤 12

　第五节　气候 12

第三章　人口 15

　第一节　数量 15

　第二节　密度 16

　第三节　种类 16

　第四节　种族 18

　第五节　移民 20

第四章　交通 21

　第一节　道路里程 21

　第二节　水路 24

　第三节　铁路 24

　第四节　邮电 26

第五章　产业 26

　第一节　农业 26

　第二节　矿业 30

　第三节　手工业及工业 30

第六章　商业及金融 32

第七章　风俗及生活文化水平 37

　第一节　风俗 37

　第二节　生活文化水平 39

第八章　行政及保安 47

第九章　宗教 56

第十章　城市 59

　第一节　克山 59

　第二节　泰安镇 71

第二编　通北县调查

涉谷勇造　山本纯愚　竹内桂太郎

金子正雄

第一章　社会调查 75

　第一节　人口 75

　第二节　人种类别 85

　第三节　经济 87

　第四节　家族 87

　第五节　宗教 88

　第六节　教育 89

　第七节　福利 91

　第八节　社会弊病 95

　第九节　社会娱乐 97

第二章　农村调查 99

第三编　克东县调查

涉谷勇造　山本纯愚　竹内桂太郎

金子正雄

序言 133

第一章　总论 135

　第一节　位置 135

　第二节　历史 135

第二章　地势 136

　第一节　山系及平原 136

　第二节　水系 136

　第三节　土壤及水质 137

　第四节　气候 138

第三章　人口 144

第四章　交通 146

　第一节　道路里程 146

　第二节　水路 147

　第三节　铁路 148

　第四节　邮电 148

　第五节　马车 149

第五章　产业 150

　第一节　农业 150

　第二节　矿业 156

　第三节　手工业及工业 159

第六章　金融及商业 162

　第一节　商业 162

　第二节　金融 167

第七章　风俗及生活文化水平 171

第八章　行政及财政 181

　第一节　行政 181

　第二节　财政 186

第九章　保安 199

第十章　保健及卫生 204

第十一章　城市 207

第十九卷　黑龙江省安达县调查班

中村弘　永友灵

第一章　安达县总体情况 227

　第一节　地势 227

　第二节　人口 233

　第三节　交通 247

　第四节　产业 253

　第五节　商业及金融 265

　第六节　风俗及生活文化水平 269

第二章　城市状况 282

　第一节　安达 282

　第二节　安达站 300

第三章　调查者对于本县总体情况的意见 311

第二十卷　黑龙江省泰来县、大赉县调查班

第一编　泰来县调查

替地大三　甲斐重良　前田睦夫

第一章　历史 321

第二章　地势 324

第三章　人口 325

第四章　交通 333

第五章　产业 339

第六章　商业及金融 345

第七章　教育 367

第八章　宗教 371

第九章　风俗及生活文化水平 373

第十章　城市 375

第二编　大赉县调查

替地大三　甲斐重良　前田睦夫

序言 383

第一章　地势 387

第二章　人口 389

第三章　交通 393

第四章　产业 399

第五章　商业及金融 407

第六章　风俗及生活文化水平 411

第七章　城市 413

第二十一卷　黑龙江省通河县、木兰县、巴彦县调查班

第一编　通河县调查

降籏立喜　中岛顺一　野野山永次

第一章　地势 421

第二章　人口 428

第三章　交通 433

第四章　产业 437

第五章　商业及金融 445

第六章　风俗及生活文化水平 453

第七章　城市 463

第八章　娱乐机构及社交等 466

第二编　木兰县调查

降籏立喜　中岛顺一　野野山永次

第一章　地势 476

第二章　人口 481

第三章　交通 487

第四章　产业 493

第五章　商业及金融 508

第六章　风俗及生活文化水平 523

第七章　城市 559

第八章　县政情况 564

第三编　巴彦县调查

降籏立喜　中岛顺一　野野山永次

第一章　历史 583

第二章　地势 585

第三章　人口 587

第四章　交通 594

第五章　产业 601

第六章　商业及金融 607

第七章　风俗及生活文化水平 612

第八章　城市 625

第九章　县民所受兵匪之害 636

第147册

昭和八年（1933）调查报告（第30期生）

第二十二卷　黑龙江省龙江县、泰康县调查班

第一编　龙江县调查

秋山洋造　森藏之助　松田亨

第一章　地势 5

第二章　人口 7

第三章　交通 8

第四章　产业 16

第五章　商业及金融 24

第六章　风俗及生活文化水平 27

　第一节　风俗 27

　第二节　生活文化水平 32

　第三节　民事商事各种习惯 35

第七章　齐齐哈尔情况 43

第八章　昂昂溪情况 83

第二编　泰康县调查

秋山洋造　森藏之助　松田亨

第一章　地势 103

第二章　人口 104

　第一节　人口 104

　第二节　家族 106

第三章　交通 107

　第一节　铁路 107

　第二节　航船 107

　第三节　道路 108

第四章　产业 108

　第一节　农业 109

　第二节　畜牧 111

　第三节　水产业 111

　第四节　工业 111

　第五节　商业 112

第五章　风俗及生活文化水平 113

　第一节　教育 113

　第二节　福利 114

　第三节　治安 115

　第四节　公共团体 116

　第五节　宗教 116

　第六节　生活文化水平 117

　第七节　社会弊病 119

　第八节　社交娱乐 121

　第九节　主要人口 121

第六章　附 122

第七章　交通补遗 123

第二十三卷　黑龙江省嫩江县、讷河县调查班

第一编　嫩江县调查

第一章　地势 131

　第一节　总论 131

　第二节　山系 131

　第三节　水系 132

　第四节　平原 133

第五节　土壤 133

　　第六节　气候 133

第二章　人口 137

　　第一节　数量 137

　　第二节　种族 140

　　第三节　移民 141

第三章　交通 142

　　第一节　道路里程 142

　　第二节　水路 145

　　第三节　铁路 147

　　第四节　邮电 147

第四章　产业 149

　　第一节　农业 149

　　第二节　矿业 151

　　第三节　工业 152

　　第四节　林业 153

第五章　商业及金融 155

第六章　风俗及生活文化水平 158

第七章　城市 163

第二编　讷河县调查

第一章　地势 177

　　第一节　总论 177

　　第二节　山系 177

　　第三节　水系 179

　　第四节　平原 180

　　第五节　土壤 180

　　第六节　气候 182

第二章　人口 185

　　第一节　数量 185

　　第二节　种族 188

　　第三节　移民 189

第三章　交通 191

　　第一节　陆路里程 191

　　第二节　水路 193

　　第三节　铁路 194

　　第四节　邮电 198

第四章　产业 200

　　第一节　农业 200

　　第二节　矿业 205

　　第三节　工业 206

第五章　商业及金融 209

第六章　风俗及生活文化水平 213

第七章　城市 219

　　第一节　讷河 219

　　第二节　拉哈 232

第二十四卷　黑龙江省瑷珲县调查班

西木户卫　近藤泉　下林千幸

第一章　地势 245

第二章　气候 246

第三章　人口 248

第四章　交通 263

第五章　产业 270

第六章　风俗及生活文化水平 299

第七章　城市 305

第八章　教育状况 322

第九章　瑷珲县黑河 357

第十章　以黑河为中心的交通 364

第十一章　政治机构 373

第二十五卷 三河地区及北部国境地区调查班

第一编 三河地区及北部国境地区调查

阿部胜正

序言 379

第一章 兴安省北分省（旧呼伦贝尔）三河地区 391
 第一节 地势 395
 第二节 人口 401
 第三节 交通 408
 第四节 产业 413
 第五节 商业及金融 451
 第六节 风俗及生活文化水平 457
 第七节 文化设施 466
 第八节 三和地区警备状况 470
 第九节 三和地区的将来 471

第二章 兴安省北分省（旧呼伦贝尔）北部国境地区 473
 第一节 地势 477
 第二节 人口 481
 第三节 交通 493
 第四节 产业 503
 第五节 商业及金融 515
 第六节 风俗及生活文化水平 519
 第七节 文化设施 520
 第八节 北部国境地区的警备状况 521
 第九节 对岸状况 524
 第十节 北部国境地区的将来 530

第二编 呼伦贝尔南部的概况

卜部义贤

第一章 绪言 535
第二章 地势 536
第三章 交通 538
第四章 人口 540
第五章 产业 544
第六章 重要部落概说 551
第七章 其他特殊事项 567

第三编 呼伦贝尔的畜产调查

卜部义贤

第一章 满洲里地区 571
第二章 海拉尔地区 577
第三章 三河地区 599

第四编 满洲里概观

松见庆三郎

第五编 海拉尔的突厥鞑靼人（宗教）

松见庆三郎

第二十六卷 日本殖民政策对台湾的影响

藤次博

第一章 日本占领台湾的历史 644
第二章 日本殖民政策的经济影响 646
第三章 日本殖民政策的文化影响 655
第四章 台湾的民族运动 660

南洋游历班

第二十七卷　日本对荷属东印度贸易调查

及川诚　千枝陆郎　佐藤金藏

第一章　近来日荷贸易的重要性及其趋势 671

第二章　贸易状况 675

第三章　日本商品扩张的原因 689

第四章　荷兰对日本商品的态度（关税制度）691

第五章　日商的活跃状况 694

第148册

昭和八年（1933）调查报告（第30期生）

第二十八卷　上海钱庄调查
岛田幸吉

前言 3
第一章　钱庄的起源 5
第二章　钱庄的意义及作用 7
　第一节　钱庄的意义 7
　第二节　钱庄的作用 17
第三章　钱庄的组织 55
　第一节　钱庄成立的动机 55
　第二节　钱庄成立的要素 56
　第三节　钱庄成立的手续 60
　第四节　钱庄的管理 64
第四章　钱业的公共机构 67
　第一节　钱业公会 67
　第二节　钱业会馆 71
　第三节　钱行 74
　第四节　汇划总会 75
第五章　钱庄的优缺点及其补救 77
　第一节　优点 77
　第二节　缺点 80
　第三节　补救（改良）89
第六章　钱庄将来应采用的方针 101
　第一节　合资 102
　第二节　合并 103
　第三节　联络 104
　第四节　设立 105

昭和九年（1934）调查报告（第31期生）

第七卷　山东情况（以渤海沿岸各城市为中心）
栗田五郎　广田恒雄　坂井义雄

第一章　序言 115
第二章　山东省内汽车交通的概况 117
第三章　山东省内长途电话的概况 125
第四章　山东省内的走私问题 129
第五章　省内各城市及各县的情况 135
　第一节　青岛 135
　第二节　芝罘（烟台）145
　第三节　蓬莱 157
　第四节　黄县 163
　第五节　龙口 165
　第六节　潍县 184
　第七节　博山 208
　第八节　周村 224
　第九节　济南 243
　第十节　曲阜 267

第九卷　热河省滦平、承德调查班
第一编　热河省滦平县调查
佐治好郎　加藤诚一　柴崎胜太郎

第一章　地势 289
第二章　交通 291
　第一节　铁路 291

第148册 | 195

第二节　水运 291
　　第三节　陆路 292
　　第四节　邮政 294
第三章　物产 295
第四章　人口 319
第五章　家族 331
第六章　经济 333
第七章　教育 339
第八章　福利 345
第九章　社会 347
第十章　商业及工业 353
　　第一节　商业 357
　　第二节　工业 363
第十一章　度量衡 363
第十二章　土地制度 365
第十三章　行政 371

第二编　热河省承德县调查

佐治好郎　加藤诚一　柴崎胜太郎

第一章　地势 383
第二章　交通 386
　　第一节　概况 386
　　第二节　陆路交通 386
　　第三节　水路交通 387
　　第四节　通信机构 388
第三章　物产 389
　　第一节　农业 389
　　第二节　工业 421
　　第三节　矿业 429
　　第四节　畜牧业 430
　　第五节　林业 431

　　第六节　物价 431
第四章　人口 439
第五章　家族 441
第六章　经济 441
　　第一节　职业 441
　　第二节　家计 442
第七章　教育 452
第八章　福利 456
　　第一节　保安 456
　　第二节　保健卫生 459
　　第三节　公共设备 459
第九章　社会 460
　　第一节　社会弊病 460
　　第二节　宗教 461
　　第三节　语言文字、风俗习惯 462
第十章　商业 463
　　第一节　一般状况 463
　　第二节　商业种类及分布 463
　　第三节　进出口物资 467
　　第四节　商业机构 469
　　第五节　商业资本及销售额 473
　　第六节　交易 474
第十一章　货币、度量衡及金融
　　　　　机构 475
　　第一节　度量衡 475
　　第二节　货币 476
　　第三节　金融机构 478

第十卷　热河省朝阳、赤峰调查班

第一编　热河省朝阳县调查

桥迫实　清田武

第一章　总论 491
第二章　地势 492
　第一节　山系 492
　第二节　河系 495
　第三节　平原 497
　第四节　土壤 497
　第五节　气候 497
第三章　交通 498
　第一节　陆路 498
　第二节　水运 509
　第三节　铁路 509
第四章　产业 511
　第一节　农业 511
　第二节　畜牧 513
　第三节　矿业 514
　第四节　工业 516
第五章　人口 522
第六章　家族 526
第七章　经济 526
　第一节　职业 526
　第二节　家计 526
第八章　教育 533
第九章　福利 537
　第一节　保健卫生 537
　第二节　保安 537
　第三节　公共设备 537
　第四节　救济 538
第十章　社会弊病 538
第十一章　商业 539
第十二章　货币制度、度量衡及金融
　　　　　机构 546
第十三章　城市 547

第二编　热河省赤峰县调查

桥迫实　清田武

序 549
第一章　地势 553
第二章　交通 557
第三章　人口 563
第四章　产业 567
第五章　人情、风俗 577
第六章　教育 579
第七章　福利 583
第八章　社会弊病 585
第九章　商业 587
第十章　货币、度量衡及金融机构 597
第十一章　城市 601
第十二章　结言 603

第 149 册

昭和九年（1934）调查报告（第31期生）

第十一卷　吉林省穆棱、密山调查班

第一编　吉林省穆棱县调查

由井文人　永谷仁一　雨宫芳夫

第一章　地史 5
第二章　地势 6
　第一节　疆界 6
　第二节　河流 6
　第三节　山脉 7
　第四节　县区 7
第三章　交通 8
　第一节　铁路 8
　第二节　道路 11
第四章　面积 12
第五章　人口 13
第六章　福利 24
　第一节　治安 24
　第二节　公共设备 28
　第三节　宗教团体等 28
　第四节　报纸杂志出版物 29
第七章　社会弊病 30
第八章　城市 33
第九章　风俗习惯 34
第十章　财政 38
第十一章　金融 47
第十二章　产业 52
　第一节　农业 52

　第二节　畜牧 76
　第三节　林业 78
　第四节　工业 82
　第五节　矿业 83
　第六节　商业 93
第十三章　教育 106

第二编　吉林省密山县调查

由井文人　永谷仁一　雨宫芳夫

第一章　地势 115
第二章　交通 119
第三章　人口 122
第四章　产业 124
第五章　教育 140
第六章　福利 143
第七章　货币、度量衡、金融 147
第八章　城市 153

第十二卷　吉林省额穆县调查

为藤阳次郎　谷弥七

第一章　本县总体情况 169
第二章　地势及位置面积 170
　第一节　山岳 171
　第二节　地区 173
　第三节　河流 175
第三章　气象 178
　第一节　气压 178
　第二节　气温 179

第三节　其他 180

第四章　历史 184

第五章　人口 186

第六章　产业 191

　　第一节　农业 191

　　第二节　林业 204

　　第三节　矿业 213

　　第四节　工业 219

第七章　运输交通 223

　　第一节　主要交通陆路 223

　　第二节　水路 224

　　第三节　铁路 227

　　第四节　通信联络 229

第八章　商业、金融、货币、贸易 233

　　第一节　商业 233

　　第二节　金融 234

　　第三节　货币 235

　　第四节　贸易 237

第九章　卫生 238

第十章　教育、宗教 240

　　第一节　教育 240

　　第二节　宗教 242

　　第三节　习惯 243

第十一章　行政 244

第十二章　关于蛟河 1271

　　第一节　历史 1271

　　第二节　位置 271

　　第三节　地势 272

　　第四节　概图 272

　　第五节　市内情况 274

　　第六节　人口 274

　　第七节　商业种类及资本金 275

　　第八节　产业状况及特征 277

　　第九节　金融机构 286

　　第十节　运出入状况 287

　　第十一节　交通 305

　　第十二节　将来的发展预想 308

第十三卷　满洲国三江省方正县、滨江省宾县调查班

第一编　满洲国三江省方正县情况

内田义雄　胜守仙次

第一章　地势 317

第二章　交通 321

第三章　物产 326

　　第一节　农业 326

　　第二节　林业 335

　　第三节　工业 337

　　第四节　矿业 339

　　第五节　畜牧业 339

　　第六节　水产业 340

第四章　人口 341

第五章　家族 346

第六章　经济 347

第七章　教育 352

第八章　福利 359

　　第一节　保健卫生 359

　　第二节　保安、民团（自卫团）359

　　第三节　公共设备 363

　　第四节　救济 364

第九章　社会弊病 365

第十章　商业 366

第十一章 货币、度量衡及金融
　　　　机构 369
第十二章 城市 372

第二编　满洲国滨江省宾县情况
　　　　胜守仙次　内田义雄

第一章 地势 385
　第一节 位置 385
　第二节 地势 385
　第三节 气象 386
　第四节 面积 388
第二章 交通 399
　第一节 铁路 388
　第二节 水运 389
　第三节 陆路 389
第三章 物产 393
第四章 人口 398
第五章 家族 402
第六章 经济 403
第七章 教育 407
第八章 福利 415
第九章 社会弊病 422
第十章 商业 425
第十一章 货币及金融机构 430
第十二章 城市 434

第十四卷　吉林省九台县、德惠县调查班

第一编　吉林省九台县调查
　　　　松井成德　小松守司

第一章 九台县概况 447
　第一节 地理位置 447
　第二节 历史 448
　第三节 地势 450
　第四节 面积 452
第二章 九台县交通 457
　第一节 铁路 457
　第二节 水运 457
　第三节 道路 458
第三章 九台县物产 461
　第一节 农业 461
　第二节 工业 466
　第三节 矿业 468
　第四节 畜牧业 470
　第五节 林业 474
第四章 九台县人口 479
第五章 九台县家族 483
第六章 九台县经济 485
　第一节 职业 485
　第二节 家计 487
第七章 九台县教育 493
第八章 九台县福利 499
　第一节 保健卫生 499
　第二节 保安 500
　第三节 公共设备 507
　第四节 救济 507
第九章 九台县社会弊病 509
第十章 九台县商业 511
第十一章 九台县运出入 517
第十二章 九台县货币、度量衡
　　　　及金融机构 523
第十三章 九台县城市 525

第二编　吉林省德惠县调查

小松守司　松井成德

第一章　位置 529

第二章　地势 529

第三章　气候 531

第四章　面积 531

第五章　交通 532

第六章　物产 535

第七章　人口 541

第八章　经济 544

第九章　教育 548

第十章　福利 551

第十一章　社会弊病 559

第十二章　商业 562

第十三章　货币、度量衡及金融机构 564

第十四章　城市 567

第 150 册

昭和九年（1934）调查报告（第 31 期生）

第十五卷　吉林省农安县、扶余县调查班

第一编　吉林省农安县调查

德野外志男

第一章　序言 7

第二章　历史 13

第三章　位置及地势 17

第四章　气候 24

第五章　交通 24

　1. 道路

　2. 交通机构 28

　3. 通信 29

第六章　农牧业 43

　1. 一般农业 43

　2. 农安县的水田 46

　3. 农安县的义仓 47

　4. 畜牧 48

　5. 农民的民风 49

第七章　人口 51

　1. 户口调查表及县城人口表 51

　2. 农安县城户口数量表 52

第八章　教育 55

第九章　福利 56

　1. 卫生 56

　2. 警备及警察 62

　3. 救济事业 71

第十章　社会弊病（生活方式及物价）77

　一、住宅及样式 77

　二、采暖费用 78

第十一章　商业 79

　（1）商业 79

　（2）日本人的活动状况 81

　（3）工商业者 89

　（4）贸易 113

第十二章　货币及金融 116

　1. 货币 116

　2. 金融机构 116

第十三章　县城 119

第十四章　新大线扶余站的建设与郭尔罗斯前旗概况报告 121

　一、地理位置 123

　二、面积及地势 123

　三、户数及人口 123

　四、行政 124

第二编　吉林省扶余县调查

津田一男

第一章　总论 139

第二章　地势及气候（附县城）143

第三章　人口 146

　一、扶余县全部户口数 146

　二、扶余县城内户口数 146

第四章　交通 151

1. 陆运 151

2. 水运 159

3. 通信 163

第五章　产业 164

1. 农业 164

2. 畜牧业 169

3. 渔业 170

4. 工业 172

第六章　商业（附度量衡制度）177

一、物价 179

二、商业机构 180

三、扶余县城工商业状况调查表 182

四、扶余县内度量衡调查表 190

第七章　货币及金融 192

一、货币 192

二、金融机构 192

第八章　行政 194

（一）扶余县公署 194

（二）财政 195

（三）扶余县城内各官衙名及各团体名 196

第九章　教育 198

一、扶余县教育机构 198

二、社会教育机构 199

第十章　福利 205

一、保险卫生 205

二、治安 206

三、慈善团体 207

第十一章　社会弊病 208

一、贫困者 208

二、无婚者 208

三、自杀者 208

四、犯罪者 208

五、赌博者 209

六、娼妓 209

七、乞讨 209

第十二章　城市 210

一、三岔河 210

二、长春岭 210

三、五家站 211

四、陶赖昭 211

第十六卷　奉天省新民县、彰武县调查

下村明信　中山昌生　稻富正男

第一章　新民县 217

第一节　地势 221

第二节　交通 231

第三节　物产 243

第四节　人口 257

第五节　家族 263

第六节　消费经济 265

第七节　教育 267

第八节　福利 271

第九节　社会弊病 277

第十节　商业 281

第十一节　货币、度量衡及金融制度 289

第十二节　城市 295

第十三节　复兴计划 297

第二章　彰武县 301

第一节　概说 303

第二节　地势 305

第三节　交通 307

第四节　物产 315

第五节　人口 331

第六节　家族 334

第七节　经济 335

第八节　教育 337

第九节　福利 339

第十节　社会弊病 341

第十一节　商业 343

第十二节　货币、度量衡及金融
　　　　　机构 351

第十三节　城市 356

第十七卷　奉天省开通县、瞻榆县、突泉县情况调查班

第一编　奉天省开通县情况调查

黑田正明　矶川武夫

第一章　地志 367

第一节　位置 367

第二节　地势 368

第三节　气候 369

第四节　人口 371

第二章　交通 379

第一节　铁路 379

第二节　水运 381

第三节　陆路 381

第四节　邮政 386

第五节　电信电话 386

第六节　开通县交通网状况 387

第三章　物产 388

第一节　农业 388

第二节　畜牧 396

第三节　工业 401

第四节　林业 402

第五节　矿业 402

第六节　其他 402

第四章　家族 403

第一节　一般的家族形态 403

第二节　大家族的有无及多少 404

第三节　同族团体 404

第五章　经济 406

第一节　职业 406

第二节　家计 409

第六章　教育 414

第一节　私塾 414

第二节　学校 414

第三节　研究团体 420

第四节　报纸杂志 420

第七章　宗教 421

第八章　福利 423

第一节　保健卫生 423

第二节　保安 426

第三节　公共设备 431

第四节　救济 431

第九章　社会弊病 433

第十章　商业 435

第一节　总体商业状况 435

第二节　商业机构 439

第三节　交易习惯 439

第十一章　货币、度量衡及金融
　　　　　机构 441

第一节　货币的种类 441

第二节　货币状况 441

第三节　度量衡 443
第四节　金融机构 444

第十二章　城市 446
第一节　开通 446
第二节　边昭镇 448
第三节　八面山昭村 448
第四节　四海窝堡村 448
第五节　四井子村 449
第六节　鸿兴镇 449

第二编　奉天省瞻榆县情况调查

黑田正明　矶川武夫

第一章　总体情况 456
第二章　位置 457
第三章　面积 457
第四章　地势 457
第五章　气候 458
第六章　历史 458
第七章　人口 459
第八章　本县的产业状况 463
第一节　农业 463
第二节　工业 468
第三节　畜牧业 470
第四节　矿业 477
第五节　渔业 477

第九章　家族 478
第十章　经济 478
第一节　职业 478
第二节　家计 479

第十一章　教育 480
第十二章　福利 481

第一节　保健卫生 481
第二节　保安 482
第三节　公共设备 484
第四节　救济 484
第五节　宗教 485
第六节　警备团体 486

第十三章　社会弊病 487
第十四章　交通 491
第十五章　商业 492
第十六章　货币、度量衡及金融
　　　　　机构 493
第十七章　物价表及烧酒加工状况 495
第十八章　城市 501

第三编　奉天省突泉县情况调查

黑田正明　矶川武夫

第一章　地志 513
第一节　位置 513
第二节　地势 513
第三节　气候 514
第四节　人口 515

第二章　交通 521
第一节　铁路 521
第二节　水运 521
第三节　陆路 521

第三章　物产 525
第一节　农业 525
第二节　畜牧 531
第三节　林业 536
第四节　工业 537
第五节　矿业 537

第六节　其他 538

第四章　家族 539

第一节　一般的家族形态 539

第二节　大家族的有无及多少 539

第三节　同族团体 540

第五章　经济 541

第一节　职业 541

第二节　家计 543

第六章　教育 548

第一节　私塾 548

第二节　学校 548

第三节　研究团体 551

第四节　报纸杂志 551

第七章　宗教 553

第八章　福利 554

第一节　保健卫生 554

第二节　保安 555

第三节　公共设备 558

第四节　救济 559

第九章　社会弊病 560

第十章　商业 562

第一节　总体商业状况 562

第二节　商业机构 564

第三节　交易习惯 564

第十一章　货币、度量衡及金融机构 566

第一节　货币的种类 566

第二节　流通状况 566

第三节　金融机构 566

第四节　度量衡 567

第十二章　城市 568

第一节　突泉县城 568

第二节　新安镇 569

第三节　学田地 569

第四节　乾安镇 569

第五节　都尔基 569

第十八卷　奉天省镇东县调查

河原畑一美　羽立实夫

第一章　地势 573

第二章　交通 573

第一节　铁路 574

第二节　水运 579

第三节　陆路 580

第三章　物产 582

第四章　人口 585

第五章　家族 586

第六章　经济 588

第七章　教育 589

第八章　福利 591

第九章　社会弊病 595

第十章　商业 597

第十一章　货币、度量衡及金融机构 599

第十二章　城市 602

第 151 册

昭和九年（1934）调查报告（第 31 期生）

第十九卷　兴安东分省莫力达瓦旗调查

辻武雄　浅野德太郎　富冈康

第一章　总说 3
第二章　地势 9
第三章　交通 17
第四章　物产 25
第五章　人口 40
第六章　家族 48
第七章　经济 49
第八章　教育 52
第九章　福利 56
第十章　社会弊病 60
第十一章　商业 62
第十二章　度量衡及金融机构 69
第十三章　布西摹写图 71

第二十卷　黑龙江省龙镇县、德都县调查班

第一编　黑龙江省龙镇县调查

森冈昌利　吉田幸一

第一章　总论 81
　第一节　位置、地势 81
　第二节　气象 81
　第三节　城市 82

第二章　交通 85
　第一节　铁路 85
　第二节　道路 86
第三章　产业、经济 87
　第一节　物产 87
　第二节　工商业 93
　第三节　金融 98
第四章　家族及人口 20
　第一节　风俗概况 100
　第二节　衣食住 100
　第三节　种族 101
　第四节　人口 102
　第五节　宗教 108
第五章　社会情况 109
　第一节　教育 109
　第二节　娱乐、趣味 110
　第三节　祭礼仪式 111
　第四节　地方制度 111
第六章　思想 112
第七章　日本人的现状 112
第八章　现在的都市机构及运用概要 117

第二编　黑龙江省德都县调查

森冈昌利　吉田幸一

第一章　历史 127
第二章　地势 127
第三章　交通 131

第四章　物产 133

第五章　人口 139

第六章　家族 142

第七章　经济 143

第八章　教育 149

第九章　福利 151

第十章　社会弊病 162

第十一章　商业 164

第十二章　货币、度量衡及金融
　　　　　机构 167

第十三章　城市 167

第二十一卷　黑龙江省汤原县及鹤立镇调查班

第一编　汤原县调查

中川义信

第一章　地势 173

第二章　交通 174

　第一节　陆路 175

　第二节　水运 179

第三章　物产 184

　第一节　农产品 184

　第二节　各类产品 190

第四章　人口 194

第五章　家族 199

第六章　经济 200

第七章　教育 202

第八章　福利 207

　第一节　保健卫生 207

　第二节　匪贼 209

　第三节　自卫团 211

第九章　社会弊病 224

　第一节　贫困 224

　第二节　犯罪 225

　第三节　卖淫 230

第十章　商业 231

第十一章　货币、度量衡及金融
　　　　　机构 232

第十二章　县公署组织及财政 233

第二编　满洲炭矿株式会社调查

小森藤雄　中川义信

历史及资本关系 243

　（一）历史 243

　（二）埋藏量、煤量 244

　（三）煤质 246

　（四）出煤 247

　（五）销售 249

鹤岗煤矿概要 253

　（一）连江口事务所 253

　（二）事务组织人员及工资额
　　　　（连江口事务所及矿山事
　　　　务所）254

　（三）机械工厂 258

　（四）储煤场 261

　（五）事务所经费 262

　（六）运费 268

　（七）连江口的松花江沿岸各地代理店
　　　　销售手段 270

　（八）矿山 273

　（九）各种建筑物 281

鹤岗煤矿 297

倾听实地专家的意见 301

第二十二卷　黑龙江省林甸县、依安县调查班

第一编　黑龙江省林甸县情况

染矢春雄　荻野康治

第一章　历史 327
第二章　地势 327
　　第一节　位置及面积 327
　　第二节　地势及土质 328
　　第三节　气候 329
　　第四节　土地面积 329
第三章　交通 331
　　第一节　铁路 331
　　第二节　水运 331
　　第三节　陆运 331
　　第四节　通信 336
第四章　物产 339
　　第一节　历史 339
　　第二节　农产品 341
　　第三节　工业 347
　　第四节　矿业 348
第五章　人口 349
　　第一节　量的考察 349
　　第二节　质的考察 353
第六章　家族 356
　　第一节　一般的家族形态 356
　　第二节　大家族 356
　　第三节　同族团体 357
　　第四节　以家庭为中心的风俗
　　　　　　习惯 357

第七章　经济 359
　　第一节　职业 359
　　第二节　家计 363

第二编　黑龙江省依安县情况

染矢春雄　荻野康治

第一章　地势 379
　　第一节　位置及面积 379
　　第二节　地形及土质 379
　　第三节　气候 381
第二章　交通 383
　　第一节　概说 383
　　第二节　铁路 383
　　第三节　水运 384
　　第四节　陆路 384
　　第五节　通信 391
第三章　物产 393
　　第一节　农业 393
　　第二节　畜牧 401
　　第三节　工业 402
　　第四节　矿业 404
　　第五节　渔业等 404
第四章　人口 405
　　第一节　量的考察 405
　　第二节　质的考察 407
第五章　家族 411
　　第一节　一般的家族形态 411
　　第二节　大家族 411
　　第三节　同族团体等 412
第六章　经济 413
　　第一节　总体情况 413

第二节　职业 413

第三节　家计 416

第四节　总括 420

第三编　黑龙江省林甸县、依安县情况（二）

荻野康治

第一章　教育（学校、私塾、研究团体、报纸杂志）423

第一节　林甸县 424

第二节　依安县 437

第二章　宗教 439

第三章　福利 447

第一节　林甸县 447

第二节　依安县 459

第四章　社会弊病 465

第一节　林甸县 465

第二节　依安县 473

第五章　商业 477

第一节　林甸县 477

第二节　依安县 485

第六章　金融 491

第七章　城市（摹写图）497

第二十三卷　黑龙江省望奎县调查

宫内信武　藤本俊策

第一章　总体情况 505

（一）历史 505

（二）总体情况 505

第二章　地势 507

（一）地域 507

（二）山脉及平原 507

（三）河流 509

（四）耕地 510

（五）气候 510

第三章　交通及通信 512

（一）铁路 512

（二）水运 512

（三）道路及汽车 514

（四）通信 515

（五）交通通信略图 517

第四章　物产 518

第五章　行政 524

（一）行政机构及行政区 524

（二）治安 530

第六章　人口 534

第七章　宗教 539

第八章　家族 544

第九章　经济 545

第十章　教育 548

（一）县立各学校 548

（二）私塾 551

（三）研究团体 553

（四）报纸杂志 554

第十一章　福利 556

（一）保健、卫生 556

（二）文化设施 557

（三）救济 558

第十二章　社会弊病 560

（一）贫困 560

（二）无婚 560

（三）自杀 561

（四）犯罪 561

（五）赌博 562

（六）卖淫 562

（七）乞讨 563

第十三章　商业 564

（一）总体商业情况 564

（二）商业机构 566

（三）交易习惯 568

第十四章　货币、度量衡及金融机构 569

（一）货币 569

（二）度量衡 570

（三）金融机构 580

第十五章　城市 582

（一）县城 582

（二）莲花镇 584

（三）通江埠 584

（四）海丰镇 585

第 152 册

昭和九年（1934）调查报告（第 31 期生）

第二十四卷　奉天兴安省洮安县、喜扎嘎尔旗情况调查班

第一编　洮安县情况调查

圆谷清治　山内英之

第一章　概况 7
　第一节　历史 7
　第二节　事变后的总体情况 8
　第三节　县制及行政区划 9
第二章　地志 13
　第一节　位置及面积 13
　第二节　地势 13
　第三节　气候 15
第三章　人口 19
　第一节　人口及户数 19
　第二节　人口动态 29
第四章　交通 33
　第一节　铁路 33
　第二节　陆路 37
　第三节　水路 39
　第四节　通信机构 39
第五章　治安及财政 41
　第一节　治安 41
　第二节　财政 49
第六章　家族及风俗习惯 59
　第一节　家族关系 59
　第二节　衣食住 60
第七章　产业 62
　第一节　经济的特质 62
　第二节　农业 63
　第三节　畜牧 69
　第四节　林业 72
　第五节　矿业 72
　第六节　水产业 72
第八章　工业 74
　第一节　工业的概况 74
　第二节　土木建筑业及电力工业 75
　第三节　工业资本的流入系统
　　　　　与将来 75
第九章　商业 77
　第一节　商业概况 77
　第二节　主要商店及商业机构 77
　第三节　主要运入商品 81
　第四节　主要运出商品 84
　第五节　物价 85
第十章　金融 87
　第一节　货币流通状况 87
　第二节　金融机构及其业态 88
第十一章　教育与文化 91
第十二章　社会弊病 97
第十三章　城市 101
第十四章　古迹 103
第十五章　宗教 111

第二编　喜扎嘎尔旗情况调查

　　圆谷清治　山内英之

第一章　总说 119
　　第一节　历史 119
　　第二节　旗制 120

第二章　地志 123
　　第一节　位置及面积 123
　　第二节　地势 123
　　第三节　气候 126

第三章　人口 129

第四章　交通 137
　　第一节　陆路交通 137
　　第二节　水陆交通 144
　　第三节　通信机构 144

第五章　治安及财政 147
　　第一节　治安 147
　　第二节　财政 149

第六章　家族及风俗习惯 153

第七章　产业 157
　　第一节　经济的特质 157
　　第二节　农业 158
　　第三节　畜牧 160
　　第四节　林业 161
　　第五节　矿业 166
　　第六节　水产业 167
　　第七节　狩猎 167

第八章　工业 169

第九章　商业 171
　　第一节　商业概况 171
　　第二节　主要商品及其运入系统 172
　　第三节　营业状况 174

　　第四节　物价 175
　　第五节　商业的将来 179

第十章　金融 181

第十一章　教育及文化 183

第十二章　社会弊病 185

第十三章　城市 187

第十四章　古迹 189

第十五章　宗教 191

第十六章　内蒙古东部的各问题 193
　　第一节　殖产兴业 193
　　第二节　日本人关于对蒙贸易的
　　　　　　有利点 197
　　第三节　蒙古人的将来 201

第二十五卷　兴安省扎兰屯、免渡河、满洲里调查班

第一编　扎兰屯、免渡河调查

　　奥田重信　白石博

第一章　扎兰屯 217
　　第一节　概说 217
　　第二节　扎兰屯的主要机构 219
　　第三节　通信状况 221
　　第四节　电灯状况 223
　　第五节　供水及水井的状况 224
　　第六节　教育状况 225
　　第七节　宗教状况 226
　　第八节　产业状况 229

第二章　免渡河 258
　　第一节　地势、气候 259
　　第二节　居民 260
　　第三节　主要机构 262

第四节 文化设施 262
第五节 教育 264
第六节 宗教 265
第七节 农业及畜牧 265
第八节 商业 267
第九节 工业 268
第十节 货币及金融机构 268

第二编　满洲里调查

奥田重信　白石博

第一章 地势 279
　第一节 位置 279
　第二节 气候 279
　第三节 土质 281
　第四节 市区的概况 281
第二章 历史 282
第三章 交通 292
　第一节 铁路 292
　第二节 航空线路 294
　第三节 汽车交通 295
　第四节 通信 296
第四章 产业 297
　第一节 农业 297
　第二节 矿业 309
　第三节 畜产 311
　第四节 渔业 313
　第五节 商业 314
　第六节 副业 319
第五章 金融 321
　第一节 银行 321
　第二节 钱铺 322

第三节 当铺 323
第四节 现金借贷 328
第六章 货币 328
第七章 人口 330
第八章 宗教 335
第九章 各国机构 337
第十章 卫生 339
第十一章 鸦片吸食状况 340
第十二章 国境状况 342

第二十六卷　兴安省林西、林东总体情况调查

三浦计太郎　中井川信雄　重松保德

第一章 林西情况 353
　第一节 概说 353
　第二节 教育及宗教 369
　第三节 产业 377
　第四节 交通运输 397
　第五节 卫生状况 407
第二章 林东情况 411
　第一节 金融概况 411
　第二节 产业 412
　第三节 社会情况 424

第二十七卷　上海调查

第一编　近来以上海为中心的白银问题

林茂

第一章 银块行情的历史 432
第二章 白银收购方法的要点 436
第三章 中国近几年的货币状况 445

第四章　白银收购方法对中国的
　　　　影响 451
第五章　中国对于美国白银政策的
　　　　对策 459
第六章　中国货币问题的前途 467

第二编　对以上海为中心的中国财阀研究

森次勋

第一章　绪论 473
第二章　上海的金融机构发展概观
　　　　——浙江财阀发展小史 483
第三章　上海的主要企业及财阀——
　　　　企业联合发展过程的概说 495
第四章　上海的中国钱庄业及银行业的
　　　　构成——浙江金融财阀的
　　　　中枢体制 503
第五章　上海的各企业联合与金融
　　　　资本 513

第六章　上海财界各财阀的势力
　　　　分布网 527
第七章　上海地区浙江财阀的金融
　　　　支配体制 537
第八章　结言 545

第三编　上海的面粉加工业

廉谷义忽人

第一章　旧式面粉加工厂 551
第二章　新式工厂的发展 553
第三章　江苏省面粉加工厂的现状 559
第四章　原料小麦 583
第五章　小麦的交易 589
第六章　面粉生产量 593
第七章　面粉作为中国粮食的地位 596
第八章　面粉的销路 599
第九章　面粉加工业的状况 605

第 153 册

昭和十年（1935）调查报告（第 32 期生）

第一卷　绥中县、兴城县调查

　　本多实　佐藤隆保　雄城要

第一章　绥中县概况 11

　第一节　地势及疆界 11

　第二节　交通 14

　第三节　物产 22

　第四节　畜牧及家畜 22

　第五节　人口及民族 25

　第六节　社会弊病 30

　第七节　教育状况 31

　第八节　宗教 38

　第九节　人民的福利状况 41

　第十节　商业概况 49

　第十一节　金融及货币 50

　第十二节　绥中县主要城市 58

第二章　兴城县概况 85

　第一节　地势及疆界 85

　第二节　交通 86

　第三节　物产 92

　第四节　人口及民族 129

　第五节　社会弊病 138

　第六节　教育状况 139

　第七节　宗教 145

　第八节　人民的福利状况 147

　第九节　商业概况 159

　第十节　金融及货币、度量衡 167

　第十一节　兴城县主要城市 177

第二卷　金川县、辉南县情况

　　田原竹市　下柳田英造

金川县情况 197

　第一章　金川县总说 202

　第二章　地志及风俗 210

　　第一节　地志 210

　　第二节　风俗 222

　第三章　经济 236

　　第一节　职业 236

　　第二节　家计 242

　第四章　金川县的教育及宗教 271

　　第一节　教育 272

　　第二节　宗教 278

　第五章　金川县产业 288

　　第一节　农业 288

　　第二节　林业 299

　　第三节　畜牧 306

　　第四节　矿业 308

　　第五节　水产业 309

　　第六节　工业 310

　第六章　保险、卫生等 312

第七章　金川县的朝鲜人情况 329
　　第一节　移居历史 329
　　第二节　现在的户数、人口和近来的增减及其原因 330
　　第三节　近来的情况 331
第八章　金川县附近地区的红军概况 342

辉南县情况 368
　第一章　总说 368
　　第一节　历史 368
　　第二节　位置及疆界 372
　　第三节　气候 375
　　第四节　土地 376
　第二章　山脉及河流 385
　　第一节　山脉 385
　　第二节　河流 387
　　第三节　区村 388
　　第四节　古迹、名胜 393
　第三章　人口及职业 401
　　第一节　人口及户数 401
　　第二节　户口、职业 403
　　第三节　户口变动 405
　　第四节　外国人户口 411
　第四章　教育及宗教 413
　　第一节　教育 413
　　第二节　宗教 421
　第五章　福利 427
　　第一节　保安 427
　　第二节　保健、卫生 432
　　第三节　自卫团 435
　　第四节　公共设备 443

第三卷　伊通县调查报告书
芝宽　角田次郎　冈秀雄

前言 457
第一章　总论 463
第二章　经济 471
　第一节　农业 471
　第二节　商业、金融 523
　第三节　交通 539
第三章　社会 543
　第一节　文化 543
　第二节　人情、风俗 556
第四章　政治 561
　第一节　县政情况 561
　第二节　税收 563
　第三节　救济问题 568
　第四节　警备 575
　第五节　匪贼 579

第四卷　热河省
第一编　平泉县
福田克美　服部文彦

第一章　平泉县历史及地图 589
第二章　地势及面积 595

第三章　气候 596

第四章　居民 597

第五章　宗教 602

第六章　教育 603

第七章　慈善团体 606

第八章　行政 608

第九章　治安维持 614

第十章　财政 616

第十一章　产业 625

　第一节　农业 625

　第二节　畜牧业 637

　第三节　工业 638

　第四节　商业 641

　第五节　矿业 642

第十二章　各项统计 644

第154册

昭和十年（1935）调查报告（第32期生）

第二编　凌源县

福田克美　服部文彦

第一章　社会 7
　第一节　历史 7
　第二节　地理概要 8
　第三节　人口 10
　第四节　家族状况 13
　第五节　县民经济 13
　第六节　宗教 18
　第七节　教育 23
　第八节　福利 29
　第九节　社会弊病 53
　第十节　社交娱乐 55

第二章　产业、金融 56
　第一节　产业 56
　第二节　金融 61

第三章　商会 65
　第一节　商会的历史及组织 65
　第二节　现商务会的概况 66
　第三节　商团 68

第四章　交通及通信 69
　第一节　交通 69
　第二节　通信 70

第五卷　龙江省

第一编　龙江省景星县情况

久保田重男　雨宫治良

第一章　总说 91
　第一节　县史 91
　第二节　史迹、战迹、名胜 92
　第三节　建国[①]时的状况与现状 92

第二章　地志及风俗 95
　第一节　地志 95
　第二节　风俗 99

第三章　地方制度 103
　第一节　行政区划 103
　第二节　乡村制度 104
　第三节　自治制度 105

第四章　财政 105
　第一节　概况 105
　第二节　财政政策 107

第五章　警察治安 112
　第一节　警察 112
　第二节　治安 113

第六章　交通 116
　第一节　铁路 116
　第二节　水运 117
　第三节　通信 117

第七章　原始产业 120

---

① 建国：建立伪满洲国，下文同。

第一节　农业 120
第二节　林业 145
第三节　畜牧业 147
第四节　矿业 149
第五节　水产业 150
第六节　盐业 151

第八章　工业 152
第一节　概况 152
第二节　工厂及劳动者 152
第三节　主要工业及生产额 154

第九章　商业及金融 158
第一节　商业 158
第二节　金融 162

第十章　教育及宗教 165
第一节　教育 165
第二节　宗教 169

第十一章　社会事业 172
第十二章　卫生 172
第十三章　结论 173

第二编　龙江省泰康县情况

久保田重男　雨宫治良

序 185
第一章　总说 185
第一节　县史 186
第二节　史迹、战迹、名胜 187
第三节　建国时的状况与现状 187
第四节　县政、现在的机构 189

第二章　地志及风俗 189
第一节　地志 189
第二节　风俗 193

第三章　地方制度 200
第一节　行政区划 200
第二节　乡村制度 202
第三节　自治制度 203

第四章　财政 204
第一节　概说 204
第二节　岁出与岁入 205
第三节　财政政策 211

第五章　警察治安 212
第一节　现在的警察机构 212
第二节　治安 213

第六章　交通 216
第一节　铁路 217
第二节　水运 217
第三节　通信 217

第七章　原始产业 223
第一节　农业 223
第二节　林业 242
第三节　畜产品 243
第四节　矿业 243
第五节　水产品 244
第六节　盐业 246

第八章　工业 247
第九章　商业及金融 247
第一节　商业 247
第二节　金融 249

第十章　教育及宗教 251
第一节　教育 252
第二节　宗教 253

第十一章　社会事业 255
第十二章　卫生 256

第一节　概况 256
第二节　机构及医药业 256
第三节　卫生思想的普及 256
第四节　传染病及地方病 257

第十三章　结论 257

第六卷　东兴、凤山、漠河三县情况

第一编　滨江省东兴县

柴田浩嗣　马场三郎　渡边次郎

第一章　位置及地势 261
第二章　行政区划 266
第三章　户口数及朝鲜人移民状况 268
第四章　交通 282
　第一节　铁路 282
　第二节　水运 282
　第三节　通信 283
　第四节　邮政 288
　第五节　道路 290
第五章　产业 294
　第一节　林业 294
　第二节　畜牧业 297
　第三节　矿业 298
　第四节　工业 300
　第五节　农业 300
第六章　家族 316
第七章　经济 317
第八章　教育 325
　第一节　建国后的教育方针的确立 326
　第二节　教育设施 326
第九章　宗教 334

第一节　概说 334
第二节　种类 335

第十章　福利 336
　第一节　卫生及保健 336
　第二节　保安 339
第十一章　社会弊病 365
第十二章　商业 366
第十三章　金融 370
第十四章　城市 375

第二编　三江省凤山县

柴田浩嗣　马场三郎　渡边次郎

第一章　概说 381
　第一节　历史 381
　第二节　地势 382
　第三节　交通、通信网的状况 383
　第四节　人口及面积 385
第二章　经济 389
　第一节　林业 390
　第二节　农业 396
　第三节　其他的产业 404
　第四节　物产 408
第三章　行政制度 410
　第一节　县公署的组织 411
　第二节　财政 413
　第三节　警察 418
　第四节　教育 421
第四章　社会弊病 423
第五章　商业 424
第六章　货币、度量衡及金融机构 426

第三编　黑河省漠河县

　　　　马场三郎

第一章　漠河县略史 435
第二章　地势、位置、面积 437
第三章　气候 438
第四章　交通 439
第五章　人口 445
第六章　财政 453
第七章　行政区划 455
第八章　教育、宗教 456
第九章　度量衡 459
第十章　旧纸币回收状况 461
第十一章　治安 462
第十二章　福利、卫生 467
第十三章　商业 471
第十四章　产业 478
第十五章　矿业 483
第十六章　鄂伦春情况 487
第十七章　对岸情况 490

第七卷　庆城、铁骊县情况调查

第一编　滨江省庆城县

　　　　植原了　中垣晋治

第一章　地势、地域 501
第二章　历史 502
第三章　建国以后的状况 506
第四章　交通 511
　第一节　铁路 511
　第二节　水运 511
　第三节　道路 511
　第四节　邮政通信 514

第五章　物产 517
　第一节　农产品 517
　第二节　畜产品 524
　第三节　工业产品 526
第六章　人口及家族形态 531
　第一节　总体人口情况 531
　第二节　家族形态 533
　第三节　人口内容 534
第七章　总体经济情况 537
　第一节　农民的土地所有状况 537
　第二节　普通农民的生活 539
　第三节　租地、雇佣情况 541
　第四节　耕地价格 543
　第五节　地租等 545
第八章　教育 547
第九章　社会弊病 549
第十章　福利方面 553
第十一章　商业 555
　第一节　总体商业概况 555
　第二节　各商生计 559
　第三节　商业习惯 559
第十二章　金融 562
　第一节　货币 562
　第二节　金融机构 562
　第三节　农民金融状况 564
　第四节　金融合作社 564
第十三章　度量衡 565
　第一节　概况 565
　第二节　旧度量衡 565
　第三节　新度量衡 568

第二编　滨江省铁骊县

植原了　中垣晋治

第一章　地势及地位 585
第二章　交通 587
　第一节　概况 587
　第二节　道路 587
　第三节　水运 588
　第四节　航空 588
第三章　通信 589
　第一节　概况 589
　第二节　邮政 589
　第三节　电信 590
　第四节　电话 590
第四章　物产 591
　第一节　农业 591
　第二节　林业 598
　第三节　畜牧业 601
　第四节　矿业 603
　第五节　耕地增强方法 605
第五章　人口 606
　第一节　不同种族人口表 606
　第二节　面积与人口密度 607
第六章　家族 609
第七章　经济 610
　第一节　职业 610
　第二节　家计 611

　第三节　衣 613
　第四节　食 614
　第五节　住 615
第八章　财政 617
　第一节　概况 617
　第二节　财政机构 619
　第三节　岁出与岁入 620
第九章　教育 621
　第一节　概况 621
　第二节　机构 622
第十章　福利 627
　第一节　保健及卫生 627
　第二节　警察 630
　第三节　治安 632
　第四节　公共设备 636
　第五节　救济 637
第十一章　社会弊病 639
第十二章　商业 641
第十三章　货币与度量衡 643
第十四章　主要城市 649
第十五章　气象 652
第十六章　农村状况 653
第十七章　讨匪 667
　第一节　讨伐者 667
　第二节　匪贼 670
　第三节　讨匪 671

第155册

昭和十年（1935）调查报告（第32期生）

第八卷　齐克、乌云、佛山、萝北各县情况

黑江道夫　栗坂健一

序 7

第一章　齐克县 11
　第一节　总论 11
　第二节　地志 18
　第三节　县政 25
　第四节　经济调查 34
　第五节　社会调查 63
　第六节　齐克县调查的结语 70

第二章　乌云县 73
　第一节　总论 73
　第二节　地志 76
　第三节　县政 83
　第四节　经济调查 93
　第五节　社会调查 114

第三章　佛山县 125
　第一节　总论 125
　第二节　地志 127
　第三节　县政 131
　第四节　经济调查 137
　第五节　社会调查 153

第四章　萝北县 157
　第一节　总论 157
　第二节　地志 161

　第三节　县政 170
　第四节　经济调查 178
　第五节　社会调查 205

第五章　对岸苏联比罗比詹地区（犹太自治州）状况 211

结言 225

第十八卷　察哈尔省调查（附录A至附录D）

附录A　平绥沿线的杂谷问题 227
　第一节　小米（粟）227
　第二节　高粱 232
　第三节　小麦 236
　第四节　胡麻及菜子胡麻、亚麻 240
　第五节　豆类 243
　第六节　杂粮 247
　第七节　结论 249

察哈尔省北部各县的状况 251
　第一节　张北县 251
　第二节　宝昌县 254
　第三节　沽源县 258

经由张家口运往平津的牲畜、皮毛、杂谷及运往蒙地的商品 262
　第一节　牲畜 262
　第二节　各种羊毛 268
　第三节　杂谷 272
　第四节　蒙地商业 275

附录B　多伦情况 289
　第一节　总说 289

第二节　历史 289

第三节　行政 294

第四节　军事 294

第五节　商业 296

第六节　产业 302

第七节　交通及运输机构 305

附录C　多伦喇嘛庙 309

（一）绪言 309

（二）喇嘛庙 310

（三）两寺建立的历史大略 312

（四）喇嘛的生活及其概略 313

（五）现在的喇嘛庙 315

（六）蒙古民族复兴与喇嘛庙 316

（七）庙的祭祀 318

附录D　内蒙古的诸问题 321

（一）内蒙古的地理重要性 321

（二）内蒙古的经济诸问题 335

（三）内蒙古开发悲观论 344

（四）内蒙古资源开发的能力 355

（五）结论 367

第二十一卷　云南省、广西省游历班

折桥大藏　间野护麓　饭田秀吉

佐藤正三　下雅夫

自云南省蒙自至剥隘 371

自广西省龙川至东京河内 415

河内—老开（法属印度支那）、河口—
　　阿迷州—昆明—蒙自
　　（中国云南省）477

结束陆路行，进入广西省，一路向
　　广东 593

观察粤汉铁路的完成状况，横穿中国
　　返回书院 639

广西省"三自"政策与"三寓"
　　政策 685

第156册

昭和十三年（1938）调查报告（第35期生）

华北调查班

第一班

华北占领地区经济概况、华北金融工作

萩下利明　渡边健次

第一部　华北占领区的经济概况 5
　序文 5
　概论 16
　农业 21
　矿业 41
　工业 53
　商业贸易附海关问题 63
　金融 69
　结言 69

第二部　华北金融工作 73
　第一章　绪论 75
　　第一节　经济与金融 75
　　第二节　东亚集团与金元集团 77
　第二章　中国联合准备银行的创设与功能 81
　　第一节　事变前的华北金融与事变对金融机构的破坏 81
　　第二节　中国联合准备银行的设立主旨 83
　　第三节　中国联合准备银行的组织、功能 86
　　第四节　创立总会 95
　　第五节　中国联合准备银行的正式开业与旧货币的整理、经济扰乱取缔 97
　　第六节　旧法币的反击作战 101
　第三章　临时政府第二次币制工作 104
　第四章　临时政府第三次币制工作 106
　第五章　临时政府第四次币制工作 110
　第六章　各地银行家的意见 118
　第七章　结论 130

第二班

华北纺织业

横尾幸隆　本土敏夫　田浦正成

第一章　绪论 143
第二章　华北纺织工业小史 148
　一、中国纺织工业的历史 148
　二、华北纺织工业的历史 155
第三章　事变前的华北纺织工业状况 171
　一、华北纺织在全中国纺织中的地位 171
　二、华北纺织的内容 177
第四章　事变带来的危害及现状 189

一、事变对青岛的危害及现状 190

二、事变对天津的危害及现状 198

三、华北华人纺织工业的现状 206

第五章　华北纺织工业的供求问题 213

一、概说 213

二、华北棉纱的供求 215

三、华北棉布的供求 217

四、华北棉纱布的贸易状况 218

五、华北土布工业 227

六、事变后的华北棉纱布供求问题 229

第六章　原棉情况 255

一、中国的棉花 255

二、华北棉花生产在全中国的地位 260

三、华北的棉花生产 266

四、华北棉花的供求 279

五、华北棉花的集散 284

六、事变后胶济、津浦、北宁沿线的棉花状况 300

七、事变后京汉沿线的棉花情况 334

第七章　结论 374

第三班

关于华北的农业

细萱元四郎　细川正直

序 383

（1）华北农业的概念 391

（2）华北的农耕面积与农业人口 393

（3）华北农业的自然条件 397

A. 气象条件 397

B. 土壤条件 404

（4）华北农业的耕作技术 409

（5）农作物的种类 416

（6）关于棉花生产 420

（7）华北农业的补助机构 427

（8）结语 431

（一）灌溉、治水事业的促进 432

（二）农耕技术的改良 432

（三）租税负担的减轻 434

（四）农村金融的改善 435

第四班

蒙疆地区的金融经济

望月今朝男　上野善臣　小川弘一

内坂旌旗

一、概说 443

二、经济情况 445

（一）概说 445

（二）原始产业 446

（三）矿产业 450

（四）进出口状况 456

（五）交通状况 461

三、金融情况 466

（一）概要 466

（二）旧纸币回收状况 475

（三）币制与法币流通量 477

（四）蒙疆银行 480

第五班

华北经济工作的发展

新行内义兄　八木友爱

一、序 493
二、华北经济开发机构 496
三、华北农村问题 507
　（一）绪论 507
　（二）华北农业的现状 513
　（三）华北农业的指导性原理及其具体的各项政策 523
　（四）华北农业对策的现状 535
四、华北工业资源相关诸问题 542
　（一）华北工业的发展阶段 542
　（二）华北工业不景气的原因及其克服 545
　（三）中国事变对华北工业的影响 547
　（四）华北工业布局论 551
　（五）华北开发公司的相关问题 569
五、华北贸易的现状及将来 573
　（一）华北贸易的趋势 573
　（二）华北贸易的对策 584
六、华北金融概况 594
　（一）事变前的华北金融 594
　（二）事变后的动向 597
　（三）联银成立后的华北金融状况 601
七、结论 612

第 157 册

昭和十三年(1938)调查报告(第35期生)

第六班
新民会
　　今里明　滨田守保

一、新民会的成立 5
二、新民会的机构 12
三、新民会的工作 23
四、结语 32
附录　中华民国新民会章程 33

华中调查班
太仓县调查报告书
　　村上和夫　岩桥恒治　武藤义道
　　蓑津丰

吴县调查报告书
　　翠田实　田村忠　河合一男

常熟县
　　井上喜三郎　小林安正　户部茂

自治组织及活动 211
农村经济 217
经济情况　其二 243
农村复兴的状况 249
治安维持状况 253
公共事业的复活状况 263

关于教化宣传 269
结语 275

扬州调查报告书
　　清水正德　增田忠治　植松清一
　　橘良高

江都县总体情况 281
大村少佐委托事项 286
加藤中佐调查委托事项 302
清水大佐委托事项 310
以扬州为中心的两淮盐业 315

青浦县调查报告
　　濑户谦　妻木辰男

一、总体情况 342
二、农业 346
三、渔业 354
四、工业 357
五、其他物产 363
六、交通 364
七、商业 370
八、受害状况 382

松江县调查报告书
　　田中康稔　岛田满穗　牛岛俊吉
　　村冈侃　北野贞雄

嘉兴县
　　青井正亲　宫永善二　德田计资

历史 437

面积 438

人口 438

气候 440

地质 442

区划 443

农业调查 449

畜产状况 461

养蚕业 465

农村副业 473

农家负债 477

事变对农村的危害调查 501

交通 515

教育 527

娱乐机构 532

卫生机构 533

宗教机构 534

商业 537

工业 545

嘉善县调查报告书

长柄垚一郎　木谷达郎　吉田哲郎

服部晋二

总说 556

农业 558

工业 569

商业 592

金融 598

电力业 602

交通 606

课税状况 612

结语 616

吴兴县调查报告书

斋藤洲臣　伊藤哲三　水野学

水元健治郎

浙江省吴兴县商业金融调查报告 631

吴兴县矿物调查报告 647

关于湖州的工业 679

关于湖州的交通 699

第 158 册

昭和十三年（1938）调查报告（第 35 期生）

杭州的经济情况调查报告书

吉贺俊亮　深堀宽　后藤文治

芹泽五郎　铃木厉吉

前言及杭州的历史 5

军特务部委托调查事项 9

　一．浙江省的矿产额及其运出、出口系统的数量调查、将来可能增产的程度 9

　二．杭州、宁波的农产品、水产品等主要货物集散状况的数量调查与将来的预想 19

　三．各地民船的数量调查 29

　四．各地依靠汽轮拖船的客货集散状况约一个月的统计调查 34

一、事变对农村经济的破坏调查 37

二、农村副业受到的破坏及其对农家经济的影响 47

三、事变对地方城市工业的破坏及现状实况调查 51

四、上海与地方城市间的交通尤其是内河航运业的损失及现状、商品流通的恢复状况、现行杂税对商品流通的阻碍程度 60

五、占领地区与非占领地区间的商品流通现状调查 67

六、当地生活必需品的供需状况 86

七、小麦的收获状况、稻作等种植状况 91

八、城市及农村居民的复归状况 97

九、以宣抚目的开展内地交易的效果 101

十、杭州的日本人状况 105

江北南通调查

富田清之助　菊地喜久治　桥本升

中园静雄　近光毅

一、事变对农村经济的破坏 145

　A. 生产部门受到的破坏 145

　B. 流通部门受到的破坏 147

二、农村副业受到的破坏及其对农家经济的影响 153

三、事变对地方城市工业的破坏及现状 163

四、上海与南通地区的交通 171

五、占领地区与非占领地区间的商品流通现状 177

六、南通地区生活必需品的供求状况 179

七、小麦的收获状况、稻作等种植

状况 183

上海班

以上海为中心的华中货币问题
——以元纸变调的考察为视角

渡边长雄

第一节　序言 245

第二节　上海元纸的异常贬值
　　　　现象 246

第三节　元纸异常贬值的原因 248

第四节　元纸变调及其影响 262

　（一）对日本币制的影响 262

　（二）对华北币制的影响 264

第五节　元纸变调的对策 266

　（一）日方的对策 267

　（二）华中的对策 269

　（三）华北的对策 274

第六节　作为元纸变调对策的军票
　　　　制度 284

第七节　结言 293

上海经济班

上海的工业与日中事变

小岩井忠胜

绪论 300

第一章　中国工业的特质 303

第二章　中国工业的发展阶段 308

　一、官营工业时代
　　（1862—1881 年）308

　二、官民合营时代
　　（1882—1894 年）310

　三、外国侵略时代
　　（1895—1904 年）311

　四、民营萌芽时代
　　（1905—1914 年）314

　五、民营极盛时代
　　（1915—1921 年）317

　六、民营衰落时代
　　（1922 年至今）320

第三章　上海各种工业的发展过程 322

　第一节　纺织业 322

　第二节　棉织业 328

　第三节　缫丝业 330

　第四节　绢织业 333

　第五节　制丝业 335

　第六节　毛织业 337

　第七节　漂染造纸业 339

　第八节　制革业 341

　第九节　化妆品业 347

　第十节　蜡烛肥皂业 350

　第十一节　玻璃业 352

　第十二节　制药业 353

　第十三节　造纸业 358

　第十四节　火柴业 359

　第十五节　铁器业 362

　第十六节　油漆业 364

　第十七节　面粉加工业 366

第十八节　榨油业 368

第十九节　烟草业 372

第二十节　点心制造业 376

第二十一节　印刷业 377

第二十二节　机器业 380

第二十三节　水泥业 384

第二十四节　制砖业 386

第四章　事变前的上海工业发展状况及事变造成的损失概况 389

一、事变前的发展状况 389

二、事变造成的损失概况 392

第五章　事变后的上海工业概况及其复兴政策

一、中国工厂的内地转移 398

二、上海工业近来的复兴概况 399

三、上海各种工业复兴概况 404

香港班（南洋第一班）

关于香港的中国人在事变中的动向

梅原和夫　田中彻雄　神边开治

河岛恒夫

一、序 422

二、香港的中国人的势力
——关于其数量及经济势力 426

三、香港华侨的抗日舆论 441

四、香港华侨的行动 469

五、结论 491

马来半岛游历班

英属马来华侨的现状与动向

北川林男　高桥立太　五十川统

河田要一　古谷铁卫　增崎依正

第一章　英属马来的人口构成与华侨 505

第一节　华侨在马来人口中所占的地位 505

第二节　华侨人口的移动 519

第三节　华侨移民的限制 525

第二章　英属马来华侨的经济势力 533

第一节　产业 533

第二节　财阀 551

第三节　事变前与现在的贸易差异 557

第四节　华侨的劳动者状况 575

第五节　华侨的汇款状况 583

第三章　华侨的文化设施 607

第四章　联合抵制状况 617

第五章　针对华侨的宣传方法 641

暹罗华侨调查

坂下惣平　前田五郎　松原理一

中村源吉　滨和夫

一、华侨人口 653

二、华侨出入暹罗国的状况 655

三、暹罗华侨的分布状况 667

四、暹罗华侨的不同出身地与职业的
　　关系 668
五、暹罗华侨的经济地位及其
　　特殊性 675
六、暹罗对日联合抵制 713
　　A. 中国与华侨的关系 713
　　B. 此次对日联合抵制的组织 714
　　C. 此次对日联合抵制的形成
　　　 及现状 721

D. 此次对日联合抵制的趋势 727
E. 暹罗国对日中事变的利害关系
　　与华侨对日联合抵制的态度 729
F. 印度人、暹罗人与联合抵制运动的
　　关系 733
七、对策 737

第159册

昭和十四年(1939)调查报告(第36期生)

华兴商业银行

小西末一

序言 5

第一章 华兴商业银行设立的经过 9

第二章 华兴商业银行的开设及其性质 33

  一、组织、内容 34

  二、目的、性质 41

第三章 华兴券的问题 61

  第一节 华兴券的性质 61

  第二节 华兴券的行情 73

  第三节 华兴券的发行量 83

  第四节 华兴券的流通范围、用途及信用认可程度 99

  第五节 华兴券与日元货币、法币的关系 109

  第六节 南北汇兑交流问题与华兴券 116

第四章 新政权问题与华兴商业银行 119

上海驻在班

上海交通调查

鹿谷良太郎

一、绪言 127

二、道路及埠头 128

  (一)历史 128

  (二)现状 135

三、陆上交通 139

  (一)通览 139

  (二)电车 140

  (三)公共汽车 143

  (四)普通汽车 152

  (五)长途汽车 165

  (六)人力车及其他旧式交通机构 169

  (七)铁路 171

四、海上交通 179

  (一)通论 179

  (二)长江航线 187

  (三)中国沿岸航线 189

  (四)远洋航线 191

  (五)内河航线 197

  (六)其他的小船 199

五、航空线路 202

河北省冀东地区的棉花

冈幸雄

绪言 213

棉花(河北省冀东地区)219

  第一章 供求关系 219

    第一节 世界的供求关系 219

    第二节 日本、满洲、中国三国的

供求关系 225
　第二章　生产及消费 233
　　第一节　生产条件 233
　　第二节　冀东地区生产情况 234
　　第三节　生产额及消费额 237
　第三章　市场 239
　　第一节　市场概况 239
　　第二节　天津市场的交易商 242
　　第三节　收购状况 245
　　第四节　流通状况 247
　第四章　棉花交易习惯 258
　第五章　各种设施
　　　　　（奖励或改良等）263
　　第一节　合作社及商会等商业
　　　　　机构的组织功能及
　　　　　实际成绩 263
　　第二节　棉线纺织（含织布）283
关于河北省的棉籽、棉籽粕、
棉籽油 295
　第一章　河北省的棉籽 295
　　第一节　棉籽的生产、贸易
　　　　　及消费 295
　　第二节　棉籽的用途 302
　第二章　河北省的棉籽粕 305
　　第一节　棉籽粕的生产、贸易
　　　　　及消费 305
　第三章　河北省的棉籽油 306
　　第一节　棉籽油的生产、贸易
　　　　　及消费 306
　结论 313

河北省东北部物产的流通及交易状况
　　　　　高桥克明

第一章　棉花 327
　第一节　棉花状况 327
　第二节　天津棉花市场 338
第二章　小麦 355
　第一节　小麦状况 355
　第二节　天津小麦市场 363
第三章　落花生 372
　第一节　落花生状况 372
　第二节　天津落花生市场 374
第四章　烟草 379
　第一节　烟草状况 379
　第二节　天津烟草市场 383
第五章　河北省冀东地区各县的民食
　　　　供求状况及其运出入、
　　　　进出口地 386
第六章　商业团体 398
　第一节　同业公会 398
　第二节　同乡团体（会馆、公所）424

河北省东北部人口
　　　　　角田三郎

关于冀东市县农业人口对市县总数的
　占比 447
第一章　冀东市县户口 455
　1. 不同民族户口 455
　2. 不同职业户口 455
　3. 不同农家阶级户口 455
　唐山市 457
　滦县 459

丰润县 461

　　宝坻县 463

　　香河县 465

　　抚宁县 467

　　乐亭县 469

　　昌黎县 471

　　宁河县 473

　　临榆县 475

　　通县 477

　　蓟县 479

　　遵化县 481

　　三河县 483

　　怀柔县 485

　　顺义县 487

　　昌平县 489

　　平谷县 491

　　卢龙县 493

　　迁安县 495

　　密云县 497

　　兴隆办事处 499

　　玉田县 501

第二章　人口的离散及复归状况 503

第三章　华北地区日本人的增加
　　　　状况 507

河北省调查第二班

河北省货币金融状况
广末治男

第一部　币制统一状况 517

　　第一款　事变前的货币状况 517

　　第二款　事变后的货币状况 521

　　第三款　联银券的贸易货币化
　　　　　　问题 538

第二部　各地金融状况
　　　　（金融机构的状况）563

　　第一款　天津的金融状况 563

　　第二款　北京的金融状况 585

　　第三款　保定的金融状况 599

　　第四款　石家庄的金融状况 607

特别报告　石家庄的战时金融经济
　　　　　状况 613

　　第一节　事变后新造出的货币量 614

　　第二节　单费 622

　　第三节　汇兑 625

　　第四节　贷款状况 641

　　第五节　存款状况 647

　　第六节　币制统一问题 655

第 160 册

昭和十四年（1939）调查报告（第36期生）

河北省调查第二班

石家庄的日本工商业者活动状况（附井陉煤矿矿务经营状况）

明野义夫

一、石家庄概况 5

二、商业相关 7

三、工业相关 15

四、石家庄金融机构、外汇交易状况 25

五、今后的动向、市场的有无 33

六、井陉煤矿经营状况 36

七、石家庄焦炭工厂 56

河北省的教育情况

佃正道

序论 71

第一章　教育行政组织 75

　第一节　临时政府教育部组织 75

　第二节　河北省公署教育厅 78

　第三节　北京特别市公署教育局 84

　第四节　天津特别市教育局 87

第二章　学校系统 93

第三章　教育部制定的学科课程标准 97

第四章　河北省的教育概况 125

　第一节　小学、男女中学、师范学校及职业学校等学校复兴开设状况 125

　第二节　教科书及学科课程 152

　第三节　日语教育普及状况 154

　第四节　学校教员及学生儿童的对日感情 159

　第五节　学校教员的再教育 163

第五章　河北省的社会教育状况 165

第六章　天津的学校教育及社会教育概况等 169

　第一节　学校教育 169

　第二节　日语教育概况 178

　第三节　社会教育 184

第七章　北京的学校教育及社会教育概况等 185

　第一节　学校教育 185

　第二节　日语教育 191

　第三节　社会教育 192

蒙古地区物产的流通、交易状况

仲俣秋夫

第一章　蒙疆地区物产的流通、交易状况 201

　（一）包头 201

　（二）萨拉齐 231

　（三）厚和（绥远）241

　（四）平地泉（集宁）259

（五）丰镇 271

（六）张家口 281

（七）托克托 301

附　鸦片情况 307

一、事变前的情况 308

二、事变后的动向 309

鸦片生产状况 311

一、产额及分布 311

二、流通情况 312

三、鸦片业商人 318

四、交易方法 319

五、1938年蒙疆地区出口的大宗鸦片 320

第二章　农畜产品交易机构及交易情况 329

（一）张家口 329

（二）平地泉、厚和、包头 334

第三章　中国事变带来的流通状况的变化 369

第一节　农产 369

第二节　畜产 372

蒙疆调查班

蒙疆的天主教传教士活动状况

伊东重美

一、中国天主教的历史发展 385

二、蒙疆地区天主教的历史 399

三、信众的社会阶层 411

四、结语 419

绥远省调查班

蒙疆的日本工商业者活动情况

樱井善一

蒙古联合自治政府辖区内的教育状况

房野博

序 519

一、地方概况 521

二、中央及地方的教育行政组织 523

三、教育要纲 525

四、中央政府教育经费 528

五、学校教育 532

六、社会教育 575

蒙疆调查班

蒙疆地区的羊毛资源

大泽康男

凡例 583

第一章　绪言 587

第二章　蒙疆地区的羊毛生产 589

一、蒙疆地区羊的饲养管理实际情况 589

二、剪毛 595

三、蒙疆地区的羊毛生产地 597

四、蒙疆地区的羊毛生产状况 597

第三章　蒙疆的羊毛交易情况 602

一、流通状况 602

二、交易习惯 604

三、交易运输系统 613

四、蒙疆各主要地区的羊毛交易

情况 620
　第四章　蒙疆羊毛对策 652
　　一、羊毛对策 652

　　二、羊毛资源培养方法 658
　第五章　结论 661

第 161 册

昭和十四年(1939)调查报告(第36期生)

蒙疆游历班第九班

蒙疆金融情况
浅川典生

第一章 绪言 7
第二章 蒙疆金融机构的变迁过程与现状 13
　第一节 清末以来金融机构的变迁过程 13
　第二节 蒙疆金融机构的现状 27
　第三节 与华北及华中金融机构的关系 35
第三章 蒙疆金融机构的特质 37
　第一节 金融机构 37
　第二节 物价问题 49
　第三节 蒙疆的贸易 55
第四章 总览 71
　第一节 经济 71
　第二节 政治 81

蒙疆教育概况
宇野善藏

序 95
第一章 事变前的蒙疆教育动向 99
第二章 新兴蒙疆的教育动向 105
第三章 蒙疆教育的现状 111
　第一节 教育行政的现状 111
　第二节 学校系统 116
　第三节 学校教育的现状 137
　第四节 社会教育 150
　第五节 日语教育 156
　第六节 教育行政、学校教育的人事 160
结论 163

蒙疆地区中国人的对日感情
南恭辅

一、预备概念 173
二、本论 185
结论 197

关于山东省的教育设施状况
山口胜之

序言 211
第一编 中央教育设施 215
　第一节 总论 215
　第二节 山东省公署教育厅大事记 221
　第三节 学校教员资格等 263
　第四节 事变前后山东省教育的考察 289
第二编 地方教育行政 309
　第一节 总论 309
　第二节 济南 311

第三节　青岛 327
第四节　济宁 337
第五节　鲁南道 351
第六节　淄川洪山风井小学 355

第三编　县政指导要纲 361
第一节　方针 361
第二节　工作期限及实施方法 362
第三节　县干部的心得 364
第四节　教育指导纲领 370

第四编　结论 379

山东省调查班第四班

山东省物产流通及交易状况

田所善良

第一章　绪言 397
第二章　山东省农作物的商品化程度 399
第三章　重要物产的流通及交易状况 403
　一、烟草 405
　二、落花生 431
　三、小麦及面粉 443
　四、棉花 463
　五、畜牧及畜产品 505
第四章　关于运入、进口商品 531
第五章　关于运出、出口商品 533
第六章　工厂制造的产品 537
第七章　山东农家副业家庭工业 541
　一、副业家庭工业的性质 541
　二、主要副业形态 543
第八章　作为山东省基本农村对策的合作社 551
第九章　山东省的物资疏通工作 589
第十章　临时政府的管制 591
第十一章　日军的管制 592
第十二章　重庆政府对占领地区商品流通禁止令的影响 593
第十三章　山东省的交通 595
第十四章　日本商社的扩张状况及其前途 599
第十五章　结语 603

第 162 册

昭和十四年（1939）调查报告（第36期生）

山东方言调查

浅善益生

事变中华北的棉花生产和需求

田中多四郎

第一章　生产相关 70
　（一）世界上棉花的生产消费 70
　（二）事变前的生产概况 73
　（三）1937—1938年度生产概况 74
　（四）1938—1939年度生产概况 76
第二章　流通相关 79
　（一）事变前的流通数量 79
　（二）1937—1938年度流通数量 82
　（三）1938—1939年度流通数量及今后的预想 86
　（四）山东棉花流通统计 92
第三章　供求及运出入、进出口相关 93
　（一）事变前（1936—1937年度）的供求及运出入、进出口概况 93
　（二）1937—1938年度供求及运出入、进出口概况 97
　（三）青岛的日本人纺织锤数及织机台数表 105
　（四）华北棉花在日本原棉上的地位 112

　（五）1938—1939年度配给额问题 113
第四章　价格相关 119
　（一）行情的变迁 119
　（二）天津棉花运费等各项费用、税金及佣金 125
第五章　交易相关 131
　（一）事变后的交易情况 131
　（二）棉花管制相关的经过 143
第六章　结语 150
　（一）日本棉业团体近来的动向 150
　（二）华北棉花九年计划 152
　（三）当前的课题 153

山东省交通状况

宫静夫

绪论 163
陆上交通 165
汽车交通 243
马车交通 309
水路交通 313
山东省的民船交通 315
国内水路交通 339
大运河的水运 361
黄河的水运 367

山东省人口

新野岩男

（一）人口的离散 375
 1. 前言 375
 2. 各调查地的人口离散状况 377
 附 关于山东省的苦力 395
  一、前言 395
  二、山东苦力的离村原因 395
  三、山东苦力的出身地 400
  四、山东苦力的流通数 401
  五、结语 403
（二）大家族的状况 405
 1. 中国的大家族分布状态 405
 2. 关于各调查地 407

山东羊毛

原丰平

绪论 425
中国事变前篇 429
 第一章 羊种的概况 432
  第一节 绵羊饲养状况 431
  第二节 山东省的羊种 435
  第三节 饲养管理 437
  第四节 繁殖、分娩、饲养 442
  第五节 剪毛的时期及方法 443
 第二章 羊毛的生产、交易及利用状况 445
  第一节 山东羊毛的概念 445
  第二节 山东羊毛的分类及品质 446
  第三节 羊毛的生产状况 452

  第四节 羊毛的包装 460
  第五节 主要市场的羊毛集散状况及行情 461
  第六节 集散市场的交易情况及商业习惯 469
  第七节 针对羊毛经营者的金融机构 472
  第八节 羊毛收购的注意事项 474
  第九节 羊毛利用状况 476
 第三章 绵羊、羊肉、羊毛皮等交易及利用状况 478
  第一节 绵羊的买卖及价格 478
  第二节 羊肉 478
  第三节 羊毛皮及羔羊皮 479
 第四章 结尾 481
中国事变后篇 483
 第五章 中国事变后的状况 485
  第一节 流通状况 485
  第二节 收购状况 486
 第六章 中国牧羊的将来与日本的方针 487
  第一节 中国的牧羊情况 487
  第二节 日中羊毛供求关系的将来与考察 490
 第七章 山东羊毛的结论 496

山东烟草

原丰平

绪论 507
第一篇 中国事变前篇 511

第一章　山东省米叶①的历史 513
　第一节　试作时代 513
　第二节　耕作反别的消长 518
　第三节　日商的经营状况 524
第二章　中国事变前的产地
　　　　及产额 529
　第一节　米叶的生产地 529
　第二节　米叶的产额及流通
　　　　　状况 530
第三章　山东米叶的出口、运出 538
第四章　山东省的米叶收购情况 541
　第一节　收购场的设置 541
　第二节　收购方法 545
　第三节　英美托拉斯与日商收购
　　　　　方针的差异 548
第二篇　中国事变后篇 551
第五章　中国事变后的形势 553
　第一节　事变造成的损失及流通
　　　　　数量 553
　第二节　事变后的收购状况 554
第六章　日商对原料米叶的经营
　　　　及其将来 556

第七章　山东省米叶与中国
　　　　烟草业 565
　第一节　事变前中国烟草业的
　　　　　概略 565
　第二节　事变后的形势 567
　第三节　山东米叶的结论 568

山西省人口的统计研究

汤下良

第一　序说 577
第二　人口总数及受灾状况 582
第三　动态研究 607
　一、自然增长率 607
　二、出生率、死亡率 610
　三、婚姻率、婚姻年龄 613
第四　静态研究 624
　一、人口构成的状况 624
　二、人口分布的状况 633
第五　日本人人口 651
第六　结论 659

---

① 米叶："米"是日本对美国的称呼，根据正文，日本人把中国的烟草分为中国本土烟和外来烟，其中外来烟的烟叶是由美国人首先带到山东威海栽培的，所以就将其称为米叶、米烟。

第 163 册

昭和十四年（1939）调查报告（第36期生）

山西省教育调查

津波古充诚

序 7

一、中央教育行政及教育经费 9

（一）小学教育 9

（二）中学教育 10

（三）社会教育相关部分 11

（四）其他部分 12

山西省立新民小学及新民学校表 13

二、学校系统 17

三、学校教育 18

（一）校舍 18

（二）教员 19

（三）教科书 21

（四）新规时间表 22

四、社会教育机构 33

五、地方教育状况 48

六、日语教育 55

山西的对日感情报告

冈岛永藏

山西省（以太原为中心）的金融情况

中泽多贺夫

前言 111

第一章　山西省的总体情况 117

第一节　政治的、经济的、社会的特殊性 117

第二节　币制改革后的变化 137

第三节　中国事变后的变化 141

第四节　现状 144

第二章　币制改革后的山西省金融情况 150

第一节　币制改革前的状况 151

第二节　币制改革后的状况——特别是与中央政府的关系 159

第三节　日军占领前的状况 187

第四节　日军占领后的状况 197

第三章　日本的货币对策 201

第一节　山西及华北一带的货币种类及流通状况 201

第二节　中国人对日方货币的信用状况 214

第三节　将来的普及力问题 217

第四章　华北的汇兑管制与山西省物资的关系 221

山西省南部游历班

山西省的教育现状
石川久

第一章　绪论 231
第二章　本论 232
　　第一节　事变前的教育概况 232
　　第二节　现在的教育状况 245
第三章　结论 276

山西省南部交通调查
若槻英敏

一、概况 285
　　1. 铁路 287
　　2. 公路（汽车道路）300
　　3. 马车交通（旧道）310
二、结论 312

山西省南部旅行调查班旅行报告书
水野义德

一、绪论 319
二、中国教会的历史性概观 325
　　第一期 325
　　第二期 332
　　第三期 346
　　第四期 371
三、布教现状 389
四、山西省南部的传教事业 397
五、结论 451

山西省煤炭调查
安田秀三

绪论 465
第一章　山西煤炭的埋藏量及其在国产煤炭中的地位 467
第二章　山西煤炭的分布概况 473
　　第一节　东南部地区煤田 478
　　第二节　西南部地区煤田 482
　　第三节　太原西山煤田 483
　　第四节　宁武煤田 485
　　第五节　大同煤田 487
　　附　山西省的火炭 491
第三章　事变前后的山西煤炭产量及其采煤方法 495
第四章　企业经营 505
第五章　现在的煤炭消费 513
第六章　关于以往山西煤炭的销路不畅 517
第七章　关于以往的运输机构 519
结论 525

蒙疆的交通状况
安藤武治

序说 535
　　一、蒙疆的定义 535
　　二、一般交通状况 535
本论 537
　　一、铁路 537

  1. 京包线 537

  2. 同蒲线 565

  3. 口泉线 575

  4. 关于未完成的铁路 585

  5. 关于蒙疆运输股份有限公司 586

 二、汽车 589

  1. 汽车交通情况 589

  2. 事变前的汽车输送概况 590

  3. 蒙疆汽车公司经营经过概要 595

 三、水运 645

 四、航空 647

结论 649

第 164 册

昭和十四年（1939）调查报告（第 36 期生）

察哈尔班

察哈尔人口调查报告志

深泽治平

一、人口调查方法 7
  1. 实态调查 7
  2. 晋北自治政府的户口调查实施方法（大同）10

二、蒙疆的一般人口概况 15
  1. 张家口的不同民族分布状况 15
  2. 大同的人口概况 17
  3. 察哈尔人口各项统计一览表 21

三、日本人的人口现状 29
  1. 在大同市内居住的日本人的不同出身府县（道）人口表 29
  2. 日本人的活动状况（大同及张家口）34

（旧察省）蒙疆班

旧察南、晋北两政权辖区内的教育状况

尾见博巳

序 49
第一章　察南自治政府辖区内的教育状况 50
  第一节　教育行政 50
  第二节　教育纲领 51
  第三节　现行学校系统 53
  第四节　教育复兴的经过 55
  第五节　学校教育 61
  第六节　社会教育 79

第二章　晋北自治政府辖区内的教育状况 83
  第一节　教育行政 83
  第二节　学校教育建设要纲 83
  第三节　现在的学校教育情况 97
  第四节　社会教育情况 110

苏州语言调查报告

近幸一郎

一、绪言 117
二、与北京话的比较（初级篇）118
三、结言 161

江苏省南通县调查班

南通教育概况

春名和雄

第一章　绪论
  ——对于对华教育工作的考察 173
第二章　事变前的教育概况 183
  第一节　高等教育 189
  第二节　中等教育 193
  第三节　初等教育 197

第四节　特殊教育 206
第五节　职业教育 208
第六节　社会教育 209
第七节　教育机构及团体 212
第八节　教育经费 216

第三章　事变后的情况 220
第一节　南通的社会概况 220
第二节　教育行政概况 230
第三节　社会教育概况 233
第四节　学校教育概况 233
第五节　学校概况 236
第六节　日语教育 241

第四章　结论 243

南通调查班

南通交通

奥田隆

第一节　陆运 251
　1. 汽车 251
　2. 人力车 257
　3. 小车 257
第二节　道路 258
　1. 石马路 258
　2. 泥马路 259
　3. 小路 260
第三节　与敌占区的交通状况 261
第四节　水运 265
　1. 大连远洋轮船公司 265
　2. 大连内河小轮公司 266
　3. 民船 270
第五节　水路 272

　1. 大江（扬子江）272
　2. 运河 274
第六节　通信 278
　1. 邮政 278
　2. 电报局 279
　3. 南通大聪电话公司 279
　4. 南通长途电话公司 280
第七节　崇明岛 281
第八节　关于江阴下游的通商港口 284

华中调查扬州班

扬州盐

池田安正

第一章　绪论 305
第二章　两淮盐 308
　第一节　两淮盐制 308
　第二节　销盐区域及数量 310
　第三节　放盐 319
第三章　海州盐 330
　第一节　关于海州盐 330
　第二节　海州盐摘要 334
　第三节　关于税警团 339
第四章　扬州与十二圩 343
　第一节　扬州 343
　第二节　十二圩 350

江苏省江都县教育概况调查报告

名仓光三

一、地方社会概况 361
二、教育行政 365
三、学校教育状况 365

1. 小学教育概况 365

2. 小学规模状况 365

3. 县立小学教材、参考书、运动员配备状况 367

4. 小学教员状况 368

5. 小学学生状况 373

6. 教育复兴状况 374

7. 小学分布状况 379

8. 小学一览表 380

9. 小学课程科目及课程时间表 385

四、社会教育 390

1. 图书馆 390

2. 文庙 392

3. 日语学校 392

4. 大民会成人识字班 393

5. 公共体育场 395

五、民众娱乐机构 395

六、宗教 396

七、民众团体 397

1. 大民会江都支部 397

2. 安靖同盟会江都分会 399

3. 江都妇女会 399

4. 青年团 400

5. 防共青年团 401

6. 居住在江都县的外国人 404

八、结论 405

小麦调查

冈崎严

世界的小麦供求关系及日本、满洲、中国的供求关系 417

扬州的小麦生产及消费 439

市场的概况、市场的交易商、收购状况、流通状况、数量、线路 440

交易习惯 451

面粉业 453

事变带来的影响 457

徐州海州地区交通状况

井唯信彦

第一章　陇海铁路 463

一、历史 463

二、本铁路的运输业绩（事变前）466

三、物资 472

四、宝鸡—兰州及宝鸡—成都间的铁路计划线比较 482

第二章　连云港 485

一、连云港与各地的距离 485

二、自然条件 485

三、港口建设 489

四、贸易 496

五、连云港的将来 514

第三章　事变后的运输业绩 531

第一节　1938年9月前一年的各站到发货物数量概况 531

第二节　徐州站的相关统计 539

第三节　通信状况 542

第四章　徐属八县事变前后交通状况表 545

第一节　事变前交通状况表 545

第二节　事变后交通状况表 554

陇海沿线的人口调查

松田正人

第一篇　徐州 577

　　第一章　徐州概论 577

　　第二章　日本侨民数及其活动状况 581

　　第三章　中国人因事变离散及复归状况 587

　　第四章　外国侨民数及其活动状况 607

第二篇　开封 613

　　第一章　开封概论 613

　　第二章　日本侨民数及其活动状况 617

　　第三章　中国人因事变离散及复归状况 623

　　第四章　外国侨民数及其活动状况 627

第165册

昭和十四年（1939）调查报告（第36期生）

关于华中徐州一带的教育情况（附开封一带的教育概况）

河野龙雄

徐州地区社会概况 7
教育行政概况 15
关于学校教育（徐州市）17
关于日语教育 33
徐州日本小学历史 35
关于社会教育 37
外国人经营的教育机构 38
关于宣抚教育状况 39
开封的教育概况（附记）41

安徽省长江流域的日本工商业者活动状况

今村一郎

前言 55
第一章　绪论 55
第二章　安徽省长江流域的经济实际情况及其与日本工商业者的关系概述 57
第三章　以芜湖为中心的日本工商业者的活动状况 65
　第一节　芜湖的总体情况 65
　第二节　日本侨民统计 88
　第三节　日本商人的营业组织及经营状况 98
　第四节　日本工业者的企业组织及经营状况 126
　第五节　关于芜湖的日本商业者的行业协会 132
　第六节　国策会社的问题 146
　第七节　芜湖的重要问题 155
　第八节　芜湖的日本工商业者的将来 166
第四章　安庆的日本商人的概况 169
　第一节　安庆的概况 169
　第二节　安庆的日本侨民统计 177
　第三节　日本商人的营业组织及经营状况 181
　第四节　关于安庆的日本商人的同业协会 195
　第五节　国策会社的问题 195
　第六节　安庆的重要问题 197
　第七节　安庆的日本商人的将来 201
第五章　结言 203

芜湖、安庆的人口调查

前川利雄

芜湖的人口调查 215
　第一章　事变前的情况 215
　　A. 芜湖的各类情况 215
　　B. 芜湖人口增加的过程 224
　第二章　事变后的情况 237

A. 芜湖的复兴状况 237
　　B. 芜湖人口增加的过程 247
　　C. 芜湖居民的生活状况 262

怀宁（安庆府）的人口调查 269
　　A. 安庆的各类情况 269
　　B. 安庆的人口 277
　　C. 安庆居民的生活状况 284
　　D. 安庆特务机构的活动情况 288
　　（附）蚌埠市人口 302
　　安庆特务机构辖区内各表
　　（事变前）304

安徽省物产流通交易状况调查
（特别以芜湖、当涂、安庆、蚌埠为中心）

秋山安正

第一章　安徽省产业概况 329
　　第一节　绪论
　　　　　　——产业的实际情况 329
　　第二节　商业——物产流通交易 336
第二章　芜湖、当涂、安庆、蚌埠的
　　　　物产交易流通情况 348
　　第一节　各地的重要物产 348
　　第二节　各地的农产品的市场商品化
　　　　　　程度 431
　　第三节　日中外国商品的角逐、扩张
　　　　　　状况 435
　　第四节　战后的商业——物资流通交易
　　　　　　方面的管制倾向 440
　　第五节　物产交易流通的前途 461
第三章　市场组织
　　　　（配给过程分析）463

　　第一节　中国商人的种类 464
　　第二节　商业团体 473
　　第三节　商业补助机构的设备
　　　　　　状况 488
　　第四节　税捐 505
第四章　中国事变对各地交易状况的
　　　　影响 508
　　第一节　日本商社的交易扩张状况及其
　　　　　　前途 508
　　第二节　维新政府的商业交易管制
　　　　　　倾向 515
　　第三节　重庆政府对占领地区商品
　　　　　　流通禁止令的影响 515
第五章　结语 518

江西省交通状况调查

松野稔

序言 529
第一章　以九江为中心的长江贸易 533
　　第一节　中国事变前的状况 533
　　第二节　中国事变的影响及现状 543
　　第三节　长江开放问题 556
　　第四节　长江贸易的将来 567
第二章　九江—南昌间的交通概况 571
　　第一节　公路 571
　　第二节　南浔铁路 573
　　第三节　水路 578
第三章　中国事变前的江西省交通
　　　　概况 582
　　第一节　公路 582
　　第二节　铁路 589

第三节　航运 591

第四节　航空路线 597

江西省班

江西省物产流通交易状况

树野阪治

江西省进口、运入主要货物数量

 统计 610

 税金 617

 物产 619

 杂谷 621

 烟叶 622

 棉花 624

 麻 625

 茶（红茶七、绿茶三）626

 矿产物 627

 陶土 632

 贝壳 632

 工艺品 633

 纸 636

 出口、运出 638

 茶市场组织 643

江西省陶磁器配给组织 644

 合作社 646

 仓库 649

 运输部门 651

金融 653

银行 655

关于九江 659

关于湖口 664

关于吴城镇 665

关于南昌 666

关于小池口 673

关于日本商社的交易扩张情况及其前途 675

第 166 册

昭和十四年（1939）调查报告（第36期生）

汉口调查班

关于皮革

野田久太郎

凡例 5

皮革 7

 一、概况 7

 二、牛皮的种类、用途及产地 12

汉口的牛皮业 21

 一、汉口集散牛皮的产地及产额 21

 二、流通量 25

 三、汉口流通牛皮的品质 27

 四、牛皮流通期 32

 五、生皮的运输情况 34

 六、交易情况 36

 七、汉口的交易习惯 42

 八、牛皮出口情况 44

 九、事变后的情况 48

武昌调查班

汉口市场上的猪鬃

市村克孝

（一）什么是猪鬃 69

（二）世界上猪鬃的供求关系及中国猪鬃 71

（三）日中事变发生前汉口市场上的猪鬃 73

 1. 市场的概况 73

 2. 交易商 74

 3. 收购状况 78

 4. 流通状况 81

 5. 交易习惯 101

 6. 各种设施 101

（四）日中事变发生后汉口市场上的猪鬃 105

 1. 市场的变动（日军的扩张及土货运出线路的变化）105

 2. 外国商社 109

 3. 日本商社 110

（五）国民政府贸易管制的发展及猪鬃 139

（六）长江开放问题 150

（七）结论 154

后记 159

湖北省第二班

武汉地区外国传教士的活动情况

吉贺六郎

第一章　绪论 169

第二章　湖北省旧教教会的活动情况 172

 第一节　中国的旧教 172

 第二节　湖北省的旧教天主教教会及传教士 178

第三章　湖北省新教教会的活动
　　　　状况 190
　第一节　中国的新教概述 190
　第二节　湖北省的新教教会
　　　　　及传教士 196
第四章　获得信众的方法 223
　第一节　教育事业 224
　第二节　医疗事业 242
　第三节　公益性慈善事业 247
第五章　事变后外国教会的活动 253
第六章　结论 261

华中中国人的对日感情
——特别以武汉为中心

光冈义男

第一章　绪论 269
第二章　在汉口分别对小学生及教员
　　　　训练所讲习性提出问题并寻求
　　　　解答 277
第三章　对日感情情况 319
第四章　事变观 334
　一、国民党的认识 334
　二、防共的认识 337
　三、东亚新秩序的认识 340
第五章　结语 345

湖北省第三班

以汉口市场为中心的漆类调查报告

江渊薰

一、序言 353
二、供求关系 353

三、中国漆类的生产及消费 355
　A.种类及品质 356
　B.生产地的气候 361
　C.生漆的采集方法 361
　D.各地生产概况 363
四、市场的概况及流通状况 368
五、交易习惯（在汉口）374
六、包装方法 377
七、漆类的贸易额 379
八、关税 381
九、汉口的漆类市价 381
十、事变后的概况 383
十一、结论 386

湖南省岳阳地区的货币金融
状况调查

松尾勇夫

绪论 395
1.岳阳的经济特殊性 399
　（1）对外关系 399
　（2）对内关系 400
　（3）岳阳自身的内在意义
　　　（经济特质）401
2.币制改革后岳阳的币制金融状况 402
3.日方的货币金融种类及流通状况 406
　（1）货币的种类及其与其他货币的
　　　兑换 406
　（2）中国人的信用认可程度 407
　（3）使用场所的范围 407
　（4）将来的普及力及其相关各类
　　　问题 408

第 166 册 ｜ 257

4. 日本的法币对策 411

岳阳调查班

岳阳城人口调查报告
山本尚长

一、绪论 421
  a. 对于中国人口调查的主要
    着眼点 421
  b. 本人在岳阳城人口调查的主要
    着眼点 422
  c. 调查方法 423
二、本论 425
  a. 与人口消长有密切关系的岳阳城的
    自然要素及人为要素的概略性
    考察（事变前）425
  b. 此次事变后的居民离散、复归
    状况 440
  c. 日本人状况 468
三、结论 472
四、附言 474

广州市教育状况
今西照男

序 481
第一章　学校教育 485
  第一节　事变前的状态 485
  第二节　事变后的状态 491
第二章　社会教育 505
  第一节　事变前的一般民众教育 506
  第二节　事变后的社会教育状态 508
  第三节　文化团体 524

广东调查班

广州市的第三国权益的特殊性
大坪正十三

绪言 539
第一章　概说 541
第二章　第三国权益的实际状况 544
  第一节　借款形态的权益 544
  第二节　直接经营的权益 582
第三章　结语 621

活动状况 436
（二）事变以来以香港为中心的广东省沿岸航业发展状况 440
（三）以攻占广东为转机产生的变化 444
（四）以广东为中心的现在的水运状况 445
（五）广州市水上交通状况 451

四、航空 461
（一）事变发生前后及攻占广东前以广东为中心的航空状况 461
（二）以广东为中心的航空业现状 467

五、此次中国事变与华南贸易线路 469
（一）香港—广东—粤汉铁路线路 472
（二）香港—澳门线路 473
（三）香港—汕头线路 474
（四）香港—北海、广州湾线路 475

结言 477

广东的生丝

田尻亲种

序 489

第一章　广东生丝的供求关系 491
　第一节　世界的供求关系 491
　第二节　事变后的供求关系 493
　第三节　日本、满洲、中国的供求关系 495

第二章　生产状况 496
　第一节　养蚕期 496
　第二节　各地生产状况 497

　第三节　缫丝工厂的状况 501
　第四节　生产费 501

第三章　市场 503
　第一节　出口交易 504
　第二节　交易方法 505
　第三节　事变后的市场状况 509

第四章　品质、种类 514
　第一节　广东生丝的优缺点 514
　第二节　生丝的品质 515

第五章　包装及行情 516
　第一节　包装 516
　第二节　生丝的行情 517
　第三节　流通时期 517

第六章　广东生丝的改良设施 518
　第一节　国民政府的改良设施 518
　第二节　今后改良设施的一点思考 524

第七章　华中蚕丝与广东蚕丝 531
　第一节　华中蚕丝股份有限公司 531
　第二节　华中蚕丝与广东蚕丝 533
　第三节　日中蚕丝的管制 535

结论 537

海南岛调查班

海南岛金融经济情况调查报告书

吉村英助

商业 545
一、概论 545
二、商业历史 548
三、商业市镇 549
（一）主要市镇的概况 549

（二）商业交通 551

（三）市场种类的相关记要 552

四、商业组织 554

五、商业团体 556

（一）商业团体的历史 556

（二）同业公会 556

（三）商团 557

六、商业习惯 558

七、流通状况 559

八、物价 561

九、事变与海南岛商业 562

贸易 567

一、贸易的趋势 567

二、本岛进出口贸易消长的原因 572

三、对外贸易 575

1. 概况 575

2. 国别贸易 579

3. 1938年度对外贸易情况 579

四、国内贸易 582

（1）牛 585

（2）猪 586

（3）锡 587

金融 589

一、概说 589

二、货币 590

1. 币制改革前的货币 590

2. 现行货币 594

三、金融机构 598

四、攻占海南岛后的新事态 603

华侨情况 607

第二十三班香港班

香港华侨概说

下条义克

第一章　香港华侨的意义 617

第二章　香港华侨的地位 620

　第一节　香港华侨的重要性 620

　第二节　香港有实力的华侨姓名 622

第三章　香港华侨的主要事业 657

　第一节　概观 657

　第二节　香港华侨五十五行 669

　第三节　华侨团体 689

第四章　香港华侨的思想 694

　第一节　香港华侨的文化程度 694

　第二节　对日感情 696

　第三节　香港华侨报纸的现状 699

第五章　香港难民现状 703

第六章　结论 706

第 168 册

昭和十四年（1939）调查报告（第36期生）

香港调查第二班

香港的中国人对日感情
中山一三

一、前言 7

二、影响中国人感情的环境 8
  1. 报纸 8
  2. 出版物 15
  3. 电影、戏剧 25
  4. 学校教育 28

三、在港中国人的特殊性 29

四、中国人对事变及对日本感情的表现 31
  1. 爱国运动、公债的消化状况 31
  2. 汪兆铭声明的反响 33
  3. 与李佐夫的会见记录 34
  4. 直接针对日本人的不合法行为 36
  5. 与田中松一君的谈话 38

五、结语 40

附　澳门的中国人对日感情 47

香港班

香港的日本工商业者的活动状况
宫原正四郎

（一）大英帝国在远东留下足迹在东洋史上看来也绝非古老时代的事情 53

（二）香港原来并非地理关系上的农耕地 56

（三）香港总商业会议所年度报告所记录的1938年香港经济情况 86
  1. 总说 87
  2. 丝布类市况 90
  3. 工业化学制品市况 95
  4. 水泥市况 96
  5. 纸类市场 97
  6. 煤炭 100
  7. 茶 101
  8. 香港的制造工业 103

（四）香港对日贸易统计 105
  1. 香港对日进口总额 105
  2. 香港总进口额 106
  3. 香港对日出口总额 106
  4. 香港总出口额 106

香港物产的流通及交易状况
堀深

序 127

第一章　关于香港的贸易 133
  第一节　香港繁荣的理由 133
  第二节　香港的进出口手续 137
  第三节　中国事变与香港贸易 145
  第四节　关于走私 169
  第五节　香港贸易的前途 175

第二章　近来的物价状况 179

第三章　市场组织

　　　　（配给过程的分析）183

　　第一节　关于中间商 183

　　第二节　商业团体 189

　　第三节　商业补助机构的设备

　　　　　　状况 213

　　第四节　税捐（关税）235

　　第五节　特殊商品交易习惯 237

第四章　此次事变对当地日本商社的

　　　　影响 241

香港华侨调查

田坂三雄

一、序文 253

二、英属香港小史 257

三、华侨的意义 265

四、香港华侨人口 269

五、香港华侨的地位 274

六、香港有实力的华侨团体及华侨

　　姓名 281

七、香港华侨厂商经营状况 299

八、香港工厂调查 321

九、香港华人工厂一览表 326

十、香港华侨报纸 346

十一、中国人的对日感情 351

十二、结语 354

传教士的活动状况

林正秋

基督教的农村工作 361

1. 教会农村事业的精神 361
2. 中国农业的特性 362
3. 西方科学与中国农业 363
4. 人生的理想与农村的改进 366
5. 成功的要素 368
6. 农业的研究 372

经济与社会问题 375

农业教育 379

中国的农村工作 388

中国农村生活协会 390

香港的教会 397

关于香港的外国人权益

下垣内正典

绪论 411

　一、地势 411

　二、英国的占领略史 413

　三、英国霸权的确立 416

第一编　本论

　　　　（香港的外国人权益）417

　第一章　人口 418

　第二章　外国的投资状况 421

　　序言 421

　　第一节　英国的投资状况 425

　　第二节　美国的投资状况 473

　　第三节　法国的投资状况 483

　　第四节　德国的投资状况 488

　　第五节　其他主要国家的投资

　　　　　　状况 491

　第三章　香港的对外贸易 494

　　序言 494

第一节　中国事变前的对外贸易 495

第二节　中国事变中（现在）的对外贸易 504

第二编　结论 516

香港及澳门的交通状况

横川武

第一章　绪论 531

第二章　香港的交通状况（含九龙）535

第一节　海上交通 535

第二节　陆上交通 587

第三节　空中交通 605

第三章　澳门的交通状况 609

一、澳门市区交通状况 609

二、澳门—广东的连接 614

第四章　结语 616

第169册

昭和十四年(1939)调查报告(第36期生)

香港澳门班

香港货币金融调查
大峡一男

第一章　香港 7
第二章　香港金融的特长 11
　一、香港金融的殖民地化 12
　二、香港金融的国际性 14
　三、香港金融的组织化 16
第三章　香港的币制 18
　一、历史 18
　二、货币的种类及流通状况 25
第四章　香港的金融机构 51
　一、发券银行 51
　二、外国银行及中国新式银行 54
　三、银号 65
　四、汇丰银行与香港票据交换所 66
　五、外汇银行公会与华商银行公会 72
第五章　香港的外汇 74
　一、香港汇率的倾向 74
　二、香港汇率的决定 79
　三、1938年的事件与香港金融市场 80
　四、1939年6月的法币暴跌与港元 87
　附　外汇资金 95

第六章　港元在华南的地位 97
第七章　香港金融的将来 101
附　澳门的货币 105

广东话之一部
田坂领甫

序 113
发音 117
　一、辅音 117
　二、元音 123
　三、入声音 134
　四、其他 136
声调 137
词汇 141
语法 150
结语 151

法属印度支那调查班

法属印度支那劳动条件及以 Cais[①] 为中心的一项研究
冈田晃

绪论 159
　一、殖民地经济下的法属印度支那劳动条件概括 159
　二、北方劳动研究的前提性考察 162

---

① 原文难以辨认，查资料也没有头绪，译者推测为 Cais，因为可以音译为日语中的 kaie。

本论 165
　第一章　一般的劳动条件 165
　　第一节　雇佣合同及其条件 166
　　第二节　劳动者生活状况 178
　第二章　矿山劳动者问题 186
　　第一节　作为预备军的矿山
　　　　　　劳动者 186
　　第二节　矿山劳动者的各项
　　　　　　设备 189
　　第三节　法属印度支那矿山的
　　　　　　安全率 190
　第三章　Cais 的研究 193
　　第一节　Cais 的概念 193
　　第二节　Cais 的转包制度 195
　　第三节　作为预备军的 Cais 197
　　第四节　Cais 的首领 200
结论 205
　一、劳动法颁布问题 205
　二、从人的要素看产业发展性的
　　　存在与否及民族问题 208

关于法属印度支那的对日感情
大久保泰

第一章　绪论 221
第二章　中国事变以前的对日感情 225
　第一节　法国人（特别是法属印度支
　　　　　那当局）的对日感情 225
　第二节　华侨的对日感情 230
　第三节　土人（安南人）的对日
　　　　　感情 232
第三章　中国事变以后的对日感情 236
　第一节　法国人（特别是法属印度支

　　　　　那当局）的对日感情 236
　第二节　华侨的对日感情 274
　第三节　安南人的对日感情 283
第四章　结论 294

印度支那的法国殖民政策概况
坂东薰

前言 301
报告内容 303
一、法国占领史 303
　1. 第一次法越条约（1789 年）303
　2. 第二次法越条约（1862 年）304
　3. 第三次法越条约（1874 年）305
　4. 第四次法越条约（1884 年）307
　5. 占领全印度支那前（1896 年）309
二、法国殖民地政策 311
　1. 殖民政策的动摇（1885—1895 年）311
　2. 殖民政策的安定（1897—1902 年）322
　3. 殖民政策的确立（1911—）
　　——主要是土著居民政策 337
三、民族问题概况 346
　1. 原住民族 346
　2. 民族运动 350

经济班

暹罗华侨的经济地位
田中信隆

一、暹罗的华侨数量及其地理分布 362
二、暹罗华侨与中国的关系 367
三、华侨在暹罗产业分野的地位 371
四、暹罗华侨的主要产业及其

投资额 376
五、暹罗有实力的华侨的交易金融
　　机构 377
六、暹罗有实力的华侨姓名及其
　　投资额 383
七、结言 384

政治班

事变中暹罗华侨的动向

河合祝男

A. 在外华侨的抗日意识一瞥 393
B. 暹罗华侨的不同出身地考察 396
C. 暹罗华侨的现状及活动状态 400
D. 以暹罗为中心的华侨联合抵制日货
　状况 407
E. 日暹关系预测的愚见 412

暹罗国调查班

暹罗华侨调查

松尾松一郎

序 425
第一章　暹罗华侨的数量及其分布
　　　　地区 427
第二章　暹罗的资源产业与华侨 432
　（一）农业 432
　（二）畜牧业 440
　（三）林业 440
　（四）矿业 442
　（五）水产业 442
　（六）暹罗的资源问题与列国（特别
　　　是英法）的动向 443

第三章　工业 447
　（一）精米业 447
　（二）木材加工所 449
　（三）制糖业 449
　（四）其他小工业 450
　（五）近代的大工业 450
第四章　商业与华侨势力及日本、英国、
　　　　中国在暹罗贸易中的动向 452
　（一）交通及运输业 452
　（二）暹罗国内商业与华侨势力的
　　　　关系 455
　（三）对外贸易的概况 455
　（四）暹罗贸易中的华侨势力 460
　（五）暹罗贸易中的日本、英国、
　　　中国动向 462
第五章　金融与华侨势力 471
结言 471

暹罗调查

村冈正三

民族性 479
佛教 484
英法势力 489
华侨 492
泰魂的振兴 502
日暹关系 505

菲律宾调查班

关于菲律宾的零售市场

中辉雄

一、菲律宾的国际市场性 515
二、菲律宾零售商权的分布 521
三、结语 537

关于马尼拉麻产业

松井端

日中事变中菲律宾政府的动向

冈岛正

关于菲律宾人的独立意识

松木鹫

第一章　人种构成 637
第二章　国民性 644
第三章　教育 658
第四章　结论 666

第 170 册

昭和十四年（1939）调查报告（第36期生）

菲律宾华侨调查
富冈健次

1. 菲律宾华侨海外贸易商的发展历史 5
2. 菲律宾华侨的投资 13
3. 菲律宾华侨的商业 21
4. 全面抗战一年来的华侨捐款统计[①] 27
5. 菲律宾华侨援助抗战一周年综述 33
6. 菲律宾华侨的主要商业团体 41

从经济角度观察菲律宾独立的可能性
鸭泽二郎

第一章　菲律宾独立概要 75
第二章　菲律宾的贸易 81
第三章　菲律宾的产业 97
第四章　结论 105

马来经济问题
丹田四郎　上野阳

绪言 113
经济问题 114
　一、锡 114
　二、橡胶 126

商业 139
　一、新加坡本国织物市况及联合抵制日货 139
　二、英属马来本国针织品市况 146
　三、联合抵制日货问题 149
　四、马来对日及对外贸易统计 153

海峡殖民地华侨的政治动向
小林保　岩间正雄

A. 新加坡的抗日团体 164
　a. 星华筹备难民救国会 164
　b. 中华总商会 169
　c. 商业团体 174
　d. 海南救国救难民大会 175
　e. 学生问题 180
B. 共产党问题 183
C. 民族动向 185
D. 日本政策关于以上问题的意见 190

海峡殖民地调查班

以无业者为中心的海峡殖民地的劳动问题
长田宪一

（一）绪论 207
（二）劳动者统计 210

---

① 此数据来自菲律宾华侨，日方抄录时没有修改，所以出现了"全面抗战一年来"这种提法。

（三）劳动行政 213

（四）无业者状况 215

（五）原因 222

（六）救济方针 231

（七）结论 239

（八）华侨的思想动向 245

昭和十五年（1940）调查报告（第37期生）

上海调查班

上海租界内的中国大学现状

桥坂隼登

绪言 251

一、三吴大学（私立）253

（一）所在地 253

（二）历史 253

（三）学制 253

（四）附属机构 257

（五）教职员 258

（六）学生 258

（七）修学所需费用 259

（八）设备状况 260

二、之江大学（私立）265

（一）所在地 265

（二）历史 265

（三）学制及修业年限 266

（四）附属机构 266

（五）经费 267

（六）教职员 267

（七）学生数 267

三、沪江大学（私立）274

（一）所在地 274

（二）历史 274

（三）学制及修业年限 274

（四）附属机构 275

（五）经费 275

（六）教职员 275

（七）学生数 276

四、圣约翰大学（私立）277

（一）所在地 277

（二）历史 278

（三）学制及修业年限 278

（四）附属机构 279

（五）经费 279

（六）教职员 279

（七）学生数 279

五、东吴大学（私立）279

（一）所在地 279

（二）历史 280

（三）学制及修业年限 280

（四）附属机构 281

（五）经费 281

（六）教职员 281

（七）学生数 281

六、光华大学（私立）

（一）所在地 291

（二）历史 291

（三）学制及修业年限 291

（四）附属机构 292

（五）经费 292

（六）教职员 292

（七）学生数 292

七、震旦大学（私立）294

第 170 册 | 271

（一）所在地 294
（二）历史 294
（三）学制及修业年限 294
（四）附属机构 295
（五）经费 295
（六）教职员 295
（七）学生数 296
（八）校舍等设备 296

结言 302

河北省调查第一班

天津纺织业的现状

佐古广利

第一章　中国纺织业的历史 309
　第一节　中国纺织业的发展与日中事变 309
　第二节　日中事变前后的中国纺织设备 310
第二章　天津纺织 316
　第一节　天津纺织的发展 316
　第二节　天津纺织与日中事变及去年的水灾 323
　第三节　事变前后天津纺织的设备及现状 325
　第四节　产品 349
　第五节　劳动情况 356
　第六节　利益相关问题 373
　第七节　现在的问题 377
第三章　天津纺织的前途 380
第四章　棉花 382
　第一节　东亚共荣圈各国的棉花生产量 383
　第二节　中国棉花 386
第五章　纺织的联合与集团化 412
第六章　结论 415
附　华北棉花增产目标1000万担 419

以河北省为中心的华北交通建设、建设事业概况

今井正次

第一章　绪说 429
第二章　铁路 434
第三章　道路（附航空设施概况）446
第四章　汽车 457
第五章　港湾 471
第六章　河流、运河 480
第七章　城市建设 499
第八章　结语 547

河北省的教育状况

风间金丸

绪论 555
第一章　事变前的河北教育动向 557
第二章　教育方针 567
第三章　事变后的河北教育变迁状况 570
　一、北京地方治安维持会时代 571
　二、临时政府时代 576
　三、华北政务委员会时代 585
第四章　现行学制 590
　（一）初等教育 591
　（二）中等教育 591

（三）高等教育 593

第五章　学科课程 597

　　（一）初等教育 598

　　（二）中等教育 607

　　（三）专业及大学教育 620

第六章　河北省的教育状况 629

　　一、总论 629

　　二、学校教育 631

　　三、学校教员再教育 655

　　四、日语普及与日本教员 657

　　五、教员 661

　　六、教育经费 667

七、社会教育 669

第七章　北京的教育状况 673

　　一、学校教育 673

　　二、日语教育 682

　　三、社会教育 684

第八章　天津的教育状况 685

　　1.初等教育 686

　　2.中等教育 687

　　3.外国学校状况 689

　　4.日语教育状况 690

　　5.社会教育 692

结论 693

第171册

昭和十五年（1940）调查报告（第37期生）

河北省调查第二班

北京的地毯工业

日野原朝典

第一章　中国地毯工业的概观 7
　第一节　地毯工业的地域性分布 7
　第二节　北京及天津的地毯工业 14
第二章　工业组织 27
　第一节　原料采购、生产、产品销售的各个过程 27
　第二节　各工厂经营形态的具体内容 30
　第三节　北京地毯工业的支配性经济形态 66
　第四节　各经营形态的存在界限 68
第三章　劳动者的分析 87
　第一节　地毯工厂的人员构成 87
　第二节　劳动者的供给 89
　第三节　工人 96
　第四节　徒弟 112
　第五节　福利状况（工人及徒弟）119
第四章　劳资的组织 123
　第一节　同业公会 123
　第二节　劳动公会（工会）130
第五章　结论
　　　——此次事件对中国地毯工业的影响及今后的问题 133
附一　调查的45家工厂的规模及显示的若干统计 141
附二　证书类 147
附三　徒弟规定 154
附四　同业公会规定 159

河北省定县的财政

斋藤保夫

第一章　定县财政组织的现状 174
　第一节　财政系统及组织的实际状况 174
　第二节　税务组织与财政官员 179
第二章　定县的税源及其征收方法 188
　第一节　各种课税的种类、课税对象、课税基准及收入额 188
　第二节　征税方法 217
　第三节　免税、偷税的状况 228
　第四节　征用、征发、强索 230
　第五节　民众的租税负担 231
第三章　公债、借款及补助费发行等 234
　第一节　公债、借款及铜币券 234
　第二节　来自中央及军事机构的补助金 235
　第三节　国有财产与国有事业的实际状况 236
　第四节　地方金银政策 236

第四章　地方经费的概要 237
　第一节　定县地方经费的内容 237
　第二节　物资调拨方法 258
第五章　预算及决算制度的现状 259
第六章　新政权下地方财政的根本
　　　　问题 285

华北经济开发与日中合作问题

阿部善种

（一）事变与华北产业的重组 294
　（a）事变前的发展阶段 295
　（b）以事变为契机的变化动向 317
（二）各种产业的恢复与生产力扩充
　　　政策的发展 346
　（a）军事管理工厂的活动概况 346
　（b）国策会社的活动概况 432
　（c）自由企业——轻工业、金属机械
　　　工业部门的活动概况 562
　（d）第三国企业的活动概况 586
（三）新中央政府的成立与各种
　　　问题 608
　（a）军事管理工厂处理问题 608
　（b）联银券通货膨胀问题与开发
　　　政策 620
　（c）日中合办企业与企业国际
　　　问题 633
　（d）自由企业管制问题 645

　（e）华北开发公司的创设、兴中公司
　　　解散问题及蒙疆开发问题 649
（四）结论 657
　（a）关于华北蒙疆经济重建的基本
　　　方向 663
　（b）关于华北商矿工业的具体
　　　方针 665

关于华北的汽车交通

蜂巢一郎

第一章　汽车道路 682
　第一节　历史 682
　第二节　建设计划 686
　第三节　华北交通汽车部与道路
　　　　　对策 695
第二章　华北的汽车事业 705
　第一节　事变前的概况 705
　第二节　事变后的概况（至华北交通
　　　　　汽车部成立前）708
第三章　华北交通汽车部的活跃
　　　　情况 728
　第一节　组织 729
　第二节　营业概况 733
　第三节　以城市为中心的货物汽车
　　　　　运输 739
第四章　结言 750

第 172 册

昭和十五年(1940)调查报告(第37期生)

山西省调查第一班

日本兴亚政策在华发展状况

松坂贤

一、日本兴亚政策的政治性发展 5
　甲、日方的新发展 5
　乙、中方的新发展 11
二、日本兴亚政策的经济性
　　发展 43
　甲、经济主体的出现 44
　乙、管制 56

山西省教育复兴状况

柴田武夫

一、学校教育相关事项 77
　1. 教育方针 77
　2. 小学教育相关事项 79
　3. 师范教育相关事项 84
　4. 中学、大学、专科学校相关事项 86
　5. 实业教育相关事项 91
　6. 女子教育相关事项 92
二、教员再教育相关事项 92
三、日语教育相关事项 94
四、青年教育相关事项 96
五、留学生相关事项 100
　1. 国外留学生 100
　2. 国内省外留学生 103
六、关于宗教相关学校 105
七、社会教育状况 107
　1. 教育会的活动 107
　2. 图书馆及书报社 108
　3. 演讲所 108
　4. 娱乐机构 109
　5. 农会及农业指导 109
　6. 卫生设备 110
　7. 识字运动 110
附录一　事变前后学校状况比较表 111
附录二　山西省1935年度教育状况
　　　　统计表 118

山西省调查第二班

以大同为中心的晋北地区交通

平田文次

概说 125
大同 129
　一、历史 129
　二、市区 131
　三、城市计划 135
　四、大同市内的交通 141
　五、日本人的居住状况 144
以大同为中心的晋北地区交通 148
　一、纲要 148

二、公路 162

三、铁路 167

四、运输（蒙疆运输）170

五、通信 176

山西省阳曲县的财政
村井光三

第一章　阳曲县财政近况概说 191

第二章　阳曲县财政组织的现状 204

　第一节　财政系统及组织的实际状况 204

　第二节　税务组织与财政官员 206

第三章　税源及其征收方法 208

第四章　公债、借款、补助金、财产收入等非赋税收入及地方金银政策 219

第五章　阳曲县经费的概要 230

第六章　预算及决算制度的现状 255

第七章　针对阳曲县将来的问题 298

山东省调查班

事变前后的山东纺织业
绪方正己

序论　在华纺织业概说 311

第一章　中国纺织业的全貌 311

　一、中国纺织的历史 311

　二、事变前中国纺织的状况 326

　三、现在中国纺织的规模 331

　四、中国纺织业的变革概况 339

第二章　在华日本纺织业的全貌 344

　一、在华日本纺织业发展史 346

　二、事变前的在华日本纺织业 350

　三、事变后的在华日本纺织业 380

本论　山东纺织业 389

第一章　总说 389

第二章　青岛纺织业 395

　一、青岛日本纺织业的历史 395

　二、事变前的状况 402

　三、事变后的状况及今后的问题 423

第三章　济南纺织业 438

　一、概说 438

　二、济南纺织业情况 441

第四章　山东省棉花概说 456

第五章　青岛纺织劳动情况 469

　一、劳动者人数及劳动编制 469

　二、劳动工资 485

　三、劳动者的素质身份 496

　四、福利设施 502

　五、生计费 506

结论 510

山东省货币金融状况
前山博延

绪说 515

第一章 山东的特殊性 518
    第一节 历史的乃至地理的特殊性 518
    第二节 政治的特殊性 525
    第三节 与日本的历史关系 531
    第四节 经济的特殊性 532

第二章 币制改革后山东省的币制金融状况 556
    第一节 货币 556
    第二节 金融机构 558

第三章 货币及物价（华北通货膨胀） 613

第四章 从法币实际行情观察贸易额 632

第 173 册

昭和十五年（1940）调查报告（第 37 期生）

绥远省调查

蒙疆的天主教情况

加藤咨郎

绪言 3
天主教情况 6
获得信众的方法 30
结语 55

蒙疆的货币金融情况

江藤茂树

一、绪论 63
二、蒙疆地区的特殊性 67
 1. 经济的特殊性 67
 2. 地理的、政治的特殊性 69
三、蒙疆地区货币金融工作的概况 71
 1. 察南地区 72
 2. 晋北地区 77
 3. 绥远及察北地区 79
四、蒙疆地区的金融机构 81
 1. 蒙疆银行 82
 2. 实业银行 104
 3. 当铺 109
 4. 其他金融机构 118
五、货币政策 120
 1. 蒙疆银行券的性质 120
 2. 货币政策 123
六、汇兑管理与物资管制 130
七、贸易 135

战后蒙疆的物资流通状况

吉田善次

蒙疆的战后复兴状况

八木了彦

巴彦塔拉盟辖区内概况 353
一、历史 357
二、地势及面积 358
三、户口 360
四、治安状况 362
五、民心的动向 364
六、产业概况 365
七、交通状况 371
八、教育 373
九、县财政 375
十、福利事业 380
十一、地方行政 382

浙江省调查

杭州嘉兴的民船

立花正平

绪论 393
一、战前的状况 393

二、战后的状况 420

附　广东民船的现状 459

杭州的工业
石崎三郎

第一章　绪论 479

第二章　杭州的情况 481
　　第一节　市区 481
　　第二节　人口及经济 482
　　第三节　日本人的活动状况 486

第三章　工业历史概况 487

第四章　事变前的工业 491
　　第一节　一般工业 491
　　第二节　工厂工业 505

第五章　现在的工业 517
　　第一节　手工业及家庭工业 517
　　第二节　民间工厂 520
　　第三节　日资及日中合办工厂 533

第六章　杭州劳动者状况 537

第七章　杭州工业的将来 548
　　第一节　销售 548
　　第二节　原料 552

第八章　结论 554

关于浙江省教育设施的复兴状况
今村俊一

第一章　绪论 565

第二章　中央教育设施概况 567
　　第一节　中央教育行政机构 567
　　第二节　浙江教育厅 568
　　第三节　教育主旨及实施方针 578
　　第四节　学校系统 586
　　第五节　教课内容 590
　　第六节　学校教员 610
　　第七节　学校经费 625

第三章　地方教育设施状况 636
　　第一节　杭州的教育状况 636
　　第二节　杭县 649
　　第三节　德清县 649
　　第四节　嘉善县 651
　　第五节　海宁县 652
　　第六节　吴兴县 658
　　第七节　余杭县 663
　　第八节　平湖县 665
　　第九节　长兴县 667
　　第十节　崇德县及海盐县 671
　　第十一节　嘉兴县及桐乡县 674
　　第十二节　本省外国人经营的学校 677

第四章　结论 683

第174册

昭和十五年（1940）调查报告（第37期生）

杭州市地理调查
官木得行

一、杭州市区 5
 A. 道路 6
 B. 公园、名胜古迹 9
 C. 桥梁、水闸 11
 D. 公墓 11

二、公共设施 13
 1. 教育设施 13
 2. 产业设施 21

三、人口 29

四、日本人的活动状况 42

五、交通 50
 1. 铁路 50
 2. 公路 51

六、杭州新城市建设计划 70
 （一）分区 73
 （二）道路的新设及改修 73
 （三）西湖的浚扫 74
 （四）河道的整理 75
 （五）下水的设置 77
 （六）码头的增建 77
 （七）公园的增设 78
 （八）运动场的建设 79
 （九）屠宰场的建设 79
 （十）公墓的建设 80
 （十一）游泳场的建设 80

长江流域调查第一班

江南地区的民船
寻木慎一郎

苏浙皖民船公会相关报告 85
 一、民船公会设立前的概况 85
 二、民船公会设立的目的 89
 三、民船公会设立的要纲、法令 92
 四、民船公会的会务 105
 五、民船公会的活动状况 114
 六、结语 130

吴县航船业同业公会相关报告 134
 （一）设立概要 135
 （二）业务内容 137
 （三）入会资格 138
 （四）会务 138

华中戎克协会相关报告 141
 （一）设立概要 142
 （二）设立目的 142
 （三）协会的组织 143
 （四）协会的财务 144
 （五）协会的业务 145
 （六）与苏浙皖民船公会的关系 146

江苏省内各城市中以基督教（新教）为中心的外国人活动状况

松浦春男

第一章　序说 151
第二章　松江县 154
第三章　苏州 156
　第一节　序言 156
　第二节　教育设施 162
　第三节　医疗设施 227
　第四节　教堂 228
第四章　吴江县城及平望镇 230
第五章　常熟县城 231
第六章　无锡县城 233
第七章　江阴县 240
第八章　武进（常州）县城 242
第九章　镇江 245

长江流域调查第二班

浙江民船

平田刚

第一章　绪言 257
第二章　浙江省管理船舶规定及浙江省轮船汽船行驶内河管理规则 258
第三章　民船公会 279
第四章　民船 285
　第一节　民船的数量 285
　第二节　民船的出入状况 287
　第三节　运送货物 290
　第四节　运费、租船费 291
　第五节　吨数、运送能力、船主、船型 299
　第六节　租税 305
第五章　船长的生活状况 307
第六章　土匪的出没状况 309
第七章　主要水路的水深、宽度 311
第八章　结言 315

以杭州为中心的货币金融状况

井原雄治

第一章　序说 327
第二章　杭州市 328
第三章　币制金融的状况 337
　第一节　币制改革前 338
　第二节　币制改革后 343
　第三节　日军占领前 352
　第四节　现状 354
第四章　新货币问题 378
第五章　物价与物资 382
　第一节　对于货物集散的管制 382
　第二节　货物集散的状况 384
　第三节　物价 404

杭州的主要纺织工业

森口薰

一、序文 423
二、杭州市纤维工业的概观 427
结语 569

以湖州为中心的商业调查

井上道高

第一章　总体情况 591
  第一节　吴兴县历史 591
  第二节　湖州的商业状况 598

第二章　特产物的种类、价格、数量
　　　　及其流通状况 628
  第一节　茧及丝绸 628
  第二节　茶 635
  第三节　米 641

第三章　日本商社的扩张状况 649

第四章　流通的管制 656
  第一节　自治性管制 656
  第二节　行政性管制 660

第五章　结言 665

长江流域调查第三班

事变后的安庆城市情况

西山泰元

第一章　安庆的概况 673
  第一节　事变前的概况 673
  第二节　事变后的概况 675

第二章　中国人复归状况 677

第三章　日本人活动状况 682

第四章　交通状况 689
  第一节　利用长江的交通 689
  第二节　陆上交通 692

第五章　物资流通状况 695

第六章　公共设施及其他的状况 710

第七章　结言 712

第 175 册

昭和十五年（1940）调查报告（第37期生）

安徽省的地方财政
古村健次

（一）地方财政组织的现状 11
（二）税源及其征收方法 29
　（1）各课税的种类 29
　（2）征税方法 31
　（3）免税、偷税的状况 33
　（4）征用、征发、强索 34
　（5）民众的租税负担 35
（三）公债、借款及辅助费发行等 36
（四）地方经费的概要 37
（五）预算及决算制度的现状 40
（六）新政权下地方财政的根本问题 40

安徽省的矿产资源
吉本正男

第一章　事变前的矿业资源 45
　第一节　铁 45
　第二节　铁的贸易状况 47
　第三节　铁矿的位置、矿质 49
　第四节　煤炭 52
第二章　事变后的恢复状况 54
　第一节　铁 54
　第二节　煤炭 75
第三章　矿业的将来 81

安徽省的商业及商品
前田知德

第一编　芜湖 93
　第一章　当地总体经济情况 93
　第二章　主要商品的运出入品种及数量等 99
　　第一节　运入部分 99
　　第二节　运出部分 101
　　第三节　运输 103
　　第四节　进出口、运出入从业者 111
　第三章　流通状况及物价 114
　　第一节　流通商品的物价 114
　　第二节　军队的当地调办 134
　　第三节　日本人的活动状况 138
　　第四节　不足物资 142
　第四章　贸易处及其结算 144
　第五章　流通管制的概况 147
　　第一节　自治性管制 147
　　第二节　商品流通禁止令的影响 149
　第六章　金融等 151
第二编　安庆 155
　第一章　当地总体经济情况 155
　第二章　主要商品进出口、运出入概况 157
　第三章　生产及流通状况 162
　第四章　其他 165
第三编　事变中的内地商业各项问题

与长江开放问题 170
 第一节 事变中的内地商品及其流通问题 170
 第二节 长江开放问题及其相关的各项问题 175

结言 193

长江流域调查第四班

安徽省的金融状况（以芜湖为中心）

望月仲佐

一、当地经济及金融的总体情况 197
 （一）总体市况 197
 （二）华商业况 199
 （三）物价上涨 200
 （四）金融状况 202
 （五）当地货币的流通及信用状况 205
 （六）法币小额券不足 206
 （七）兑换券的回收 206

二、当地金融机构 218
 （一）银行 218
 （二）钱庄 219
 （三）典当 220
 （四）合作社 220

三、当地军票的流通状况 223
 （一）法币及其行情、发行额 223
 （二）中国人的信用状况 228
 （三）使用场所及其交易范围 229
 （四）事变与价值维持的相关问题 229

四、物资及物价 232
 （一）货物集散状况 232
 （二）对货物集散的管制 235

 （三）关于物价变动的统计 236

安徽省芜湖的物资流通状况（以运输问题为中心）

安藤公一

第一章 芜湖总体情况 247
 一、地位 247
 二、地势 248
 三、历史 248
 四、事变前的状况 249
 五、事变后的状况 251

第二章 芜湖的物产流通交易状况 254
 一、农产品 254
 二、物资流入芜湖的路线 257
 三、运出芜湖的物资 270

第三章 运出物资的运输状况 273
 一、从芜湖站运出物资的状况 275
 二、物资的运出方向及汽车、汽轮的比较 276
 三、从芜湖港运出物资的状况 279
 四、芜湖的零担运输业 285
 五、物资的运出方法 286

第四章 芜湖的中国运输业 289
 一、中国零担运输业的性质及今后的问题 289
 二、中国零担运输业者的数量、信用程度、交易方法 291

第五章 结论 293

华中棉花的生产及分布状态

深堀古郎

一、华中棉花的生产及分布状态 301

二、供求关系 310

三、集散地及流通状况 312

四、调制加工情况 313

五、金融及运输状况 314

六、品质及检查情况 315

七、收购机构及价格 324

长江流域调查第五班

长江流域的麻

森博民

第一章　麻的供求关系 331

　第一节　麻的种类及产地 331

　第二节　关于世界对中国麻的需求 338

　第三节　关于中国麻的对日关系 345

第二章　华中地区麻的生产 348

　第一节　华中地区麻的生产条件 355

　第二节　华中地区麻的生产额
　　　　　及消费额 358

第三章　华中地区麻的市场 365

　第一节　市场概况 366

　第二节　麻的交易商 370

　第三节　麻的流通及收购状况 380

第四章　交易习惯 396

第五章　各种设施 402

第六章　结言 407

对九江工业在事变前后的考察

儿岛驹吉

绪论 413

一、九江工业的地位 415

二、九江的工厂工业 421

　（一）事变前 421

　（二）事变后九江工厂的状况 429

　（三）事变后九江工业的总体情况 432

三、九江的家庭工业 475

四、九江工业的将来（结论）483

江西省的物资流通状况

横井秀信

绪言 489

第一章　事变前的物资流通概况
　　　　与江西省的地位 489

第二章　九江 493

　第一节　本年度上半期的物资流通 493

　第二节　流通状况 537

　第三节　管制关系 565

　第四节　关于战后物资流通的简单
　　　　　发展及长江开放的个人
　　　　　见解 567

第三章　庐山 571

第四章　南昌 573

　第一节　事变前南昌市的产业盛况 574

　第二节　现在的状况 579

第五章　结言 582

长江流域调查第六班

以南京为中心的商品流通及其管制方面的调查

宫胁弥七

序言 591

第一章 总说 594

    第一节 商业机构的破坏与商品流通 594

    第二节 各地现状的概说 601

第二章 以南京为中心的流通物资的种类、数量及价格 607

    第一节 主要商品的数量、种类、价格 607

    第二节 不足物资的现状 632

第三章 以南京为中心的物资流通状况 638

    第一节 概说 638

    第二节 主要物资的流通状况 638

第四章 南京及各地商品流通的地方性观察 647

    第一节 流通管制 652

    第二节 自治性管制 652

    第三节 行政性管制 687

第 176 册

昭和十五年（1940）调查报告（第 37 期生）

长江流域调查第七班

兴亚政策下在华日本人的发展状况

田坂丰

一、序 3
二、日本兴亚政策的政治性发展 7
　甲、日方的新发展 8
　乙、中方的新发展 18
三、日本兴亚政策的经济性发展 53
　甲、经济主体的出现 53
　乙、管制 61
四、结语 96

华中水电现状

田原势典

第一章　事业的历史 109
第二章　组织大纲 116
第三章　事业概况 122
　第一节　上海地区 125
　第二节　地方地区事业 152
第四章　营业状况概要 174
　第一节　需求状况 174
　第二节　营业收入状况 176
第五章　结语 182

附录　1938 年 11 月 21 日维新政府实业部公布华中水电株式会社规程（日文）191

长江流域调查第八班

以汉口市场为中心的湖北省棉花情况

芦泽实

第一章　汉口陷落以前的状况 201
　第一节　生产关系 201
　第二节　市场关系 219
　第三节　品质检查机构 257
第二章　汉口陷落以后的状况 262
　第一节　事变的战火波及对本省一般农业关系的影响 262
　第二节　汉口的日本人棉花工业会 291
　第三节　1939 年度的生产及流通状况 294
　第四节　1940 年度的生产及流通状况 302
　第五节　日军特务部制定价格 304
第三章　结论
　（适当的物产汇集策略）306

中国事变与汉口的物资

中村文雄

第一篇　中国事变前后的变化 319
　第一章　贸易上的变化 319

第二章　腹地的变化 328
第二篇　现在的物资流通状况及其管制 339
第一章　迄今为止的物资流通量及其价格 339
　　第一节　土产物资的流通量及其价格 340
　　第二节　进口物资的流通量及其价格 370
第二章　汉口当地的管制经济 376
　　第一节　管制的原则 376
　　第二节　关于土产物资运出的管制 377
　　第三节　关于进口物资的管制 382
第三篇　汉口贸易的将来与长江开放 386

长江流域调查第九班

汉口的商业调查

浅野荣市

第一编　出口商业 393
　第一章　汉口地区土产品及军需物产运出联合会 394
　第二章　价格问题 402
　第三章　流通问题 413
　第四章　运输问题 426
　第五章　结论 427
第二编　进口商业 430

长江流域调查第十班

事变之后以武汉三镇为中心的地理概况

竹内馨

序说 443
第一章　交通及建筑物复原状况 444
　第一节　交通机构 444
　第二节　建设状况 454
　第三节　港湾的设备 464
第二章　公共设施 465
　第一节　电力事业 564
　第二节　供水事业 470
第三章　城市计划 475
第四章　居住状况（主要从日本人的立场）579
　第一节　人口 579
　第二节　房屋的占领 483
第五章　生活状况（主要从日本人的立场）492
　第一节　卫生设施 492
　第二节　娱乐机构 498
　第三节　警备 499
　第四节　中国雇员问题 504
　第五节　物品的配给问题 506
　第六节　日本儿童教育 515
　第七节　对生活问题的不足、不满、改良 516
第六章　占领地区与未占领地区的交通及其物资流通 517
　第一节　占领地区与未占领地区的

　　　　交通 517
　第二节　物资的流通 526
结语 543

关于华中的国策会社
佐藤男

第一章　华中的国策会社的意义 549
第二章　华中振兴的发展概况 562
第三章　国策会社的各种问题 573
　一、日中合办会社经营的基础
　　　问题 574
　二、事变中的各种问题 588
第四章　国策会社的将来 600

武汉的教育复兴状况
清水广

一、绪论 621
二、国民政府教育主旨 624
　A. 旧国民政府时代的教育主旨 624
　B. 新国民政府时代的教育主旨 624
三、教育实施方针 626
　A. 旧国民政府的教育实施方针 626
　B. 事变中重庆政府的教育实施
　　　方针 627
　C. 维新政府的教育实施方针 629
四、武汉教育概况 632
　第一节　历史 632
　第二节　武汉特别市教育局组织
　　　　系统 635
　第三节　教育经费 638
　第四节　教育局出版物的种类及
　　　　名称 639
　第五节　教育状况 640
　第六节　教育复兴状况 650
　第七节　儿童的勤学状况及对日
　　　　感情 705
　第八节　教员资格、待遇、教学
　　　　方面 708
　第九节　社会教育设施、已有各社会
　　　　团体 723
五、武汉的日本儿童教育 727
六、第三国的教育状况 731
七、结言 733

第177册

昭和十五年（1940）调查报告（第37期生）

广东省调查第一班

日本兴亚政策在广东政治、经济上的发展

森茂树

绪言 9
第一章　序说 10
第二章　日本兴亚政策在广东
　　　　政治上的发展 14
　第一节　日方的发展 14
　第二节　中方的发展 24
第三章　日本兴亚政策在广东
　　　　经济上的发展 45
　第一节　帝国兴亚政策对华经济发展
　　　　　的根本方针 45
　第二节　占领广东前后贸易经济的
　　　　　概况 46
　第三节　日本商社的活动及广东工业的
　　　　　复兴 61
　第四节　管制 77
第四章　结论 99

广州市财政调查

谷本忍

绪言 111
第一章　财政组织的现状 117

第二章　税源及其征收方法 128
第三章　公债、借款及补助费等其他
　　　　各项政策 153
第四章　地方经费的概要 157
第五章　预算及决算制度的现状 162
第六章　新政权下地方财政的根本
　　　　问题 164

广东省调查第二班

关于广东省的货币金融

冈崎俊广　三苫收

一、广东省概况 171
二、广东省货币金融状况 175
　1. 攻占广东前的状况 175
　2. 攻占广东后的状况 202
三、金融机构 235
　1. 银行 235
　2. 钱庄及找换业 237
　3. 当铺 248
四、结语 254

广东省调查第二班

广东的战后状况

藤村敬三

总体调查部分 263
　序文 263
　第一章　交通 264

第一节　铁路 264
第二节　公路
　　　　（以广州市为中心）272
第三节　市内道路 274
第四节　水路 275
第五节　航空 278
第二章　市区 279
第一节　广州市的面积及疆界 279
第二节　公共设施 280
第三节　城市计划 282
第四节　日本人的居住状况 282
第三章　广东省的日本人口概算 294
第四章　警备 299
特殊调查部分（一）307
关于珠江三角洲地区北部的水路概况 307
一、广东、佛山间 308
二、广东、九江间 308
三、广东、三水间 311
四、潭州水道入口、三水间 315
五、广东、澜石间 317
六、澜石、紫泥岛间 319
七、勒流、马岗间 319
八、焦门水道 320
特殊调查部分（二）323
广东城市计划概要 323
一、地区制 324
二、铁路 327
三、道路 328
四、公园绿地 331
五、墓地 333

六、飞机场 333
七、保留地 333
八、防空 334

广东省调查第三班

广州地区物产的流通及交易状况

宫野静夫　泷田实

第一章　广州的贸易状况 341
第一项　事变前以广州为中心的贸易状况 341
第二项　事变爆发前至陷落为止的贸易状况 345
第三项　陷落后以广州为中心的贸易状况 349
第二章　重要物产的流通及交易状况 369
一、生丝 369
二、米 388
三、砂糖 395
四、花席 405
五、钨矿 411
第三章　事变后的广州市场组织及管制的倾向 415

海南岛调查第一班

海南岛的交通

仲田茂

第一章　海运总论 445
第一节　与岛外的交通 445
第二节　沿岸交通 450
第二章　陆上交通 452

第一节　道路 452
第二节　番界道路 459
第三节　汽车道路 461
第四节　事变前岛内汽车事业的概况 476
第五节　事变后岛内汽车事业的概况 479
第六节　交通机构 492
第三章　事变前的铁路铺设计划 497
结语 499

澳门调查

广东的货币金融状况

山本贞文

序说 511
第一章　广东金融经济的各种特殊性 513
　第一节　政治角度上的特殊性 513
　第二节　经济角度上的特殊性 518
　第三节　社会角度上的特殊性 531
　第四节　地理角度上的特殊性 533
第二章　币制改革及货币概况 534
　第一节　自中国币制改革至此次事变爆发前后的广东货币 534
　第二节　自此次事变爆发前后至攻占广东期间的货币 559
　第三节　攻占后的货币 575

第三章　广东的军票问题 580
　第一节　军票的流布 580
　第二节　军票价值的维持方法 582
　第三节　军票与原有货币的交流 594
第四章　广东的物资流通及物价问题 603
　第一节　物资的流通 603
　第二节　物价 608
第五章　日本的法币对策问题 610
第六章　珠江开放问题 613
结论 617

澳门的教育状况

赤堀清

第一章　中国的教育变迁 623
　第一节　施行新式教育以前的教育 623
　第二节　旧教育的崩溃 624
　第三节　新式教育的兴起 626
第二章　国民政府的教育制度 628
　第一节　教育主旨及实施方针 629
　第二节　制度 633
第三章　澳门的教育概况 639
　第一节　事变前的教育概况 639
　第二节　事变后的教育概况 651
结论 666

第 178 册

昭和十六年（1941）调查报告（第 38 期生）

上海调查班

上海公共租界的警察机构

古桥贤次

第一章　绪论 5

第二章　上海公共租界的历史 7

第三章　上海公共租界行政组织 11

第四章　上海公共租界警察的根据及其组织 15

第五章　警察机构详论 22

　第一节　警视总监部 25

　第二节　警务课 28

　第三节　刑事课 30

　第四节　特高课 32

　第五节　交通课 34

　第六节　日本课 36

　第七节　教习所及武装预备队 47

　第八节　义勇巡查队 51

　第九节　刑务所 53

　第十节　警察值班人制度 56

第六章　结言 57

上海居留民团的历史

原田留吉

（一）日本人协会 65

（二）上海居留民团 67

第一期（1907—1924 年）67

第二期（1925—1932 年）94

第三期（1933—1940 年）106

上海居留民团的事业 111

关于上海市中央市场

森五郎

一、中央市场成立及之后的两个月 123

二、营业状况 135

三、将来的预测 159

第一班

事变后的华北铁路

山根良男

序言 177

第一章　复原状况 178

　（1）铁路运营机构的确立 178

　（2）营业路线的复原 182

　（3）新线的建设 187

　（4）职工的复归充实 191

第二章　运输状况 195

第三章　治安状况 209

结言 219

合会的研究

稻野达郎

序言 225

本论 227

第一章　合会的意义 228

第二章　合会的历史 235

　一、庞公创始说 235

　二、竹林七贤造的传说 236

第三章　合会的发达原因 241

　一、历史久远 247

　二、方法简单易选、应用范围广泛 247

　三、对人信任 248

　四、利率较低 249

第四章　合会的组织及方法 296

　一、合会的构成人员 297

　二、组织 304

　三、组织方法 310

第五章　合会的种类及内容 316

　一、关于金融方面的主要合会 317

　二、储蓄、保险、防卫及其他合会类 367

第六章　合会资金的用途 382

第七章　合会制度的特征及改革方案 392

　一、合会制度的优点 398

　二、合会制度的缺点 401

　三、合会的改革方案 415

结论 419

余论 422

天津的工业

大森茂

序言 433

本论 436

一、事变前的总体工业情况 436

二、事变后的总体工业情况 450

三、各工业部门 456

　1. 纺织业 456

　2. 金属机械器具工业 473

　3. 化学工业 483

　4. 食品工业 489

　5. 烟草工业 498

结论 505

第二班

华北的金融

森胁优登

序 511

以河北为中心的华北汽车交通

松本镇夫

一、中国事变前的总体情况 563

二、事变前及事变爆发时的状况 567

三、至现在为止的复兴过程 572

四、现在的状况 574

五、结言 597

第三班

对包头当铺的研究

荒木茂　森精市

序 605

第一章　当铺的历史 609

第二章　资本的构成及性质 618

　（一）通过共同出资经营 618

　（二）作为资本构成要素的身股 622

（三）关于公身股制 633
（四）关于故身股制 635

第三章　营业组织 638
（一）人的组织情况 638
（二）人的组织内涵的纪律方面 641
（三）人的组织中的雇佣法关系 649

第四章　当铺作为金融机构的意义 670

第五章　当铺的营业 677
（一）复盛公当铺估衣铺 678
（二）复盛西当铺估衣铺 678
（三）复盛全当铺估衣铺 678

第六章　经营状况 679
（一）农具 683
（二）粗布及衣服 690
（三）粗皮毛 698
（四）金银铜锡器类 701
（五）担保品的保养 704
（六）担保品的限制 704

第七章　账簿 706

第八章　结论 719

第179册

昭和十六年（1941）调查报告（第38期生）

山西省的铁路

奥野重雄

序 3
第一章　山西省的地势 5
第二章　事变前的铁路 8
第三章　事变后的铁路 11
第四章　事变后山西省河北交通公司的营业状况 15
　一、石太线 16
　二、同蒲线南段 19
　三、同蒲线北段 20
　四、东潞线 21
第五章　结论 31
附记　关于石德线 35

第四班

山西省的教育

高桥克夫

第一章　学校教育 43
　第一节　总说 43
　第二节　初等教育 50
　第三节　中等教育 72
　第四节　高等教育 94
　第五节　第三国的学校 96
　第六节　日语教育 97
　第七节　教员再教育 99
第二章　社会教育 101
　第一节　总说 101
　第二节　新民教育馆 102
　第三节　日语教育（总体）105
　第四节　青年训练所及青少年妇女团 115
　第五节　其他的民众教育事业 116

特别圆的性质与汇兑集中制

有野芳郎

第一章　特别圆的性质 125
　第一节　基准货币变更的历史 125
　第二节　基准货币变更的理由 126
　第三节　特别圆的性质 128
第二章　特别圆的汇兑集中制 132
　第一节　联银的本制度实施目的 132
　第二节　本制度集中的适用范围 133
　第三节　可以外汇决算物资的本制度集中运出入 140
　第四节　本制度实施对陆路交易的影响及其将来 142
　第五节　对华中贸易的圆兑换交易 144
结语 148

关于太原的织布业
藏冈习志

一、分布状况 155

二、历史过程 158

三、工资形态的发生及其意义 175

四、经营数与经营规模 199

五、生产与劳动状况 205

六、结论 226

七、研究生活的内在阻碍 228

第五班

有关华北居留民团及居留民会的调查
樋藤军二　木村正三

A. 居留民团 239

　第一章　居留民团的概念 239

　　A. 历史 256

　　B. 法规 258

　　C. 机构 268

　　D. 财务 279

　　E. 业务 288

　第二章　天津居留民团 297

　　A. 历史 297

　　B. 居留民团的构成成员 299

　　C. 决议机构 300

　　D. 机构 304

　　E. 财政 309

　　F. 业务 315

B. 居留民会 335

　第一章　居留民会的概念 337

　第二章　华北居留民会 339

　　第一项　芝罘居留民会 340

　　第二项　南国居留民会 360

　　第三项　博山居留民会 369

山东省的教育复兴状况
坂井一

第一章　概说 379

　甲、事变前的教育机构统计 384

　乙、事变后的教育推进概况 386

第二章　教育方针 396

第三章　教育纲领 398

第四章　教育行政 400

　第一节　教育费 400

　第二节　检定教员 403

　第三节　学校组织 405

　第四节　教员任免制度的变更 405

　第五节　留日学生 406

　第六节　学校少年团 407

第五章　学校教育 409

第六章　社会教育 430

第七章　义务教育 436

附　青岛特别市教育状况 438

　私立崇德中学 445

　私立圣功女子中学 448

　私立文德女子中学 451

　私立青年会陋巷义学 454

　私立礼贤中学 455

第六班

以青岛为中心的日本烟草公司与英美托拉斯之间的商业角逐

永江和夫

第一章　绪论 463
　　第一节　问题的提起 463
　　第二节　中国的烟草 469
　　第三节　山东烟草的历史
　　　　　　（米叶的历史）493
第二章　英美托拉斯及日本烟草公司
　　　　分论——以青岛为中心 535
　　第一节　颐中公司 535
　　第二节　华北东亚烟草株式会社青岛
　　　　　　工厂 551
　　第三节　华北烟草股份有限公司 558
　　第四节　东映烟厂 563
第三章　事变后的商业角逐 569
　　第一节　日本对于烟草事业的
　　　　　　管制 569
　　第二节　近来的烟草流通及收购 588
　　第三节　近来青岛的日本烟草工厂
　　　　　　与英美托拉斯之间的商业
　　　　　　角逐 603
第四章　结论 621
　　第一节　今后的预测 621
　　第二节　结语 633

第 180 册

昭和十六年（1941）调查报告（第38期生）

关于青岛
山本君平

序 7

青岛人口 9

青岛的供水 15

青岛的盐业 21

青岛的渔业 35

 （一）历史 35

 （二）自然条件 37

 （三）渔业概况 43

 （四）渔具解说 60

 （五）作为管制机构的水产行会 91

 （六）中日两国渔民的关系 94

 （七）青岛渔业的前途 97

以青岛港为中心的民船业
冈田孝之

概说 109

第一章　从季节角度观察民船业 112

第二章　近来青岛港的民船业 115

 1. 青岛港的特性 115

 2. 出入青岛港的民船种类、建造费及加入民船数

  （附中国的主要民船）118

 3. 到达沿岸主要民船港的距离及民船航行至该港所需时间 131

 4. 青岛的民船贸易概况 135

第三章　连云港的民船业 147

 1. 近来的连云港 147

 2. 加入民船 149

 3. 民船贸易概况 150

第四章　华北的内河水运民船业 152

 1. 小清河 152

 2. 大运河 157

 3. 南运河 157

第五章　海州地区的民船业 160

 1. 大浦 160

 2. 临洪河 161

 3. 临洪口 161

 4. 新浦 163

第六章　青口镇的概况 165

第七章　山东半岛一带的主要民船港 176

 1. 石岛港 176

 2. 石臼所港 177

 3. 芝罘港 179

 4. 威海卫港 181

第八章　船行 182

第九章　民船的雇佣方法（附凭单、舱单的使用方法）189

 1. 民船的雇佣方法 189

 2. 凭单 192

 3. 舱单 195

结语 203

青岛工业总体情况

斋藤裕三

序 213

第一章 青岛工业发展史（青岛工业集中过程的分析）215

    第一期 德占时期
            （1898—1913 年）216

    第二期 日占时期
            （1914—1921 年）218

    第三期 青岛归还时期
            （1922—1928 年）221

    第四期 关税自主权获得时期
            （1929—1937 年）222

第二章 事变前的青岛工业机构 226

    一、青岛工业的位置 226

    二、青岛工业的结构 235

    三、关于原料商品 238

    四、青岛工业的特质 248

第三章 青岛工业在事变中的损失 252

第四章 青岛复兴总体情况 255

    一、近乡的治安状况 255

    二、交通的现状 255

    三、居民的复归状况 258

    四、物资的流通状况 263

第五章 当地工业复兴的方针 267

第六章 事变后的青岛工业 276

    一、资本 278

    二、青岛工业机构 282

    三、劳动 286

    四、事变后产生变革的青岛工业的特质 299

第七章 各种工业部门的实际状况 313

    一、纺织工业 313

    二、橡胶工业 317

    三、染料化学工业 318

    四、卷烟工业 319

    五、冻鸡蛋加工工业 320

    六、其他 320

结论 321

第七班

厚和[①]的地毯业

秋贞健一

第一章 中国地毯的概略（及制造工程的概略）331

第二章 厚和的华人工商业资本及地毯业的地位 342

    第一节 厚和的华人资本 342

    第二节 厚和地毯工业的地位 345

第三章 厚和地毯工业的历史 347

第四章 厚和地毯业的特征（一）354

    （一）技术 354

    （二）资本 356

    （三）经营规模 372

    （四）经营构成人员 376

---

① 厚和：抗日战争时期，日本侵略者将归绥市改为"厚和特别市"。1954 年 4 月 25 日起，归绥市改名为呼和浩特市。

第五章　厚和地毯业的特征（二）388

第六章　厚和地毯业的特征（三）392

第七章　原料采购及销售 396

第八章　事变后的盛况 403

第九章　厚和地毯业的将来 407

第八班

从民族运动的角度看喇嘛

中条康彰

蒙疆的学校教育现状

尾藤升

绪论 463

第一章　新政权的教育方针 466

第二章　学校系统 469

第三章　学校教育的现状 472

　第一节　初等教育 473

　第二节　中等教育 490

　第三节　高等教育 498

　第四节　日语教育 500

结论 513

关于萨拉齐县

白井秀夫

一、萨拉齐县全县概况 519

二、萨拉齐县城情况 524

三、萨拉齐煤田概况 549

第九班

镇江县的县政

山本隆

（一）总论 561

　一、区域与文化程度 561

　二、镇江县政府机构的内容 563

　三、日本当地机构与县政府的关系 570

（二）分论 585

　一、绪论 585

　二、民政 589

　三、财政 626

　四、教育 640

　五、建设 653

（三）结论 669

第 181 册

昭和十六年（1941）调查报告（第38期生）

以江苏省昆山县为中心的物资流通及管制情况

冈幸雄　泷石彰一

第一章　昆山县的概况 5
第二章　产业概况 10
第三章　物资的流通及交易状况 17
　第一节　重要物资的流通及交易状况 18
　第二节　其他物资及日用一般物资的流通及交易状况 25
第四章　作为商业补助机构的金融机构 37
第五章　合作社问题 43
第六章　管制状况 54
　第一节　管制的必要 54
　第二节　行政性管制方法 66
　第三节　结语 82
第七章　偷运出入 85
　第一节　概况 85
　第二节　偷运出入方法 92
　第三节　偷运出入商品种类及路线 95
　第四节　结语 107

昆山县的教育复兴状况

山谷俦

序 115

第一章　学校教育 117
　第一节　幼稚园 117
　第二节　小学 117
　第三节　中学 119
　第四节　日语教育 120
第二章　社会教育 122
第三章　县政府的教育事业 126
　教育费 128
　教育的指导方针 130
结论 136

关于江苏省昆山县的县政

久保田太郎

第一章　昆山县的区域及文化程度 141
　第一节　区域 141
　第二节　文化程度 145
第二章　县政府各机构的构成人员、著名县政治家的特性及其与党部的关系 150
第三章　日本当地机构与县政府的关系 153
第四章　昆山县政府指导机构的活动状况 155
第五章　昆山县政府的施政 157
　第一节　总说 157
　第二节　地政 160
　第三节　保卫 167
　第四节　财政 181

第五节　教育 200

第六节　经济建设 210

第七节　卫生 218

第八节　社会事业 220

第六章　县司法的活动状况 224

第七章　结论——县政的改善意见 231

第十班

以南京、苏州为中心的中方学校教育

山田顺造

一、绪论 246

二、教育思想史 253

三、教育宗旨的变迁 267

四、教育实施方针的变迁 285

五、新政府教育建设状况

　　（以南京、苏州为中心）293

　　1. 建设方针 392

　　2. 教育行政组织 306

六、学校教育建设状况 341

　　1. 初等教育 341

　　2. 中等学校 354

　　3. 专业学校、大学 364

七、学校现状 366

　　1. 校舍 366

　　2. 设备 373

　　3. 校务组织 386

　　4. 经常费 390

　　5. 教师 394

　　6. 学科课程 421

　　7. 儿童及学生 437

八、日语教育 445

九、结论 448

以南京、苏州为中心的欧美人教育事业的复兴状况

铃木隆康

一、绪论 453

二、本论 467

　　1. 事变前的概况 467

　　2. 事变后的状况 468

三、结语 519

第十一班

镇江县的教育复兴状况

道旗林三郎

镇江县事变后教育实施概况 529

镇江县教育实施状况（1940年度）534

　　第一　教育行政组织状况 534

　　第二　教育经费实际状况 535

　　第三　中等教育实施状况 536

　　第四　初等教育实施状况 538

　　第五　社会教育实施状况 559

　　第六　思路学校实际状况 561

　　第七　私塾及补习学社实际状况 562

　　第八　学区区分状况 563

　　第九　学校教员待遇状况 563

　　第十　教员养成所事业及服务情形 565

　　第十一　本学期视导计划及改进意见 565

结语 571

镇江金融状况

铃木信

一、总体情况 579
二、金融机构 580
   a. 银行 580
   b. 钱庄 583
   c. 县政府的机构及当铺 584
三、货币状况 605
   a. 法币 605
   b. 新法币——储备银行券 607
   c. 军票 609

第十二班

以杭州市为中心的经济地理

新井宝雄

前言 619
（一）人口 622
   1. 杭州市人口调查 622
   2. 人口的移动 623
   3. 人口对应的物资必要量 625
（二）杭州市中心的生产状况 627
   1. 总体生产状况 627
   2. 生产的现状 635
   3. 杭州人口与生产关系 648
（三）物资流通状况 652
   1. 总体性流通 652
   2. 物资流通过程中的机构 666
   3. 走私进出口 675
   4. 杭州人口与物资流通 686
（四）货币及物价 691
   1. 货币情况 691
   2. 物价 694
   3. 杭州人口与物价 697
（五）结论 702

第182册

昭和十六年（1941）调查报告（第38期生）

以杭州市为中心的浙江省总体交通状况
武藤义一

序文 5
第一章　陆上交通 8
　第一节　道路交通 10
　第二节　铁路交通 45
第二章　水上交通 66
　第一节　水路 70
　第二节　汽轮交通 78
　第三节　民船交通 94
第三章　第三方对交通当事人的舆论调查 114
　第一节　当地日本人的本质问题 114
　第二节　日本人对中国人的态度 116
　第三节　中国雇员待遇的改善 118
　第四节　保险的问题 119
　第五节　资金的问题 119
结言 121

第十三班

芜湖的土布工业
小林三郎

一、绪论 128
　1. 调查困难的理由 128
　2. 中国的土布工业概略 130

二、关于原料管制 132
　1. 禁止向内地出口物资的政策 134
　2. 军票流通政策 135
　3. 公定价格政策 136
三、结论 136
　1. 布厂的穷困状况 136
　2. 公会的无能 137

安徽省的教育状况
山崎正春

绪论 143
第一章　教育行政 150
　第一节　行政组织 150
　第二节　经费 162
第二章　省教育方针 172
第三章　教育状况（学校部分）176
　第一节　高等教育 176
　第二节　中等教育 183
　第三节　初等教育 195
　第四节　私立学校的现状 214
第四章　社会教育状况 219
第五章　日语教育等 230
　第一节　日语教育 230
　第二节　学校教员、学生的对日感情 234
结语 239

安徽省的政治概况

笠坊乙彦

序 247

第一章　区域概说 248
　　第一节　面积 248
　　第二节　县数、县名及县等级 251
　　第三节　人口 255
第二章　省政府机构的构成状况
　　　　及各机构的构成人员 270
第三章　日本当地机构与省政府的
　　　　各种关系 282
第四章　施政状况 288
　　第一节　民政厅主管事项 288
　　第二节　教育厅主管事项 345
　　第三节　财政厅主管事项 353
　　第四节　建设厅主管事项 369
　　第五节　警务处主管事项 383
第五章　结论 386

第十四班

事变前的江西省行政制度概略及战后的发展

泉泽尚太郎

第一章　中央与地方的权限 396
第二章　地方行政制度的历史 398
第三章　江西省地方行政制度 402
　　第一　概况 402
　　第二　江西省政府的组织及职权 407
　　第三　各厅处的组织及职权 410
　　第四　省政府的附属机构 413
　　第五　行政督察专员公署 415
　　第六　县政府 416
　　第七　市政机构 417
　　第八　区署 420
　　第九　保甲制度 421
第四章　江西省财政概况 422
第五章　南昌市政府岁出、岁入
　　　　概况 427
第六章　事变后的江西省政府建立
　　　　工作 435
　　第一　地方复兴的概况 435
　　第二　日本当地机构与中国政府的
　　　　　关系 446

结语 451

景德镇陶瓷器的商业调查

河本忠司

一、序说 456
二、商人 460
三、辅助商人 463
四、运输机构及路线 466
五、金融 471
六、销售 476
七、结论 480

南昌县的财政

尾形明

绪言 487
第一章　财政组织的现状 491
　　第一节　财政系统及组织的实际
　　　　　　状况 491
　　第二节　税务组织与财政官员 500

第二章　地方收入的概要 510
  第一节　各种课税及收入的实际
        状况 510
  第二节　各种收入的征收方法 524
  第三节　免税、偷税及征用的
        状况 526
  第四节　地方租税负担的问题 528
第三章　地方公债、借款及其他各项
      政策 531
第四章　地方经费的概要 533
  第一节　目前南昌县的经费内容 533
  第二节　经费的支办方法及物资
        调拨 543
第五章　预算及决算制度的现状 545
第六章　新政权下地方财政的根本
      问题 556

第十五班

九江的战时谷物问题

荒木男

绪论 564

第一章　九江县概况 567
第二章　九江米的由来及其内容 573
第三章　米价 579
第四章　流通管制的实际状况 584

九江县的教育复兴状况

工藤良宪

江西省的特殊情况 608
复兴后的具体状况 615
  1. 学校数、教员数、学生数等 615
  2. 私塾数 619
  3. 教员的经历及性质 622
  4. 教育费及来源 625
  5. 学期制度 630
  6. 学科课程 631
  7. 教科书 633
  8. 日语教育 634
小学训育的实际状况 635
第三国人经营下的学校状况 639
结论 640

第183册

昭和十六年（1941）调查报告（第38期生）

江西省德安县的财政
白子三郎

第一章　德安县财政组织的现状 5
　第一节　财政系统与组织的实际状况 5
　第二节　税务组织与财政官员 7
第二章　县收入 9
　第一节　专卖收入 9
　第二节　县税收入 12
　第三节　其他的收入 16
第三章　地方经费的概要 18
第四章　预算及决算制度的现状 20
第五章　新政权下地方财政的根本问题 31

第十六班

南昌方面的物资流通状况
大胁秀次

南昌的工业
清水健次郎

事变前的经济状况 65
南昌的工业 68
　第一　精米业 69
　第二　针织业 70
　第三　棉织业 72
　第四　机械工业 74
　第五　面粉加工业 74
　第六　制水业 76
　第七　肥皂及蜡烛业 76
　第八　皮革工业 79
　第九　印刷业 81
棉织业与原料 82
复兴状况 87
　第一　治安状况 87
　第二　交通 93
　第三　总体情况 100
　第四　不同营业人口 102
　第五　日本人的状况 107
　第六　江西农村合作社组织 111
结论 114

南昌中国家庭的组织
松本正

一、绪言 121
二、古代中国家族制度
　　——家法组织 132
　（一）祭祀祖先 138
　（二）族人间禁止通婚 138
　（三）族人的宗子及其母亲、妻子的丧服义务 139
　（四）族人向宗家报告关于身份等变动 139

（五）宗子集合族人 139
三、家族主义在中华精神中的意义 141
四、关于婚姻 146
五、关于继承 158
六、结语 161

中国农村金融中的标会

宫原一

第十七班

汉口的人口问题

加藤幸男

绪言 177
第一章　日本人状况 179
　1. 出国限制令的影响 179
　2. 人口统计 185
　3. 就业状况 191
　4. 房屋不足 198
第二章　中国人状况 200
　1. 人口统计 200
　2. 就业状况 206
　3. 难民对策 216

湖北省棉花情况

松下京平

一、中国棉花生产量及需求概况（战前及战后）233
二、华中的生产额及供求状况 236
　（1）华中的棉产额 236
　（2）上海的纺织 237
　（3）以汉口为中心的棉花情况（战前）239
　（4）战前湖北省棉花的供求状况 241
三、战后的湖北棉花情况 244
　（1）汉口棉花的品质 244
　（2）各地的棉花情况 247
　（3）棉花与食盐的交换 269
四、汉口棉花市场的流通线路及商业习惯 276
五、本年度华中棉花收获量 288
六、棉花与其他作物的收益比较 297
七、结文 299

第十八班

湖北省各县地方财政

平井勉

第一章　地方财政组织的现状 309
　第一节　地方财政概说 309
　第二节　财政系统与组织的现状 311
　第三节　税务系统与财政官员 315
第二章　收入 319
　第一节　税源及征收方法 319
　第二节　租税外收入 342
　第三节　县债、借款及补助金 346
第三章　经费 350
　第一节　地方经费的种类 350
第四章　预算决算制度的现状 357
　第一节　实施的状况 357
　第二节　预算决算表 365
第五章　田赋的整理概况 381
　第一节　序说 381
　第二节　事变前的概况 382

第三节　事变后的状况 384

第六章　地方财政的根本问题 402

对汉口的金融调查

青木繁男

第一章　汉口的经济地位 407

第二章　汉口的金融机构 409

第十九班

汉口特别市政府的财政

荻原义久

一、湖北省概观 437

二、汉口特别市政府的财政 440

　1. 特别市政府成立前的过程及其财政特殊性 440

　2. 1940年及1941年的收支、决算及概算表 451

　3. 市税的种类及税率 459

三、结论 483

居留民团的调查

青柳星美

一、绪论 493

　第一节　居留民团的历史 493

　第二节　居留民团的特殊性 507

　第三节　居留民团的法律地位 515

二、本论 533

　第一节　拥有专管居留地的汉口居留民团 533

　第二节　拥有专管居留地的北京居留民团 602

三、结论 635

　第一节　两个居留民团的比较 635

　第二节　结语 640

第184册

昭和十六年(1941)调查报告(第38期生)

武汉工业调查
小泽润一郎

绪论 4
第一章 事变前武汉在湖北省经济的地位 7
第二章 事变前的武汉工业 10
 第一节 概况及其在全中国的地位 10
 第二节 外国资本入侵的程度 18
 第三节 武汉工业的特质 22
第三章 事变造成的破坏状况 24
 第一节 一般破坏状况 24
 第二节 工厂破坏状况 32
第四章 武汉工业的复兴状况 38
 第一节 企业形态的特殊发展 73
 第二节 生产资本遁逃的脆弱性 76
第五章 当地军官民的复兴方针、动向及复兴过程中的各种问题 79
 第一节 当地军事当局的施策状况 79
 第二节 地方政权的角色 80
 第三节 民间的要求与动向 81
 第四节 复兴过程中的各种问题 84

第二十班

湖北省汉阳县县政调查
宫坂喜雄

第一 序 95
第二 本论 101
 第一章 汉阳县概况 101
 第二章 汉阳县政府机关 104
 第三章 汉阳县政府设施 109
 第四章 结语 135

武昌县的县政
三枝重雄

第一章 绪论 147
第二章 本论 158
 第一节 武昌县概况 158
 第二节 武昌县政府机构 159
 第三节 武昌县政府的设施 170
 第四节 教育 189
 第五节 保卫 196
 第六节 财政 207
 第七节 建设 207
 第八节 结论 208

武汉地区的交通
友野裕

前言 219
第一章　武汉地区一带的交通 220
　　第一项　汽车 220
　　第二项　铁路 221
　　第三项　水运 221
　　第四项　邮政 238
第二章　武汉市交通 239
　　第一项　车船交通 239
　　第二项　电信电话 241
　　第三项　航空 243
　　第四项　广播 243
结语 245
附录　扬子江航运业协会概况 247

对武汉三镇主要工业的调查
安藤健吉

序　武汉三镇都市概况 279
第一章　武汉三镇工业的性质（事变前）282
　　第一节　武汉作为腹地的经济情况考察 282
　　第二节　武汉工业的性质 292
第二章　事变造成的破坏概况 298
　　第一节　都市破坏概况 298
　　第二节　工业破坏概况 303
第三章　武汉工业的复兴概况 318
　　第一节　工业的复兴概况 318
　　第二节　战后的腹地 332
　　第三节　战后武汉工业的特殊性 335

第四章　战后武汉三镇的经济概况 338
　　第一节　武汉三镇的经济组织 338
　　第二节　监督机构当局的政策 374
第五章　武汉三镇工厂的直接户别调查 385
第六章　结论——武汉工业的前途 401

以武汉为中心的湖北省教育调查
桥本清

绪论 411
第一章　湖北省教育行政组织 414
　　第一节　省政府教育厅组织内容 414
　　第二节　省政府教育厅一年来施政概况 423
第二章　战前及战后的教育经费统计表 438
　　第一节　1935年全省教育概况 438
　　第二节　湖北省政府教育岁入、岁出统计表 441
第三章　武汉教育行政组织 445
　　第一节　教育概况 445
　　第二节　文化设施概况 457
　　第三节　武汉特别市政府教育局系统组织表 479
　　第四节　教育局两周年来的实际状况 480
第四章　战前、战后演变概况表 509
　　第一节　汉口特别市立初等学校演变概况表 509
　　第二节　汉口特别市内公立学校演变表 510
　　第三节　教育局所属学校概况 512

结论 520

第二十一班

汉口地区的物资交流与合作社

窪田元次郎

绪论 531

第一章　合作社设立运营要领 542

　　第一节　县合作社设立要领 542

　　第二节　县合作社运营要领 549

　　第三节　湘鄂赣合作社联合会设立运营要领 559

第二章　吕集团①地区各县合作社 565

第三章　指导各县合作社时所需的希望和意见 572

　　第一节　各县合作社报告 572

　　第二节　特务部指导要领 601

第四章　各县合作社及联合会企业状况 603

　　第一节　各县合作社企业状况 603

　　第二节　联合会交易量 610

　　第三节　各县合作社的货币政策状况 616

第五章　结言 628

---

①　原稿使用是"吕集团"这一称谓，译者多方查询，也未找到这一说法。在通读这部分原稿后译者认为，所谓的吕集团就是包括应山、信仰、黄冈、麻城、阳新、汉川、京山、通山、鄂城、咸宁、潜江、九江、庐山、广济、孝感、应城、天门、临湘、云梦、南昌、新建、武昌、汉阳、黄陂、大治、安陆、安义、荆门、黄梅、宜昌、钟祥、沔阳、随县等多个县在内的地区。

第185册

昭和十六年（1941）调查报告（第38期生）

事变后的汉口市政

松崎茂夫

绪论 3
 一、武汉治安维持会 3
 二、武汉特别市政府 4
 三、汉口特别市政府 8
本论 9
第一章　总论 9
 第一节　组织 9
 第二节　各机构的构成人员特性 15
 第三节　外国关系 18
 第四节　日本当地机关关系 23
第二章　分论 28
 第一节　总说 28
 第二节　社会 29
 第三节　财政 35
 第四节　教会 42
 第五节　工务（经济建设）49
 第六节　卫生 52
 第七节　公用 58
 第八节　警务 62
 第九节　司法 68
 第十节　房地清理 71
结论 73

汉口特别市的教育复兴状况

青山贡

事变前的教育状况 79
事变后的教育状况 83
 第一节　教育行政 83
 第二节　学校教育 84
 第三节　社会教育 94
 第四节　义务教育 103
 第五节　教职员资格训练及教员登记 107
 第六节　第三国人经营的学校及私塾 130
 第七节　杂记 134

湖北省省政调查

井上俊一郎

序说 147
本论 154
 第一　湖北省的区域 154
 第二　湖北省政府各机构构成人员的特性及其与党部的关系 162
 第三　日本当地机构与省政府的关系 168
 第四　湖北省的施政 174
 第五　湖北省政的改善政策 195

第二十二班

咸宁县、蒲圻县、岳阳县及新堤县地区的战后状况

殿塚隆治

第一章　咸宁县的总体情况 199
　一、人口复归状况 199
　二、产业复兴状况 202
　三、县财政状况 210
　四、教育状况 210
　五、其他 210

第二章　蒲圻县的总体情况 212
　一、人口复归状况 212
　二、产业复兴状况 217
　三、县财政状况 219
　四、教育状况 220
　五、其他 220

第三章　岳阳县的总体情况 221
　一、人口复归状况 221
　二、产业复兴状况 233
　三、县政状况 235
　四、交通状况 240
　五、其他 242

第四章　沔阳县新堤地区总体情况 245
　一、人口复归状况 246
　二、产业复兴状况 249
　三、交通状况 253
　四、其他 254

第二十三班

厦门的纸箔工业

田尻泰正

序说 261
第一章　日本占据以前的纸箔工业 267
　第一节　纸箔工业概说 267
　第二节　纸箔工业的总体形态 270
　第三节　原料及产品的交易状况 276
第二章　日本占据以后的纸箔工业 279
　第一节　占据后的损失状况 279
　第二节　日本占据以后的总体情况及复兴方针 281
　第三节　纸箔工业的复兴方针 284
　第四节　日本占据以后的冥纸业经营情况 286
　第五节　原料取得、产品销售状况 299
第三章　纸箔同业公会 306
　第一节　历史 306
　第二节　日本占据以前的纸箔同业公会 308
　第三节　厦门市商会 315
　第四节　纸箔同业公会的现状 321
结论 322

厦门的教育状况（附鼓浪屿教育状况）

细丰治

第一章　事变前的教育概况 329
　第一节　小学教育 329
　第二节　中学概况 330

第三节 高等教育 332

第二章 事变后的教育状况 333

 第一节 教育行政 333

 第二节 指导方针 334

 第三节 学校教育 335

 第四节 社会教育 360

第三章 鼓浪屿教学状况 376

第四章 结语 382

厦门的米粉业

伏木清吉

第一章 厦门工业的总体情况 395

第二章 厦门米粉业的概观 400

 第一节 米粉业的地域性分布 400

 第二节 厦门米粉业的总体性叙述 402

第三章 工业组织 415

 第一节 原料采购、制造、产品销售的过程 415

 第二节 经营形态的内容 429

 第三节 各经营形态的存在界限 503

第四章 劳动者的分析 510

 第一节 工人 511

 第二节 司仔（徒弟）534

第五章 同业公会 538

第六章 结论——米粉业的将来 545

附录 同业公会章程 549

第二十四班

厦门的货币金融及华侨

皿谷伊势男

第一章 序说 573

第二章 货币及金融概况 579

 第一节 金融货币工作 579

 第二节 金融机构 587

 第三节 货币流通状况 604

 第四节 资产流通状况 610

 第五节 华侨汇款 612

 第六节 外汇市价 614

 第七节 贸易 623

 第八节 海关 635

第三章 华侨 639

 第一节 华南与华侨 639

 第二节 闽侨 645

 第三节 厦门与华侨 650

 第四节 华侨汇款送达的概况 656

第四章 结论 663

第186册

昭和十六年(1941)调查报告(第38期生)

厦门的人口问题
高田武

第一章　日本内地人①状况 7
  1. 出国限制令的影响 7
  2. 人口统计 11
  3. 就业（失业）状况 14
  4. 房屋不足状况 15

第二章　台湾系日本人②状况 26
  1. 出国限制令的影响 26
  2. 人口统计 28
  3. 就业状态 32

第三章　中国人状况 41
  1. 出国限制令的影响 41
  2. 人口统计 42
  3. 就业状况 47
  4. 房屋不足状况 54
  5. 劳动力问题 56

关于闽江流域的经济
原田留吉

一、地形 61
二、气候 62
三、交通 63
四、农业 67
  1. 茶 67
  2. 米 71
五、物产 73
  1. 纸 73
  2. 纸伞 78
  3. 首饰 79
  4. 梳子（流笔）79
  5. 中国笔墨砚 80
  6. 寿山石的印材 81
  7. 漆干及涂碗 81
  8. 木雕人像 82
  9. 福州酱油 82
六、林业 83
七、电力事业 83
八、结论 85

第二十五班

厦门的教育状况
藤原敏夫

绪论 91
第一章　厦门的历史及其文化地位 93
第二章　厦门教育机构及学校教育 97

---

① 日本内地人，是指从日本到厦门的日本人。
② 台湾系日本人，是指日本占领台湾后，将台湾地区的人也纳入了日本人的范畴，但其中人种关系很复杂，既有本籍日本的，也有未加入日本国籍的，还有一些国籍不明人士。

第一节　教育机构 97

第二节　学校教育的现状 98

第三节　厦门学校教育的特质及日语学校 118

第四节　厦门教育的现状及其与事变前的比较 122

第三章　厦门社会教育的现状及共荣会事业 125

第一节　厦门的社会教育机构——民众夜校 125

第二节　东本愿寺事业及其他民众教化机构 127

第三节　厦门幼稚园的现状 130

第四节　厦门的文化机构、文化团体的现状 132

第五节　厦门共荣会的民众教化事业 138

第四章　鼓浪屿教育问题 150

第五章　华南重要商埠教育事业的特殊性 157

第一节　教育的目标 157

第二节　华侨社区内的学校教育 159

第三节　事变前的厦门教育与华侨的关系 163

第四节　事变前的汕头教育状况 165

结论 173

关于厦门市商会的现状
（附厦门贸易及物资流通状况）

冈部贤一

绪言 179

第一章　本市商会的现状 181

第一节　本会的历史 181

第二节　本市商会章程 185

第三节　本会近来的业务概况 193

第四节　本会的财政状况 196

第五节　与鼓浪屿区商会的关系 198

第六节　加入工业工会的历史及现状（附物资流通现状）199

第二章　贸易的现状 227

结言 238

第二十六班

汕头籍华侨最近的动向

高屋孝之

绪言 249

第一章　汕头籍华侨概观 250

第二章　最近的华侨出入状况 268

一、出国现状 268

二、回国现状 272

第三章　最近汇款的状况 275

一、汇款的现状 275

二、汇款吸收 288

三、当地对华侨向非占领区汇款的方针 290

第四章　华侨工作 291

一、招徕吸收华侨汇款的工作 291

二、宣传工作 293

三、民间机构的华侨宣传工作 296

第五章　汕头籍华侨与泰国 298

一、华侨的现状 298

二、泰国的对策 308

第六章　结言 314

汕头市潮安县、潮阳县各地的教育状况

三上量三郎

汕头市的教育概况 326

 第一章　教育行政 326

 第二章　指导方针 326

 第三章　学校教育 327

  第一节　事变前的学校数 327

  第二节　事变后的中等教育 328

  第三节　小学教育 331

  第四节　幼稚园教育 333

 第四章　社会教育 334

 第五章　其他的学校 334

 第六章　日语教育 335

 第七章　教职员 336

潮安县教育概况 339

 第一章　序说 339

 第二章　学校教育 344

  第一节　中等教育 344

  第二节　小学教育 345

 第三章　社会教育 371

  第一节　民众教育馆的复活 371

  第二节　民众学校 372

 第四章　日语教育 373

潮阳县的教育概况 375

结论 378

参考论文（中国教育）381

 第一章　根本方针 385

 第二章　具体方法 386

  一、排日教育的废止 386

  二、国语的普及 386

  三、日语教育的义务化 386

  四、普通教育的普及 387

  五、将重点放在专业教育、农业、畜林矿业、医学 387

 第三章　教师 388

  第一节　日本教师 388

  第二节　中国教师 391

 第四章　日语教育 394

  第一节　选择直接法还是对译法 395

  第二节　假名用法 396

  第三节　助词及敬语 398

 第五章　大陆的日本人教育 399

结论 400

汕头的钱庄

阿部博光

序 405

第一章　钱庄的过去 407

 一、钱庄的纸币发行 407

 二、钱庄与华侨汇款 415

 三、汇兑及作为商业金融机构的钱庄 427

第二章　钱庄的现状 434

 一、种类 435

 二、组织及经营 436

 三、公会制度 439

第二十七班

广州对外贸易情况

鹤田正男

（一）攻占前的概况 457

（二）攻占后的概况 471

（三）将来的预测及批判（笔记）481

广东地区的水上交通

西村正介

第一章　绪言 488

第二章　广东的港湾及黄埔的新港口建设计划 490

　一、广东的港湾 490

　二、黄埔新港口建设计划 492

第三章　事变后的内河航运概况 494

第四章　民船、电船的管制 523

第五章　远洋航线的现状 529

第六章　结语 540

广东、香港商业渠道的现状

木田弥三旺

一、绪言 547

二、近来广东的对外贸易 550

　1. 事变前的概况 550

　2. 广东陷落后的概况 553

　3. 最近的状况 555

三、作为华南中转贸易港的香港 564

四、广东、香港商业渠道的现状 573

五、以香港为中心的走私 588

六、结语 593

蚌埠皮革工业情况

白柳义一

第一章　中国皮革工业的历史 603

　第一节　中国皮革业的发展与中国事变 603

　第二节　事变与蚌埠皮革工业 606

第二章　生产的形式 611

　第一节　企业形态 611

　第二节　皮革企业生产的形式 614

第三章　生产状况及产品的销路 617

第四章　原料牛皮（附皮革管制）624

第五章　劳动情况 629

　第一节　总说 629

　第二节　就业状况 631

　第三节　待遇 633

　第四节　学徒制度 635

第六章　目前的问题 637

结论 638

第187册

昭和十六年（1941）调查报告（第38期生）

第二十八班
广东货币金融调查
鹿又秀一

序说 3

一、攻占广东后的敌对性银行及一直以来的货币流通状况 11

　（1）敌对性银行的现状 11

　（2）民众对现有货币的信用认可状况 12

二、新秩序建设下的经济工作 16

　（1）华南军票的现状 16

　（2）军票价值维持及流通地域扩大工作 18

三、日方三家银行 55

　（1）各银行的担当业务 55

　（2）日方三家银行（工金、台银、华南）月末存款余额表 58

四、日方对中方金融机构的指导状况 62

　（1）广东省立银行的重生 62

　（2）公认钱庄同业公会的设立 66

　（3）广州市银业交易所的设立 80

　（4）广州市商业同业公会的设立 92

五、华侨汇款现状 97

广东地区的交通
池田阳二郎

第一章　绪论 107

第二章　陆上交通 109

　第一节　序说 109

　第二节　铁路 110

　第三节　公路 117

　第四节　汽车 121

第三章　水上交通 134

　第一节　序说 134

　第二节　内河航运 136

　第三节　沿海航运 172

　第四节　广东的港湾及黄埔的新港口建设计划 189

第四章　航空交通 192

第五章　结论 198

广东的居留民团
新角傚郎

一、历史 205

二、居留民会 212

　（一）组织 212

　（二）选举 214

三、民团构成 217

　（一）广东居留民团事务课别一览表 217

　（二）理事 218

　（三）参事会 219

（四）民团事务 222

四、民团事业 230

 （一）广东日本国民学校 230

 （二）广东神社 233

 （三）墓地、火葬场 233

 （四）公会堂 234

 （五）兴武馆 235

五、财政 236

 （一）1941年度广东居留民团岁入、岁出总计预算 236

 （二）课金 263

六、结语 279

第二十九班

广东省的教育

本乡正雄

第一节　学校教育 283

 一、初等教育 287

 二、中等教育 305

 三、职业教育 313

 四、高等教育 317

第二节　社会教育 326

 一、事变前的状况 326

 二、事变爆发后的目前状况 328

第三节　日中文化交流的实际状况 332

广东省的钨交易状况

纲木正昌

绪言 353

第一章　产出概况 354

 第一节　省内各县产地 354

 第三节　性状 356

 第四节　埋藏量 356

第二章　从采矿到选矿 357

 第一节　采矿方法 357

 第二节　采矿的弊害 358

 第三节　矿石运输方法 361

 第四节　选矿方法 362

第三章　交易状况 364

 第一节　香港在钨矿地位上的重要性 364

 第二节　香港的交易状况 365

 第三节　广东矿价的变迁 391

第四章　走私状况 393

 第一节　走私的原因 394

 第二节　走私的方法 401

 第三节　走私进口品 408

第五章　钨矿现状 414

结论 415

第三十班

广东地区的大米

山领康夫

序论 421

战前的状况 424

 一、生产 424

 二、消费 430

 三、外国大米依赖 431

 四、流通 442

 五、米价 445

战后的状况 453

 一、生产 453

二、消费 455
三、外国大米依赖 456
四、流通 460
五、米价 462
六、管制 468

结论 474

广东的象牙业
中岛秀孝

前言 483
本论 487
第一章　象牙业在广州生产上所占的地位 487
第二章　事变前的情况 490
第三章　事变造成的直接损失 495
第四章　复兴状况及条件 497
第五章　工业组织 508
　第一节　原料采购、生产、销售过程 508
　第二节　各工厂经济形态的具体内容 513
　第三节　制作过程 518
第六章　结论 519

广东的土布工业
山口荣

第一章　广州市在广东省土布工业的地位 527
　第一节　广州市在工业上的地位 527
　第二节　广州市在土布工业上的地位 528
第二章　事变前土布工业的情况 530
　第一节　事变前数年间的变迁 530
　第二节　1935年的土布业概况 532
第三章　事变造成的损失 535
　第一节　总体性损失 535
　第二节　土布工业的损失 538
第四章　复兴条件 540
　第一节　治安的确立 540
　第二节　交通道路的确保 544
　第三节　居民的复归状况 547
第五章　土布工业的复兴状况 554
　第一节　总体状况 554
　第二节　个别状况 562
第六章　复兴的阻碍 565

第188册

昭和十七年（1942）调查报告（第39期生）

第一班

主要城市的金融机构及货币的现状

高桥升治　奥田隆春　黑木正吉

第一章　蒙疆的金融机构及货币的现状 5

　第一节　货币金融工作的概况 5

　第二节　货币 8

第二班

包头的蒙古行
（包头市的经济功能分析）

佐藤泰司　高田宣夫　坂下雅章
大岛新吾

第一章　经济 23

第二章　历史 26

第三章　经营数及经营规模 35

第四章　蒙古行的人员构成及工资 47

　第一节　人员构成的概要 47

　第二节　雇员的工资 51

第五章　蒙古行的交易情况 70

　第一节　蒙古行的意义及其功能 70

　第二节　交易方法 80

　第三节　用于交易的杂货种类及数量 86

　第四节　交易路线及运输方法 92

第六章　兽毛、兽皮的种类及销售过程 97

　第一节　兽毛、兽皮的种类 97

　第二节　销售过程 112

结语 121

第四班

纯蒙地域[①]政治建设状况

中村辉美　大江胜　吉田倬三
秋元伸一

序 133

第一章　政治——民政 136

　（1）治安概况 136

　（2）中央政治力的浸透 137

　（3）扎萨克会议决定事项中的民政事项 144

第二章　经济 151

　（1）生活状况 151

　（2）产业概要 154

　（3）政治运动的新展开 160

　（4）本年三月扎萨克会议决定事项中的政治事项 171

---

① 纯蒙地域：日本人是指只有蒙古人开展游牧而尚未有汉族人进入的地区，这部分地域没有农耕活动，是纯粹的游牧地区。

第三章　文教 175
　　（1）教育 175
　　（2）喇嘛教 186
第四章　蒙旗建设运动 200
　　（1）绪言 200
　　（2）确立建设运动趋势的历史 203
　　（3）当地适当重点主义政策的
　　　　采用 206
　　（4）蒙旗建设队 208
　　（5）建设工作实施事项 216
　　（6）政治运动 225
　　（7）财政建设概说 226
　　（8）文教建设 229
　　（9）保安工作 230
　　（10）结语 231
第五章　结言——将来的展望 234

第四班

华北方面政治建设状况调查报告书

中村辉美　吉田倬三　大江胜

秋元伸一

绪言 245
第一章　新民会现状 246
　　一、会务执行机构 246
　　二、分会 247
　　三、华北交通分会组建 248
　　四、青少年团、自营团等 249
　　五、训练处 249

第二章　新民会工作的重点 252
第三章　现阶段新民会工作的大纲 253
　　一、思想工作 253
　　二、对知识阶级的工作 254
　　三、对青少年的工作 255
　　四、乡村工作 256
　　五、经济工作 260
　　六、劳工对策 265
　　七、福利工作等 266
第四章　对共产党战斗的体系强化 267
第五章　对敌经济封锁 270
第六章　共产地区特别调查班派遣 272
结言 273

第六班

太原的粮行

日野茂树　内丸五典　宇佐美和彦

小野良章

绪论 281
　　第一节　概况 281
　　第二节　太原的粮谷事业 284
本论 296
　　第一节　粮行在太原的地位 296
　　　1. 事变爆发前 296
　　　2. 现在的状况 297
　　　3. 粮栈的资本构成 307
　　第二节　裕泰长①粮行 322
　　　1. 序说 322

---

① 裕泰长：原名裕泰昌，1940 年 5 月改名为裕泰长。

2. 经营形态 323

3. 粮谷交易 332

4. 裕泰长的金融 367

5. 摹写图 372

结论——太原粮行的命运 386

第七班

华北的政治建设状况
（以新民会工作为中心）

福田经　德永速美　立见章三
田沼菊弥　斋藤忠夫　松城弘

序 411

一、华北的命令系统及其与军政会的
　　关系 417

二、县行政及行政指导 418

三、新民会工作 420

四、行政及新民会工作情况的各种
　　问题 437

五、合作社 448

六、以合作社为中心的华北经济政策
　　上的各种问题 457

七、劳工协会 463

结语 468

第八班

华北政治建设

富田定　平木义高　高宫敬

绪论 475

第一章　总论 489

第二章　经济封锁的状况（概观）501

第三章　建设的实际状况 542

第189册

昭和十七年（1942）调查报告（第39期生）

第九班

城市经济功能的分析（石门）

石丸俊雄　真下九五雄　古本祝

沟上庆治

第一章　石门的总体情况 7

　一、概况 7

　二、历史 9

　三、市区 11

　四、人口 13

　五、城市计划概况 14

第二章　以石门为中心的交通运输状况 26

　一、铁路 26

　二、道路 31

　三、水路 32

第三章　石门的煤炭概况 46

第四章　以石门为中心的棉花研究 52

　一、绪论——石门地区棉花的地位 52

　二、棉花的收购状况 58

　三、棉花的消费状况 87

　四、增产政策概况及将来的展望 89

第十班

中国目前的政治建设状况

阿部弘

绪论 107

武清县建设工作概况 119

第十班

中国政治建设状况

坂本浩

绪论 165

第一章　日军的方针 166

第二章　警察行政体系的强化 168

第三章　对警察行政强化的批判 171

第四章　军队与官僚的关系 177

第五章　新民会 179

结论 181

第十一班

对以北京为中心的骆驼业的调查

西泽信男　中村益士　唐川博

一、绪言 199

二、关于骆驼 204

　（一）种类及特性 204

　（二）饲养管理状况 208

　（三）骆驼的能力及其利用 211

　（四）驼毛、驼肉等的利用 214

（五）骆驼的分布 219

三、骆驼业者的概说 221

  （一）骆驼户（通称驼户）221

  （二）骆驼贩子 222

  （三）驼宰 222

  （四）骆驼客栈（通称骆驼店）222

四、北京的骆驼户 226

  （一）概说 226

  （二）骆驼户的组织 228

  （三）业务 230

五、骆驼客栈 236

  （一）概说 236

  （二）包头的骆驼业 238

  （三）骆驼店的组织 240

  （四）骆驼店的规模 242

  （五）骆驼店的业务 245

  （六）交易状况 248

六、结言 258

第十二班

北京话补助动词的研究

凑保　金丸一夫　宗方健二郎

丝谷礼辅

序言 265

得起——不起 267

得开——不开 291

得动——不动 310

得了——不了 322

得着——不着 337

得——不得 354

得出来——不出来 368

第十三班

天津旧英国租界

广长敬太郎

第一篇　大东亚战争与英租界 394

 一、序 394

 二、租界问题 397

 三、英租界工部局行政接收 400

 四、极管区及极管区政务局 407

 五、极管区行政的国府移管 411

 六、英租界行政国府移交管理的法律问题 415

第二篇　行政总论 423

 一、总说 423

 二、租界章程（附土地制度）425

 三、行政组织 430

  （1）选举人总会 430

  （2）参事会（董事会、行政委员会）434

  （3）工部局 436

第三篇　行政分论 442

第一章　警察行政 442

 一、总说 442

 二、警察行政机构（警务处）443

 三、警察相关经费 448

 四、犯罪统计表 450

第二章　财政 453

 一、总说 453

 二、事业收入一览 461

第三章　教育行政 469

 一、总说 469

二、教育机构 470
　三、教育相关统计 474
　四、图书馆 476
第四章　福利行政 478
　一、总说 478
　二、医疗机构 478
　三、公共卫生及防疫 486
第五章　工务行政 489
　一、总说 489
　二、工程处的各项设施 490
　三、道路建设状况 506
　四、工程处的经费 514
第六章　公营事业 516
　一、电力事业 516
　二、供水事业 542
　三、埠头 578
　四、社会设施 600

第十三班

新政权管理下的教育建设状况

山田静夫　横田文真　大久保启三
鹈饲达哉　杉山恭卫

第一章　总说 611
　第一节　概论 611
　第二节　中国教育的变迁 615
第二章　教育方针的变迁及目前教育
　　　　方针的实际情况 624
　第一节　中国事变前的教育方针 624
　第二节　中国事变后的教育方针 628
第三章　学校的组织制度及教育的
　　　　实际状况 638
　第一节　华北的学校教育现行
　　　　　制度 638
　第二节　学校内部的组织及制度 663
第四章　学生的状况 675
　第一节　学生的能力 675
　第二节　课程的状况 699

第190册

昭和十七年（1942）调查报告（第39期生）

第十四班

燕郊镇概要

芹泽五郎　内仓三郎　小岛和雄

瑞成斋杂货铺 12
 一、总体情况 13
 二、资本 14
 三、采购 19
 四、销售 20
 五、金融 22
 六、库存商品采购销售调查 28

天庆号杂货铺 48
 一、总体情况 49
 二、资本 51
 三、采购 56
 四、销售 57
 五、库存商品采购销售调查 66

聚生公杂货铺 86
 一、总体情况 87
 二、资本 88
 三、采购 91
 四、销售 92
 五、金融 93
 六、库存商品采购销售调查 100

天德厚杂货铺 123
 一、总体情况 124

 二、资本 125
 三、采购 126
 四、销售 127
 五、金融 128
 六、库存商品采购销售调查 134

后记 161

第十五班

大东亚战争对中国人及在华外国人的影响

松尾七郎　石丸岩夫　铃木吉之
久保彻之

绪言 167
北京教育委员会决定事项及意见 172
 接收英美学校的教育方针 172
 英美学校处理办法 173
 关于军队处理英美学校的指导意见及处理 177
 近来天津的日语教育 190
一、华北贸易的概括性展望 202
二、华北贸易的进出口商品构成及国别考察 211
三、贸易部门管制的进展及日本的编制等 221
在天津各国主要贸易商社名 224
对煤炭业界的影响 247
开滦煤矿的历史 260

第二十班

城市经济功能的分析

三浦良男　冈秀彦　渡边卓郎

第一章　概说 285

　一、位置及地势 285

　二、气象 286

　三、人口及面积 288

　四、历史及古迹 292

第二章　经济外的功能 297

　一、官公衙 297

　二、教育及文化 300

　三、水利 304

第三章　经济功能的分析 309

　一、概说 309

　二、集散机构及现状 316

　三、生产机构及现状 338

　四、信用机构及现状 342

　五、销售机构及现状 349

交通 361

　一、概要 361

　二、铁路 363

　三、汽车 388

　四、水运 390

　五、其他的交通机构 392

第四章　结论——开封的政治、经济功能 393

　一、过去的政治、经济功能的变迁 393

　二、开封现在的政治、经济功能 413

第二十一班

安庆的救济事业

东辉夫

第一章　总说 431

第二章　救济院的成立经过概况 435

第三章　救济院相关机构的概况 439

第四章　救济院附属各机构及清节堂的财政概况 465

第二十一班

人民团体

蜷木定辉　土田正治

和平地区社运会的所在地及其名称 486

人民团体组织训练、指导、监督原则 488

人民团体组织方案 494

汉口的人民团体 510

上海的人民团体 520

上海特别市的人民团体 531

南京特别市的人民团体 591

第191册

昭和十七年（1942）调查报告（第39期生）

第二十二班

汉口地区的轻工业

大森史郎　铃木良介

序说 7

第一章　中国事变对汉口地区轻工业的影响 9

　A. 事变后武汉轻工业概况 9

　B. 复兴状况 29

第二章　各种工业部门与事变前的比较 40

　1. 纺织业 40

　2. 炼油业 50

　3. 面粉加工业 56

　4. 蛋制品业 60

　5. 卷烟制造业 64

　6. 制茶业 68

　7. 皮革制造业 71

　8. 玻璃制造业 72

　9. 肥皂制造业 73

　10. 造纸业 76

　11. 猪鬃整毛业 77

　12. 火柴制造业 78

　13. 制砖业 79

　14. 味噌酱油制造业 80

　15. 酿造业 82

　16. 制冰冷冻业 83

　17. 机械工具、建筑材料制造业 84

　18. 绳叭制造业 87

　19. 陶器业 88

　20. 印刷业 89

　21. 电力业 90

　22. 其他工业 91

　23. 难民的手工业 92

第三章　大东亚战争对外国人权益的影响 93

　（一）英国权益 96

　（二）美国权益 97

　（三）德国权益 98

　（四）法国权益 98

　（五）比利时权益 99

第二十三班

以汉口为中心的棉花集散制度

绪方正义　安藤资郎　村田裕彦

（一）棉花产地 107

（二）市场 114

（三）集散机构 117

（四）金融 143

（五）运输 149

（六）贩子、缲棉屋 162

（七）合作社 164

（八）掺水掺杂 167

（九）度量衡制度 177

第 191 册 | 333

（十）事变后的集散制度 181

第二十三班

农村物产的集散制度（芜湖大米）

村田裕彦　安藤资郎　绪方正义

第一章　事变前的集散制度 191
　　第一节　产米状况 191
　　第二节　集散机构 202
　　第三节　运输概况 219
　　第四节　米价 235
　　第五节　度量衡 237
　　第六节　金融 240
　　第七节　仓库 245
第二章　事变后的集散制度 249
　　第一节　产米状况 250
　　第二节　集散机构 252
　　第三节　运输概况 262
　　第四节　米价 267
　　第五节　度量衡 273
　　第六节　金融 274
　　第七节　仓库 276

第二十五班

华北、华中政治建设状况

阿久津房治　门田功

绪论 289
第一章　华北情况 308
　　第一节　华北的特殊性 308
　　第二节　各对共机关的组织及活动
　　　　　状况 315
　　第三节　山西的八路军 339

第二章　华中政治建设情况——关于
　　　　苏州地区清乡工作 347
　　第一节　清乡工作的必然性 347
　　第二节　清乡工作的意义 349
　　第三节　清乡工作的紧要性 351
　　第四节　清乡工作的性质
　　　　　及前途 353
　　第五节　清乡工作相关机构 355
　　第六节　清乡工作的展开 367
　　第七节　结语 375

第二十六班

苏州及蚌埠的金融机构和货币现状

百濑源　田中市松　秋山征士

泷本一夫

第一编　苏州的金融机构和货币
　　　　现状 395
第一章　苏州的经济 395
第二章　金融机构 397
　　第一节　银行 397
　　第二节　钱庄 418
　　第三节　当铺 459
　　第四节　合作社 465
　　第五节　高利贷等 466
第三章　货币的问题 491
　　第一节　军票 494
　　第二节　旧法币 514
　　第三节　新法币 530
　　第四节　华兴券 555
　　第五节　日银券 558

第二编　蚌埠的金融机构和货币现状 559

　第一章　蚌埠的经济 563

　第二章　蚌埠的金融机构 578

　　第一节　银行 578

　　第二节　钱庄 595

　　第三节　典当业 610

　　第四节　合作社 611

　第三章　货币的问题 614

　　第一节　联银券 616

　　第二节　军票 619

　　第三节　法币 621

　　第四节　储备券 625

第192册

昭和十七年（1942）调查报告（第39期生）

第二十七班

大东亚战争后英美在华权益的走向

佐伯朝春　玉村三夫

第一章　序言 5
第二章　杭州地区 7
第三章　苏州地区 11
第四章　无锡地区 18
第五章　常州地区 20
第六章　镇江地区 21
第七章　南京地区 25
第八章　下关地区 37
汉口地区英美财产处理状况调查报告 58
　第一章　敌国财产处理的一般方针 61
　第二章　收押权 64
　　第一节　收押权的意义及收押的条件 64
　　第二节　特殊财产（特别是工厂的）收押 70
　第三章　汉口地区敌国私有财产的处理要领 74
　第四章　现实处置 75
　第五章　敌国银行及敌国人债券债务处理状况 82
　第六章　敌国学校、教会、医院处理状况 91

第二十八班

清乡工作及纯正国民党

堀口博国　北村清八郎　清野孝雄
岩尾谆一

清乡工作整体状况 103
清乡委员会的构成及日方机构 107
武力措施 112
行政 116
警察 123
保安队 127
保甲 131
财政 138
经济 142
封锁 149
教育 152
党务 156
结言 196

第二十九班

无锡县县政调查

宇佐忠人　楠井晃

总说 217
一、县政府的组织 221
二、民政 227

（一）保甲 227
　　（二）治安 250
　　（三）卫生 257
二、财政 262
四、教育 270
五、建设 275
六、合作社 280

第三十一班

宁波地区调查报告：锡箔业及经济总体情况

马殿幸次郎　贺来扬子郎

一、历史 289
二、大东亚战争前宁波经济情况 291
三、大东亚战争后现在的经济情况 296
四、结语 312

第三十二班

（华北棉花）增产和物产集散措施

今田章　藤村正辉　绵引喜之

一、华北棉花的地位 319
二、兴亚院的增产计划 322
三、增产对策 326
四、集散对策 331
五、结论 342

第三十二班

以杭州周边为中心的棉花集散制度及棉花总体情况

今田章　藤村正辉　绵引喜之

第一章　华中棉花（杭州周边）的集散状况 367
　第一节　事变前的集散制度 368
　第二节　事变后的集散制度 369
第二章　棉花业者概说 370
　第一节　棉农 371
　第二节　花行 381
　第三节　棉花商 383
　第四节　缫棉机及缫棉工厂 384
第三章　关于棉花的商业习惯 389
　第一节　各种商业习惯 390
　第二节　课税的问题 396
第四章　围绕新法币与旧法币的问题 398
第五章　棉花总体情况概说 400
　第一节　气象与棉花种植 401
　第二节　地势及土质与棉花的关系 403
　第三节　品种的适应性 403
　第四节　棉花栽培习惯及病虫害 405
第六章　棉花的开花顺序及各项统计表 408

第三十二班

花行的历史和棉花一般经销路径及华北棉花增产机构一览表

今田章　藤村正辉　绵引喜之

花行的历史（山东省）435
第一章　中国棉花商 435
　一、花行 435
　二、轧户 435

三、秤手 436

　　四、其他经营缫棉业的人员

第二章　事变前花行的机构及概念 436

第三章　营业状况 441

第四章　事变后的花行 442

棉花一般经销路径图 446

　　一、以前的路径 446

　　二、从本年新棉开始实施的路径 446

华北棉花增产机构一览表 447

第三十三班

杭州许氏祠堂、苏州潘氏祠堂调查报告书

乾正己　织本健二郎　驹井辉男

杭州市横河桥大桥下许氏家庙 461

　　（一）家庙（祠堂）461

　　　　1. 建设年代 461

　　　　2. 摹写图另外表示 461

　　　　3. 神主 462

　　（二）族性 464

　　（三）族中各项规范 468

　　（四）族谱
　　　　（又名家谱、宗谱、家乘）471

苏州潘氏祠堂调查 488

　　1. 祠堂 493

　　2. 族性 500

　　3. 族谱 503

　　4. 族田 505

　　5. 祭祀 519

　　6. 祭器 529

　　7. 祭祀的举行顺序 530

　　8. 奏乐 536

　　9. 祭文及训诫文 537

　　10. 朔望献茶 554

　　11. 焚黄告祭 555

　　12. 仪式后的各个事项 555

　　13. 胙肉 556

　　14. 婚姻 556

　　15. 墓祭 556

第 193 册

昭和十七年（1942）调查报告（第39期生）

第三十四班

天津与华中间的经济关系

鹿岛达也　藤本博　中山节夫

中西芳一　佐味谦太郎　荫山恒义

面向占领地区的经济

（华北的物资及资金流通、管制现状）5

概说 7

物资的流通状况 13

  1. 日军占领后的运出入年总额 13

  2. 不同运出入地年额

    （面向华中、华南）14

  3. 每年主要运出入商品的金额

    与数量 20

  4. 主要运出入商社的国籍、资本、

    资金系统 24

  5. 运出入船舶的国籍、种类 28

物资运出入的管制 37

  1. 历史（大东亚战争前）37

  2. 现状（大东亚战争后）55

资金流出入的管制 65

  1. 历史（大东亚战争前）65

  2. 现状（大东亚战争后）71

蚌埠的经济情况 85

蚌埠的经济位置 89

  （一）事变前的物资集散状况 89

  （二）腹地 93

  （三）淮河的重要性 94

蚌埠的经济情况（1940年度）95

  （一）户口、人口 95

  （二）商业 99

  （三）物价 136

香港与华侨 149

  一、开战前的香港与华侨 154

  二、开战后的香港与华侨 176

以广东为中心的物资流通 183

  第一　日军占领后的进出口、运出入

    年总额 187

  第二　不同进出口、运出入地区

    年额 189

  第三　主要进出口、运出入品种的

    年额与数量 192

  第四　通过军队的运出入及其品种、

    数额 194

  第五　进出口、运出入商社的国籍、

    资本、资金系统表 195

  第六　进出口、运出入船舶的国籍、

    种类 196

第三十六班

大东亚战争对中国人及外国人的影响

中山喜久藏　清水一夫　牧广

内山敬忠

一、思想影响 203

二、对经济方面的影响 219

三、对教会、学校方面的影响 235

四、对轴心国的影响 255

第三十七班

满洲国北安省绥棱县第三次开拓团瑞穗村

松野谷夫　冈本健　高原茂美

杉本出云

第一章　瑞穗村历史 276
　第一节　开拓民的招募 282
　第二节　开拓民的训练 285
　第三节　开拓民的移居过程 286
　第四节　移居地区的决定 290
第二章　瑞穗村开拓民的构成及其发展 297
　第一节　开拓民的编制过程 297
　第二节　团干部的姓名 301
　第三节　开拓地原住民 302
　第四节　不同年份团员调查 302
　第五节　团员职业调查 309
　第六节　不同民族人口 309
　第七节　团员的籍贯 310
第三章　农业经营概况 312
　第一节　农家 312
　第二节　种植状况 313
　第三节　农耕法 319
　第四节　役畜 324
　第五节　作为副业的家畜饲养 325
　第六节　植树经营 331
　第七节　农产品销售 332
　第八节　酿造精米 333
　第九节　瑞穗村重要活动计划表 335
第四章　瑞穗村的文化、社会各项设施 338
　第一节　宗教 339
　第二节　教育 339
　第三节　卫生保健设施 343
　第四节　生活方式 344
　第五节　交通设施 350
　第六节　治安 351
　第七节　金融设施 352

第三十八班

英国殖民统治时期的香港经济机构（贸易　附日军占领后的建设状态）

田中卓也　小松秀吉　日野晃

重松盛二

一、香港经济的确立 361

二、香港为英国在东亚发挥的功能和机构分析 364

　1. 贸易 365

　2. 日本占领后的建设状况 392

香港论——关于政治方面 404

　第一章　香港的历史 404

第二章　现阶段东亚形势下的
　　　　香港 420
　第一节　从满洲事变到卢沟桥
　　　　事件 420
　第二节　从中国事变到大东亚战争
　　　　爆发 423
　第三节　现在的香港 427
香港与华侨的动向 434
　序 434
　香港的华侨 436
　华侨汇款 449
　华侨移民的出入 453
　开战后华侨的动向 456

第三十八班

第七次七虎力开拓团调查报告

　　星久次　深泽邦基　小野敏平

开拓团概说 467
　一、移居过程 467
　二、地区概况 468
　三、开拓团构成 469
教育调查
　（七虎力在满洲的国民学校）495
土地调查（农地分配）502
第七次七虎力开拓团农业调查
　报告书 519
　序 521
　一、土地（地势、面积、土质）525
　二、气候 526
　三、农耕法 532
　　1. 过去的农耕法 532

　　2. 改良农耕法 543
　　3. 本开拓团的农耕法采用状况 549
　四、自耕面积 550
　五、农具 550
　六、劳动状况 553
　　1. 役畜劳动力 553
　　2. 人工劳动力 554
　七、农作物经营概况 563
　结论 568
第七次七虎力开拓团农家经济调查
　报告书 571
　农家经济的基础 574
　　一、家族 574
　　二、劳动力及工资 575
　　三、财产 578
　　四、土地利用状况 581
　农家经济的决算 583
　　一、所得收入 583
　　二、所得支出 585
　　三、家计费 586
　　四、农家经济不足额 588

昭和十八年（1943）调查报告（第40期生）

太仓调查班

太仓家族制度

　　山尾照芳

太仓人口

山尾照芳

太仓县的历史和自然

片冈正一

一、太仓县历史 627

第一节 概说 627
第二节 各时代的历史 630

二、太仓县的自然 655

第一节 位置及地势 655
第二节 气候及产业 659
第三节 交通及电力通信 669

第 194 册

昭和十八年（1943）调查报告（第40期生）

太仓县政调查
关屋重政

（一）总说 3
（二）县制 7
 （1）县政府的机构 7
 （2）县政府的人员构成 10
 （3）县政府的运营 15
 （4）现附属机构（防疫委员会）的活动状况 16
 （5）县联合协议会 18
（三）区制 26
 （1）区公所的内部组织 26
 （2）各区公所的人员构成 26
（四）乡镇制 29

太仓经济（工业调查）
久保田穰

序 53
（一）工厂制工业 54
（二）其他的小工业 60
（三）土特产及土布生产 68

太仓县的训练、出版物、宣传及宗教
山本孝雄

第一编　训练 83
（一）新国民训练所 83
（二）爱乡会的训练 98
（三）保安队的特高训练及青少年大队训练 99

第二编　出版物 103
（一）报社及报纸 103
 （1）太仓日报社及《太仓日报》103
 （2）《国民新闻》《中华日报》及《江苏日报》107
（二）一般印刷社 109
（三）一般书店 109
 （1）文明书室 109
 （2）销售处（县城内）110
（四）太仓县立民众图书馆 111

第三编　宣传 116
（一）民心的总体动向 116
（二）各种宣传机构概况 120
 （1）县政府宣传科 121
 （2）县党部特别室第二科 126
 （3）宣传部直属太仓日报社 128
 （4）民众教育馆教导股 129
 （5）省宣传处等 131
（三）对民众宣传 135
 （1）不同宣传技术 135
 （2）不同宣传运动 170
（四）对敌宣传及来自敌方的宣传状况 193

（五）宣抚 194
　　（1）惠泉医院概要 195
　　（2）华中棉花改进会等 198
第四编　宗教 200
　（一）寺庙观 200
　（二）世界红十字会及理教会
　　　概况 222
　（三）基督教会 224
　（四）其他 233

太仓治安调查
内仓吉宪

第一节　总说 237
　第一　全县的位置 237
　第二　地势及水运交通网概况
　　　　——附表参照 237
　第三　事变后治安机构的变迁 238
　第四　治安概况 239
第三节　治安机构的组织 239
　第一　种类 239
　第二　治安机构的指导系统及协助
　　　　关系 239
　第三　保安队 242
　第四　警察 255
　第五　民众自卫组织 268
　第六　消防组织 269
第四节　治安机构的运营 269
第五节　治安机构的训练 273
第六节　敌方的反清乡工作及治安
　　　　扰乱工作 274

丹阳宗教
柘植大六

序 282
一、寺庙、教堂调查表 283
二、民间信仰状况调查表 290
三、例行活动 295

丹阳县清乡工作党务概况
川崎谦吉

第一节　概况 303
第二节　民众运动状况 304
第三节　文化运动 304
第四节　福利工作 305
第五节　揭发工作 307
第六节　思想训练 307
第七节　宣抚工作 309
第八节　结论 309
丹阳县治安调查 311
　第一节　治安机构的组织 311
　第二节　自卫组织 341
　第三节　敌方的治安扰乱工作
　　　　　及清乡工作 346

对丹阳县双庙乡史家村及同县中仙乡韦家坂的社会考察之一斑
富田一郎

一、前记两村的人口构成 362
　1. 户别人口 362
　2. 人口的职业构成 364
　3. 人口的性别及年龄构成 366
二、前记两村的宗族 369

1. 史家村的"史"宗族 369
2. 韦家坂的韦氏、龙氏、史氏、李氏 372

丹阳金融调查报告书（附货币、物价）

丸川辰生

序 381
第一章 总说 383
第二章 典当业 388
 一、历史 388
 二、营业 393
 三、结语 399
第三章 钱庄业 404
第四章 合作社 406
第五章 物价 412
第六章 货币 421

丹阳县县政调查报告

松田又一

第一节 总说 429
第二节 特别区的行政区域 433
第三节 特别区制 434
 一、特别区公署的机构 434
 二、特别区公署的人员构成 439
 三、特别区公署的运营 446
 四、县署行政人员的训练 447
 五、特别区公署附属机构的活动状况 449
 六、各种会议状况 452
第四节 区制 455
 一、各区公所的内部组织 455
 二、各区公所的人员构成及其运营 456
第五节 乡镇制 457
 一、各区乡镇保甲、人口、壮丁数一览表 457
 二、乡镇公所组织暂行办法 458
意见——对策 476

丹阳县金融调查报告书

田中重信

一、丹阳总体经济概况 483
二、丹阳的金融 488
 1. 金融机构的种类、规模、形态 488
 2. 各金融机构的营业内容 499
三、丹阳县的货币状况 524
四、丹阳物价概况 539
 1. 物价评议委员会决定价格的不彻底 539
 2. 各种土产物资运往外地的情况 540
 3. 敌方的经济扰乱工作状况 541
 4. 各主要物资价格变动状况 542
 5. 特区公署的应急对策 542
结语 551

丹阳县

南里诚治

一、历史 555
二、地志 558

第 194 册 | 345

丹阳工业现状调查报告书

甲斐照敏

事变前的概况 571

　一、绢织品业 573

　二、织布业 577

　三、其他 579

事变的影响 583

现状 585

　一、绢织品业 585

　二、染色工业 595

　三、榨油工业 600

　四、精米业 606

　五、酿造业 611

　六、面粉工业 617

　七、铁工业 622

　八、电力事业 625

第 195 册

昭和十八年（1943）调查报告（第40期生）

丹阳文化宣传、训练、出版物
九尾忍

本县清乡工作同志信条 4

一、宣传 5

二、训练 20

三、出版物 26

吴县班

吴县方言调查
藤田信弘

一、绪言 31

二、发音 40

三、词汇 47

　（一）名词 48

　（二）代词 67

　（三）连词 72

　（四）助词 74

　（五）形容词 78

　（六）副词 85

　（七）动词（助动词）90

　（八）介词 100

四、译稿 102

五、结语 107

吴县史地
寺泽卫

前言 115

第一章　自然 117

　（一）位置 117

　（二）地势 118

　（三）气候 119

　（四）面积、人口 127

第二章　历史 131

第三章　名胜古迹 150

吴县县政
林勋

第一节　总说 183

一、位置、面积、总人口、人口密度、地势 183

二、文化程度 185

三、外国的影响程度 186

四、重庆及新四军过去的影响及反清乡工作的程度 189

五、事变后的县政历史 190

六、清乡的开始与经过 194

七、新国民运动的展开概况 201

第二节　县行政区域 204

第三节　县制 204

一、县政府的机构 204

二、县政府的人员构成 215

三、县政府的运营 218

四、县署行政人员的训练 220
　　五、县政府附属机构的活动状况 221
　　六、县联合协议会 234
第四节　区制 239
　　一、区公所 239
　　二、区行政人员的训练 245
　　三、区公所附属机构的活动状况 246
　　四、区联合协议会 247
　　五、乡镇长会议的运营状况 248
第五节　乡镇制 249
　　一、乡镇保甲、人口、壮丁数一览表
　　　（另纸）249
　　二、乡镇公所的内部组织 249
　　三、乡镇长 250
　　四、乡镇行政的运营及爱护村 253
　　五、乡镇长的训练 255
　　六、保长会议的运营状况 255
　　七、保甲会议的运营状况 256
　　八、保甲与自卫 256
　　九、户口异同表的调查 261
　　十、保甲的工役概况 264
　　十一、保甲长的训练 265
　　十二、民众训练概况 265

吴县的物产集散及配给调查报告概要（前篇）

松本和夫

序言 277
第一章　集散及配给机构 279
　第一节　集散机构总体情况 279
　第二节　采买机构中的中间商 288
　第三节　采买机构中的合作社 293
　第四节　配给机构总体情况 294
　第五节　配给机构中的中间商 309
　第六节　配给机构中的合作社 312
　第七节　日本商社的种类、地位
　　　　　及实力 315
第二章　集散及配给的运输手段 318
　第一节　集散的运输手段 318
　第二节　配给的运输手段 321
　第三节　苏州的日本运输及内河汽轮
　　　　　处理的运出入数量 323
第三章　集散及配给过程中的价格
　　　　变化 330
　第一节　手续费、运费、课税等造成的
　　　　　价格上涨 330
　第二节　金融及市场品质操作中的
　　　　　剥削 332
附　　合作社调查表 336

吴县教育、宗教调查报告

桥本富士雄

教育调查报告 347
序文 347
江苏省教育概况 349
　（1）教育法令的推行 349
　（2）教育行政 358
　（3）经费 365
　（4）学校教育 367
　（5）日语教育 367
社会教育 375
　（一）民众教育的推进 375
　（二）识字教育的推行 376

第一章　小学教育 378
第二章　中学教育 384
第三章　高等教育 390
第四章　关于识字教育 394

吴县枫桥镇内各部落的社会考察
下隐登喜吉

（一）对象地的总体考察 397
　（1）地史 397
　（2）特质 401
（二）镇内各部落的具体考察 409
（三）结语 437

吴县的政治指导
加藤和

第一章　行政组织 443
第二章　国民党组织 470

吴县金融调查报告
北村求

第一章　金融概况 499
　一、特殊状况 499
　二、货币 500
第二章　金融机构 501
　一、银行 501
　二、钱庄 508
第三章　货币 523
第四章　对于工商业者的资金放出与汇集 530
　一、商业资金 530
　二、工业资金 533
第五章　与其他城市的汇兑交易实际状况 535

第 195 册 | 349

第 196 册

昭和十八年（1943）调查报告（第40期生）

苏州工业调查报告
谷山善夫

第一章　清乡地区工业概况 3

　一、纺织 5

　二、面粉加工 7

　三、缫丝 8

　四、其他 9

第二章　苏州的工业 10

　第一节　概况 10

　第二节　分论 18

南通班

南通县工业调查报告书
川村实

第一章　手工业 33

　第一节　土丝生产 33

　第二节　土布生产 57

　第三节　土布公会、土布市场 79

　第四节　结语 89

第二章　近代工业 93

　第一节　序言 93

　第二节　纺织工业 106

　第三节　面粉加工业 118

　第四节　精米工业 120

　第五节　榨油工业 121

第六节　机械制造业 126

第七节　火柴制造工业 128

第八节　电力业 129

第九节　其他工业 132

第三章　结言 133

南通经济
斋藤铁弥

一、南通及腹地的产业经济状况 141

　1. 农业 141

　2. 当地特殊问题 147

　3. 管制经济的现状 152

　4. 物资流通限制解除及其影响 154

　5. 商业状况 155

二、金融机构 159

　1. 银行 159

　2. 银行的活动状况 164

　3. 钱庄 177

　4. 钱庄的活动状况 184

　5. 当铺 192

　6. 当铺的活动状况 195

　7. 合作社 198

　8. 南通地区与上海间的汇兑交易 200

三、金融（广义的金融）状况 204

　1. 金融概况 204

　2. 清乡工作开始后的金融情况 209

四、货币 217

　1. 货币流通状况 217

2. 清乡工作开始后的货币流通情况 224

3. 新四军的货币政策 226

4. 物价 229

5. 大使馆苏北地区综合实体调查项目 236

南通习俗语言情况

高木芳郎

南通的收购及配给

小川清

一、前言 247

二、物资运出入交易 250

三、集散机构 258

四、配给机构 303

五、合作社 313

第二章 运输 325

 第一节 杂谷运输 326

 第二节 土布运输 330

 第三节 配给品运输 331

第三章 价格 332

 第一节 采购价格 332

 第二节 日用品的价格问题 346

第四章 最初及最终阶段的交易方法 350

 第一节 来自生产者的集散状况 350

 第二节 到达最终消费者的配给状况 364

第五章 经济管制 377

第六章 南通地区对新四军经济战的情况 377

第七章 结论 387

南通教育调查报告书

石桥达郎

第一章 总说 391

第二章 教育宗旨 398

 第一节 事变造成的教育宗旨的转换及其影响 398

 第二节 苏北清乡地区清乡教育实施纲领 401

第三章 教育行政 407

 第一节 苏北清乡地区南通特别教育行政 407

 第二节 教育行政官署的人员构成 409

第四章 学校教育 414

 第一节 初等教育 414

 第二节 中等教育 435

第五章 社会教育 446

社会教育实施状况 446

 一、设施概况 446

 二、教育目标 447

 三、实施原则 448

 四、实施方法 448

 五、工作概要 449

南通县治民众教育馆实施工作概况 451

 一、本馆的成立 451

 二、本馆的组织 451

 三、设备 453

四、本馆的日常业务 453

　　五、临时活动 455

　　六、地方环境 456

　　七、实施状况 457

　　八、本馆职员的待遇 458

第六章　教育经费 459

　　一、教育经费实际状况 459

　　二、教育款产的实际状况 461

第七章　日本经营的教育机构 464

　　一、南通日本国民学校 464

　　二、南通日本国民学校附属幼稚园 466

　　三、日语学校及日语普及情况 468

　　四、江北中央医院教育部的状况 470

　　五、江北导农义塾 475

司法报告书（南通　第二部）

平尾尚

（一）该县司法机构的种类 483

（二）该县司法机构历史组织 484

（三）处理事件数 493

（四）司法机构总体情况 495

（五）行政机构 496

（六）律师 502

（七）司法令特别是近来司法令的遵守情况 502

财政报告书（南通　第二部）

平尾尚

第一节　总说 509

第二节　财政行政机构 513

第三节　岁入 540

第四节　岁出 547

第五节　财政调查研究 548

结论 552

苏北清乡工作南通特别区行政调查报告

佐藤金人

第一节　总说 559

第二节　（县）特别区的行政区域 563

第三节　特别区划 564

　　一、特别区公署的机构 564

　　二、县政府及特别区公署的人员构成 567

　　三、县政府及特别区公署的运营 584

　　四、县署行政人员的训练 586

　　五、特别区公署附属机构的活动状况 586

　　六、特别区联合协议会 588

　　七、区长会议 588

第四节　区制 590

　　一、各区公所的内部组织 590

　　二、各区公所的人员构成 590

　　三、各区公所的运营 595

　　四、区行政人员的训练 595

　　五、区公所附属机构 595

　　六、区联合协议会 596

　　七、乡镇长会议的运营状况 596

第五节　乡镇制 599

　　一、保甲展开状况 599

　　二、乡镇公所的内部组织 602

三、关于乡镇长的调查 603

四、乡镇行政的运营 614

五、乡镇长的训练 615

六、保长会议的运营状况 615

七、保甲长的任用资格 615

八、保甲办事处的经费调拨 616

九、保甲会议 616

十、保甲与自卫 617

十一、户口异动调查 619

十二、保甲的工役概况 619

十三、保甲长的训练 620

十四、民众训练 620

第 197 册

昭和十八年（1943）调查报告（第 40 期生）

南通经济班物产集散及配给（二）
赤司武夫

一、棉花 3
二、食盐 21

常熟班

中国的家族制度
有野芳郎

序 31
中国的婚姻 38
六礼 38
 1. 纳采 39
 2. 问名 40
 3. 纳吉 40
 4. 纳征 41
 5. 请期 42
 6. 亲迎 42
中国的丧葬 53
 1. 临终、复、始死 53
 2. 小殓、大殓 56
 3. 成服、哭奠 57
 4. 葬送 58
 5. 既夕礼、反哭 59
 6. 虞、卒哭、祔 60

关于常熟县的物产集散及配给机构
金海政秀

绪论 75
第一节 集散及配给机构
  （商品流通机构）78
 第一项 大米的集散及配给机构 78
 第二项 棉花的集散及配给机构 99
 第三项 猪行 103
 第四项 合作社及其系统 105
 第五项 日本商社的种类、地位
    及实力 110
 第六项 关于配给 114
第二节 物产集散、配给经济及运输
  手段 124
 第一项 各种中间商 124
 第二项 合作社 134
第三节 物产集散、配给过程中的
  价格变化 136
 第一项 手续费、运费、课税等造成的
    价格上涨 137
 第二项 实物手续费、度量衡的使用
    场合 150
 第三项 金融及品质操作等过程中的
    剥削 156
 第四项 经纪人的利益 160
第四节 最初及最终阶段的交易
  方法 162
 第一项 来自生产者的集散状况 162

第二项　到达最终消费者的配给状况 170

第五节　物产集散及配给的关系有无及方法 177

第一项　商人的场合 177

第二项　合作社的场合 183

第六节　管制 184

第一项　现状 184

第二项　造成管制困难的情况 217

第三项　与非和平地区的关系 232

第七节　结论（对策）235

第一项　对采买机构的方案 236

第二项　配给机构 242

第三项　国民政府的物资集散及配给机构改组 246

常熟经济——物产集散及配给

古泽仁

常熟县县政调查

龟井壮介

第一节　总说 277

一、全县及特别区的位置、面积、总人口、人口密度、地势 277

二、文化程度 279

三、外国的影响程度 279

四、重庆及新四军过去的影响及反清乡工作的程度 280

五、事变后的县政历史 282

六、新国民运动的展开概况 283

第二节　该县的行政区域 284

一、现行行政区域及区数 284

二、威令圈[①]的扩大经过 285

三、改划的必要与否 285

第三节　县制 285

一、县政府的机构 285

二、县政府的人员构成 290

三、县政府的运营 309

四、县行政人员的训练 311

五、县政府附属机构的活动状况 311

六、县联合协议会 311

七、区长会议的运营状况 312

第四节　区制 313

一、各区公所的内部组织 313

二、各区公所的人员构成 314

三、各区公所的运营 316

四、区行政人员的训练 316

五、区公所附属机构的活动状况 316

六、区联合协议会 316

七、乡镇长会议的运营状况 316

第五节　乡镇制 317

一、各区乡镇保甲、人口、壮丁数一览表 317

二、乡镇公所的内部组织 318

三、对乡镇长的调查 319

四、乡镇行政的运营与爱护村 326

五、乡镇长的训练 329

六、保长会议的运营状况 329

---

① 威令圈：日语词汇，指威力、命令能够有效到达的区域，即已经实际控制的地盘。

七、保甲长的任用资格、任用手续
　　概况 329

八、保甲办公处的经费调拨 329

九、保甲会议的运营状况 330

十、保甲与自卫 330

十一、户口异同查报调查 337

十二、保甲的工役概况 342

十三、保甲长的训练 350

十四、民众训练概况 350

意见——对策 351

常熟县统制经济的现状
早濑次雄

第一节　总说 357
　1. 县名 357
　2. 县统制经济指导方针 359
　3. 统制组织 359
　4. 治安状况 363

第二节　分说 365
　1. 配给部分 365
　2. 货物汇集部分 383
　3. 结语 389

第三节　结论 391
　1. 统制与民心 391
　2. 旧法币的地位 391
　3. 军票回收状况 392
　4. 批判 392

中国社会的实证性研究
堤彻

绪论 398

序说——社会现象的科学性认识 404

第一章　社会现象的特殊性 410

第二章　关于社会现象的形态 416

第三章　常熟地区的中国社会研究 419
　一、常熟地区的中国社会构造 419
　二、大东亚战争与中国社会的
　　　现状 483

第四章　中国社会的特殊性 514

其他参考统计资料 523

常熟县金融机构调查报告
川崎浤太郎

第一节　总说 537

第二节　农村总体情况 543

第三节　高利贷 551

第四节　合会 553

第五节　典当 556
　一、设立时期 557
　二、当铺的地位 558
　三、出资者 560
　四、资金 561
　五、借贷状况 563
　六、利息 566
　七、利率、评价及处理 567
　八、满当期限 569
　九、乡区的当铺 569
　十、结语 570

第六节　合作社 575

一、组织 575

二、业务 576

三、指导机构 581

四、职员 583

五、资金及其借贷情况 585

六、合作社农业仓库 589

第七节　银号及银行 592

第八节　结语 602

第 198 册

昭和十八年（1943）调查报告（第40期生）

关于常熟人口的报告
吉川一郎

常熟的金融（货币、物价）
永野严

A. 货币 45
　一、常熟的货币状态（由于是禁止使用旧法币以后，因此所谓法币指新法币）45
　二、货币 48
B. 物价 52
　一、物价状况 52
　二、物价的变迁 55
C. 物价对策及现状 63

常熟语言、习俗
小中清

语言 71
　一、此次调查的中国人 71
　二、常熟县特有的声韵 71
　三、常熟的方言 73
　四、常熟特有的词汇 77
习俗 78

常熟县教育调查报告
大屋英夫　数野泰吉

教育宗旨 83
教育行政 95
　一、教育行政官署的机构 95
　二、教育行政的人员构成 98
学校教育 103
　一、小学教育 103
　二、中学的内容 143

常熟县司法调查纲要
马场重定

一、作为常熟司法机构的普通审判机构 151
二、常熟地方法院 151
三、军法处 153
四、县看守所 153

常熟史地
高濑恒一

一、历史 157
二、位置及地势 158
三、交通 160
四、气象及天候 163

江苏省常熟县财政调查

第一节　总说 167

第二节　财政行政机构 173
　（一）总说 173
　（二）本县财政行政机构与省财务
　　　　机构的关系 174
　（三）常熟县各级财政行政机构的
　　　　组织 177
　（四）常熟财政机构的人员构成 180
　（五）任用 186
　（六）待遇及奖罚 187
　（七）财务行政的运营 189
　（八）本县财务行政人员的训练 193

第三节　岁入 202
　（一）总说 202
　（二）县税捐收入决算内容
　　　　明细表 206
　（三）本县的征收方法、时期、税率、
　　　　租率问题 208
　（四）地方财产收入 214
　（五）地方事业收入 215
　（六）地方行政收入 215
　（七）本县的借款 216
　（八）税勘及其他的免税减税的实施
　　　　状况 216
　（九）纳税滞纳者名簿 217
　（十）地方工役与献金 219
　（十一）警保军等机构团队的不法
　　　　征用 219
　（十二）补足事项 219

第四节　岁出 225
　（一）总说 225
　（二）本县岁出决算综合分类表 226

第五节　财政调查研究 235
　　　泰县班

泰县治安

黑泽贞夫　菅野俊作

第一节　总说 291
　第一　全县及特别区的位置、面积、
　　　　总人口、密度 291
　第二　地势及水陆交通网概况 291
　第三　事变后的治安机构变迁 292
　第四　治安概况 292

第二节　治安的指导原则 293
　第一　基于中方新政治理念的治安
　　　　指导原则 293
　第二　日方的内部指导原则 294

第三节　治安机构的组织 294
　第一　总说 294
　第二　军队 295
　第三　保安队 300
　第四　警察 300
　第五　民众自卫组织 303
　第六　消防组织 303

第四节　治安机构的运营 304
第五节　治安机构的训练 304
第六节　敌方的反清乡工作
　　　　及治安扰乱工作 306
　第一　新四军系 306
　第二　中共中央组织系统表 307

意见——对策 320

第 198 册 ｜ 359

泰县的宣传调查报告
井泽宽

一、序 329
二、新四军的宣传 331

泰县金融、物价调查报告
藤井芳彦

绪论 347
第一章　金融机构 349
　第一节　银行 349
　第二节　钱庄 352
　第三节　其他金融机构 354
第二章　金融活动状况及物价状况 355
　第一节　货币流通状况 355
　第二节　长江下游地区物资流通管理
　　　　　暂行规定修订后的经济
　　　　　情况 363
　第三节　物价情况 372
结论 385

泰县宗教调查报告
秋山善三郎

第一章　绪论 389
第二章　实际状况调查结果报告 393
　第一节　佛教 393
　第二节　道教 406
　第三节　其他的庙或祠 416
　第四节　理教、回教及各种宗教
　　　　　团体 420
　第五节　基督教 426
第三章　结论 434

泰县方言调查报告
秋山善三郎

（一）序言 441
（二）总体特色 442
（三）发音 443
（四）词汇 452

泰县人口家族制度
峰岸庆六

江苏省泰县财政调查报告书
清水好孝

统制经济
尾藤胜彦

序 479
第一　统制的必要 480
第二　统制的现状 480
　一、统制机构 481
　二、集散 481
　三、配给 483
　四、生产 484
第三　结论 485

扬州社会班

扬州人口、家族制度
高久七郎　今江寿孝

一、人口 488
　1. 人口总数 488
　2. 统计表制作方法 489
　3. 正确程度 489

4. 男女数量比较 492

5. 不同年龄的构成 494

6. 不同职业的人口统计 504

二、家族制度 505

江都班

江都县治安调查报告一部
吉田正夫

第一节　以扬州为中心的治安总体情况 515

第二节　治安的指导原则 519

第三节　治安机构的组织 520

　（A）总说 520

　（B）军队 521

　（C）保安队 527

　（D）警察 528

　（E）消防队状况一览表 537

　（F）民众自卫组织 537

　（G）爱护村编制状况 544

江都县宗教
花井清二良

一、概要 549

二、调查事项 551

　（一）佛教 552

　（二）回教 566

　（三）道教 568

　（四）基督教 570

　（五）庙 571

　（六）小祠 572

三、结语——宗教对策 573

江都县乡土艺术
花井清二良

一、调查事项 585

二、石刻 587

三、竹刻 589

四、漆器 590

五、小戏 591

六、刺绣 593

七、乡土艺术 594

八、音乐 598

九、结语 598

江都县经济（物产集散）
花井清二良　原田正人

第一节　物资流通的状况 607

　第一章　概说 607

　第二章　流通物资的数量 610

　第三章　集散配给的实际状况 632

第二节　经济管制的概况 647

　第一章　概说 647

　第二章　管制物资的配给状况 651

第三节　合作社调查 655

第四节　结语——集散配给政策 660

第 198 册 | 361

第199册

昭和十八年（1943）调查报告（第40期生）

杨庄的社会考察
增山惠三　江崎春太郎

（一）杨庄的总体考察 3
　（1）地理状况 3
　（2）历史 6
　（3）社会状况 7
（二）杨庄的社会构成 9
　（1）人口构成 9
　（2）职业构成 14
　（3）社会的结合度 20
　（4）势力的构成 27
　（5）与村落外的关系 29
　（6）社会关系 31

江都县金融货币物价概况
柴田敏之

金融 35
　一、总体情况 35
　二、金融机构 39
　　（1）银行 39
　　（2）钱庄 42
　　（3）典当 46
　　（4）江都县救济院贷款所 47
　　（5）其他 48
　三、汇款状况 52
　四、新四军的金融政策概况 55

货币 56
　一、总体情况 56
　　军票 57
　　中储券 57
　　联银券 57
　　敌性货币 57
　二、新四军的货币工作概况 59
物价 60

江都风俗
小松康宏

江都语言
小松康宏

江都县行政组织
铃木俍

第一节　总说 81
　一、全县 81
　二、文化程度 82
　三、外国的影响程度 82
　四、重庆及新四军之前的影响及反清乡工作的程度 82
　五、事变后的县政历史 83
　六、新国民运动的展开概况 84
第二节　本县的行政区域 85
　一、现行行政区域及区数 85
　二、威令圈的扩大经过 85

三、改划的必要与否 86

第三节　县制 86
- 一、县政府的机构 86
- 二、县政府的人员构成 90
- 三、县政府的运营 94
- 四、县行政人员的训练 96
- 五、县政府附属机构的活动状况 98
- 六、县联合协议会的有无 98
- 七、区长会议的运营状况 98

第四节　区制 99
- 一、各区公所的内部组织 99
- 二、各区公所的人员构成 99
- 三、各区公所的运营 101
- 四、区行政人员的训练 101
- 五、区公所附属机构 101
- 六、区联合协议会 102

第五节　乡镇制 102
- 一、各区乡镇保甲、壮丁数一览表 102
- 二、乡镇公所的内部组织 103
- 三、乡镇长 103
- 四、乡镇行政的运营与爱护村 103
- 五、乡镇长的训练 103
- 六、保长会议的运营状况 104
- 七、保甲长的任用手续 104
- 八、保甲会议的运营状况 104
- 九、揭发 105
- 十、保甲的工役概况 106
- 十一、保甲长的训练 106
- 十二、民众训练 106

江都县的教育概况
伊藤茂

一、教育概况 111
- （1）教育行政组织 112
- （2）教育经费 114
- （3）中等教育 114
- （4）初等教育 114
- （5）社会教育 118
- （6）私立学校概况 119
- （7）私塾及补习学校 120
- （8）教职员待遇程度 120
- （9）日语教育 121

二、将来的课题 123
- （1）教育指标的确立 123
- （2）教育政策 124
- （3）学校经营的合理化 125
- （4）学校革新的各项问题 126
- （5）女子教育 126

江都县财政调查
菊野幸夫

无锡班

无锡县政调查报告

中村信

第一节　总说 137
第二节　县行政区域 139
第三节　县制 141
　一、机构 141
　二、人员构成 145
　三、运营 152
　四、行政人员的训练 154
　五、教育局、赋税管理处、封锁管理处等 155
　六、目的、招募手续、构成等 155
　七、区长会议 158
第四节　区制 159
　一、内部组织及附属机构 159
　二、人员构成 159
　三、运营 159
　四、训练机构 160
　五、各区自卫团的训练 160
　六、联合协议会 160
第五节　乡镇制 163
　一、各区乡镇保甲人口一览表 163
　二、乡长、副乡长各一名 164
　三、乡镇长不同年龄表 164
　四、爱护村 166
　五、招募 167
　六、每月一次会议 167
　七、保长 167
　八、县预算及补助金 167
　九、每月两次会议 167
　十、迁入迁出户口数 169
　十一、保甲等 171
　十二、保甲长的训练机构 172
　十三、爱乡会 172
意见 173

无锡的金融机构

加藤美治

一、无锡的概况 179
二、无锡的金融机构 182
　1. 银行 182
　2. 银号 203
　3. 典当铺 227
　4. 金融社 229
　5. 合作社信用部 231

无锡地区的物产集散及配给现状

高田富佐雄

序说 239
第一章　集散 243
　一、生产 243
　二、集散 253
第二章　配给 255
第三章　运输 255
第四章　管制 256
第五章　对策 257

无锡的语言和习俗
田坂博能

关于无锡的语言 263
 一、无锡方言发音全表使用的注音符号 265
 二、无锡方言发音全表 267
 三、无锡方言发音与北京音及上海音的比较 274
  1. 声母 274
  2. 韵母 276
 四、声调 280
 五、特殊词汇 282
关于无锡的习俗 289
 一、关于无锡的传统节日 291
 二、关于其他情况 308
  1. 关于节日 308
  2. 关于诞生、结婚、葬礼 311

无锡训练、宣传、出版物
山本福三

第一章 训练 315
 （一）无锡县青少年队的训练 316
 （二）新国民训练所 321
 （三）爱路青少年团训练 325
 （四）自卫团训练 331
第二章 宣传 337
 一、绪论 337
 二、本论 339
 三、关于宣传的意见（结论）357
第三章 出版物 361
 （一）小册子画报类月刊 361
 （二）报纸 364
 （三）一般书籍 365

无锡乡土艺术
市河正和

无锡人偶 370
一、历史 371
二、物品 372
三、材料、道具 375
四、技术 376
五、创造 378
六、劳动状态 381
七、创作精神 382

崇明岛班

崇明岛史地
原不二郎　原英一

崇明历史 387
 一、位置 393
 二、地形 393
 三、气候 394
 四、交通 396
 五、产业物产 397
 六、城市 399

崇明岛金融调查报告书
笹田和夫

第一章　绪论 413
第二章　金融机构及其活动状况 415
第三章　货币状况 422
第四章　物价问题 432

第五章　结论 440

崇明岛调查班宗教调查报告
青木正视

崇明的行政
高本恒男

（一）序说
  1. 调查地名 479
  2. 面积 479
  3. 人口 479
  4. 调查时间 479
  5. 调查范围 480
  6. 报告书完成 480

（二）总说 481
  1. 该区的管制经济 481
  2. 管制组织（与中央的关系）483
  3. 物资流通状况 485

（三）分说 489
  1. 配给 489
  2. 集散 501
  3. 物价 508

（四）结论 512
  1. 管制的能否 512
  2. 对策 513

附录　崇明区关于管制物资配给暂行办法 515

崇明岛教育调查报告
比嘉定雄

第一节　总说 529

一、位置、面积、总人口、职业 531
二、生活、文化程度 533
三、外国对其教育的影响程度 534
四、新四军的影响 538
五、清乡工作的影响 538
六、新国民运动的展开及其他清乡工作促进运动 541

第二节　教育宗旨 543
第三节　教育行政官署 544

一、事变后崇明教育行政机构的历史 544
二、科长的更迭 545
三、教育行政指导监督系统表 546
四、教育行政官 547
五、教育行政的运营 550
六、关于教育的各项会议 551
七、崇明区中小学教师训练团 552

第四节　学校教育 554

一、小学教育 554
二、中学教学 566
三、专业学校及大学 585

第五节　社会教育 586
第六节　教育经费 592

崇明岛
河冈洋一

第一节　总说 597

一、上海特别市崇明区的位置、面积、人口、人口密度、地势 597
二、文化程度 599
三、外国的影响程度 600

四、重庆及新四军之前的影响
　　及反清乡工作的程度 600
五、事变后的县政历史 601
六、新国民运动的展开概况 601

第二节　行政区域 602
一、崇明岛现有行政区域 602
二、威令圈的扩大经过 602
三、改划的必要与否 602

第三节　区制 604
一、内部组织 604
二、区公署的人员构成 610
三、区公署的运营概况 625
四、公署行政人员的训练 632
五、附属机构的活动状况 632
六、联合协议会 635
七、区长会议的运营状况 637

第四节　区制 638
一、各区公所的内部组织及附属机构的目的组织 638
二、区公所的人员构成 641
三、各区公所的运营
　　（第二分区区公所的运营）644
四、区行政人员的训练 649
五、区公所附属机构 649
六、区联合协议会 649
七、乡镇长会议 649

第五节　乡镇制 650
一、各区乡镇保甲的人口、
　　壮丁数 650

二、乡镇公所的内部组织 658
三、乡镇长 660
四、乡镇行政的运营与爱路村 662
五、乡镇长的训练 663
六、保长会议 666
七、保甲长的任用资格及任用
　　手续 667
八、保甲办公处的经费 667
九、保甲会议 668
十、保甲中用以自卫的警防团
　　组织 668
十一、联保连坐 668
十二、保甲长的训练 672
十三、民众训练 672
十四、清乡委员会上海分会清乡
　　　地区的户口移动查报 673

第六节　意见 674

崇明岛社会结构及职业团体
藤井孝一

（一）对象地区的总体情况 680
（二）该地区作为战时下的农村在
　　政治、经济、社会各方面
　　值得特别记载的事项 685
（三）对象地区的社会构成调查 695
（四）社会团体 708

崇明岛配给
西多喜雄

第 199 册 | 367

第 200 册

昭和十八年（1943）调查报告（第40期生）

崇明岛物产集散调查报告书（二）
高远三郎

一、绪言 5
二、集散机构 10
三、集散路线及运输手段 14
　（一）与江北的关系 14
　（二）运输手段 17
四、集散量 21
五、集散过程中品质价格的变化 27
六、集散的障碍——主要关于棉花 30
七、来自非和平地区的集散 42

崇明政治班（财政）
笠川幸雄

第一节　总说 49
第二节　财政行政机构 60
　一、总说 60
　二、特别区财政行政机构系统表 63
　三、特别区财政行政机构的人员构成 64
　四、县及特别区财政行政的运营 78
第三节　岁入 79
　一、总说 79
　二、崇明特别区地区岁入的内容 84
　三、崇明特别区各地区收入 88
　四、崇明特别区源自他处的借款 90
　五、地方工役与献金 90
　六、警保军等的不法征用 91
第四节　岁出 92
　一、总说 92
　二、崇明特别区地区岁入的内容 95

崇明班治安调查
柿崎守悌

第一　治安机构的运营状况 104
第二　敌方的工作 110
第三　民众的动向 114

崇明岛的工业调查
——以桥镇的土纱、土布为中心
小仓义信

一、崇明岛经济的概观 128
二、棉花 138
三、土纱 153
四、土布（附染坊）159
五、其他的工业 171
六、后记 173

武进班

常州的金融机构
本里明

第一章　常州的经济地位 183
第二章　银行 186
　一、事变前的银行及钱庄 186

二、银号 190

三、其他的金融机构 199

第三章　台湾银行常州派遣员事务所 205

江苏省武进县教育调查报告书
立上良美

第一节　总说 241

第二节　教育宗旨 244

第三节　教育行政官署 247

一、教育行政官署的机构 247

二、教育行政官署的人员构成 248

三、教育行政的运营 258

第四节　学校教育 260

一、小学教育 260

二、中等学校 278

第五节　社会教育 299

一、社会教育的指导原则 299

二、民众学校 299

三、识字教育 303

四、图书馆 304

第六节　教育经费 309

武进训练、宣传、出版物
宫本干男

序言 315

第一章　训练 316

第二章　宣传 320

第一节　宣传机构 320

第二节　宣传情况 322

附　新四军的宣传情况 335

第三章　出版物 343

结语 346

武进班（宗教篇）
工藤俊一

佛教 353

一、天宁寺 353

二、太平寺 359

三、清凉寺 360

四、崇法禅寺 362

五、放生寺 363

六、顾司明大王（佛光禅院）363

道教 366

玄妙观（敕建玄妙道林）366

回教 368

清真寺 368

基督教 370

庙及其他 372

一、文庙 372

二、武进理教慈善堂惜字会 374

武进县语言习俗调查报告
赤泽修二

语言调查 379

一、调查经过 381

二、常州方言的性质、地位（绅乡两派论）384

三、声韵 388

四、词汇 400

五、特别词 403

六、语助词 404

七、例文 407

习俗篇 410
 一、调查经过说明 410
 二、武进社会状况 411
 三、普通习俗 413
 四、武进岁时记 418

武进县人口、家族制度
向野贵文

江苏省各县划区调查表 429
武进特别区乡镇保甲户口统计表 433
武进特别区户口异动统计表 435
横山桥北方约一千米的杨家村调查 438
关于《家谱》的调查 441

武进县的统制经济
蒲池博

一、概况 455
二、武进县的统制经济指导方针 456
三、统制组织 458
 （一）概况 458
 （二）日方统制机构 462
 （三）中方统制机构 465
 （四）新统制机构 472
四、统制机构内的人才分析 476
五、治安状况
 （敌方的统制妨碍工作）489
六、配给路线及状况 501
七、集散路线及其状况 510
八、农产品流通状况 520
九、结语 526

武进史地
长岛一夫

一、地理 537
二、历史 541
三、县城的构造 547
四、名胜古迹 554
五、镇及人口数 556

海门班

苏北清乡视察记
奥野珠雄

关于新四军 567
工作开始前的敌情 570
清乡与新四军的斗争 571
参战及新政策的影响 577

江苏省海门县语言调查报告
松尾长

一、序言 588
二、方言发音 590
 第一节　海门方言发音全表 590
 第二节　有特色的声母及韵母 593
三、词汇 598

海门班（金融）
上野肇　光安彦臣

海门的金融动态 607
货币问题 614
 第一节　金融机构 614
 第二节　货币流通状况 617

合作社 638

物价 643

海门调查班（宣传、训练、出版物）
益田宪吉

宣传 656

一、海门地区状况的宣传概况 657

二、宣传机构 659

三、宣传工作实施状况 660

（1）方针 660

（2）宣传要旨 661

（3）工作要领 663

（4）工作方法 664

四、宣传经过及其实际成绩 672

五、结语 676

训练 679

（1）海门合作社青年队 679

（2）目前的政工分团计划组织
青少年团 680

出版物 681

出版所 681

书店 681

报纸 682

海门的物产集散和配给状况
福岛茂　松尾悦夫

序言 685

本文 688

（一）集散机构 688

1. 中间商 688

2. 合作社 695

3. 日本商社 699

（二）集散路线及运输手段 703

1. 集散路线 703

2. 运输方法及数量 704

3. 时间 705

4. 保管方法、保管中的金融 706

（三）集散过程中的价格变化 707

1. 各项费用造成的价格上涨 707

2. 实物手续费 710

3. 市场品质操作过程中的剥削 710

（四）最初阶段的交易方法 711

1. 收购时期、收购规格 712

2. 收购价格的决定、支付方法 712

3. 收购商品交接方法 713

4. 集散者的自治性管制 714

5. 对生产者的要求及指导 715

（五）配给状况 717

1. 合作社 717

2. 零售商 721

（六）管制 725

1. 管制机构的现状 725

2. 造成管制困难的情况 728

3. 与非和平地区的关系 731